Introduction

L'invasion de l'Ukraine par les troupes russes le 24 février 2022 a suscité un choc considérable dans l'ensemble des opinions publiques européennes, sidérées par le retour de la logique conflictuelle interétatique sur le Vieux Continent et inquiètes d'une possible extension de la guerre au-delà du territoire ukrainien. La question de la mise en sécurité de l'Europe vis-à-vis de la menace russe, bien que posée depuis le début des combats dans le Donbass en 2014 et l'annexion de la Crimée par Moscou, est redevenue la priorité des gouvernements et populations de l'Union européenne (UE), comme elle l'avait été pendant les quarante-cinq années qu'avait duré la guerre froide. En quelques jours s'est installée l'impression générale que la menace d'un conflit nucléaire en Europe n'avait pas été aussi aiguë depuis les années 1980.

Pourtant, si la crainte d'une déstabilisation européenne, entretenue par le discours anti-OTAN du président russe, est on-ne-peut-plus légitime, elle n'a cessé de ponctuer les trois décennies qui séparent la chute de l'URSS de l'« opération spéciale » russe en Ukraine. Les guerres d'ex-Yougoslavie, les attentats terroristes et la pandémie de Covid-19, pour ne citer que ces événements, ont largement nourri, eux aussi, les peurs occidentales. Force est donc de constater que, dans les faits, l'histoire récente de l'Europe est largement dominée par la problématique de la sécurité. On pourrait même aller plus loin : l'histoire politique de l'Europe depuis le Moyen-Âge n'est-elle pas, au fond, dictée par le souci de sécurité et, notamment, de sécurité collective ?

Une définition plurielle de la sécurité

Jusqu'à l'essor du protestantisme, au XVIe siècle, puis avec la guerre de Trente ans qui, au XVIIe siècle, fait voler en éclats l'unité de la Chrétienté, cette sécurité collective est assurée par la double autorité de l'Église et de l'Empire ; par la suite, les traités de Westphalie en 1648 et d'Utrecht en 1713, en définissant les principes majeurs du droit international que sont la souveraineté, la non-ingérence et l'équilibre, instaurent une sécurité collective fondée sur le concert européen et l'équilibre des puissances, un ordre pulvérisé par les deux guerres mondiales. Ce n'est ainsi pas pour rien si la notion même de « sécurité collective » prend son essor dans les années 1930 : dans la droite ligne des idées exprimées par le président américain Woodrow Wilson en 1918, elle se veut une tentative de réponse aux atrocités des conflits mondiaux. Basée sur l'idée que les États membres d'une communauté doivent s'engager à ne pas recourir à la force, mais aussi sur des mécanismes destinés à répondre à l'agression de l'un d'entre eux, cette nouvelle forme de sécurité collective est incarnée, dans un premier temps, par la Société des Nations (SDN) puis, à partir de 1945, par l'Organisation des Nations unies (ONU). Toutefois, l'efficacité limitée de l'ONU – en raison, d'une part, du droit de veto dont disposent les cinq membres permanents du Conseil de sécurité (Chine, États-Unis, France, Royaume-Uni, URSS) et, d'autre part, des fortes divergences entre ces derniers – conduit à l'élaboration de systèmes régionaux de défense et de sécurité collective qui, en Europe de l'Ouest, se traduisent par la création de l'Organisation du traité de l'Atlantique Nord (OTAN) en 1949 et de la Communauté économique européenne (CEE) en 1957.

De fait, l'histoire de la sécurité européenne, après la Seconde Guerre mondiale, est d'abord celle de l'opposition entre deux alliances politiques et militaires, l'OTAN et le pacte de Varsovie. Elle ne se cantonne cependant pas à ce schéma binaire, surtout si l'on tient compte des conceptions multiples de la sécurité, que les théoriciens des relations internationales regroupent sous trois appellations : nationale, sociétale et humaine[1]. La sécurité nationale, centrale dans les théories du réalisme classique[2], équivaut à l'ancienne sûreté du territoire, c'est-à-dire la protection contre toute menace susceptible d'attenter à l'intégrité territoriale et à la souveraineté nationale. Elle vise également à se prémunir des guerres extérieures et s'appuie sur plusieurs instruments : la protection à l'intérieur des frontières, la dissuasion vis-à-vis de l'extérieur, l'intervention armée dans les zones instables. L'OTAN puis, après la guerre froide, la politique européenne de défense et de sécurité et ses avatars constituent les outils essentiels de cette vision traditionnelle de la sécurité.

La sécurité sociétale, elle, a été conceptualisée au début des années 1990 par l'école dite de Copenhague pour prendre en compte la diversité des enjeux sécuritaires auxquels une société peut être confrontée ; elle prétend notamment couvrir les préoccupations en matière de préservation des normes et valeurs, des religions, des identités et des langues[3]. La question de l'immigration s'inscrit dans cette démarche.

Enfin, la sécurité humaine englobe l'ensemble des dimensions économiques, environnementales, démocratiques, sanitaires et ethniques qui permettent à un être humain de s'épanouir. Elle se situe à la conjonction des droits humains et du développement durable et, en Europe, elle est assurée à la fois par l'UE, par le Conseil de l'Europe et par l'Organisation pour la sécurité et la coopération en Europe (OSCE).

1. Laurent Sébastien, « De la "défense nationale" à la "sécurité nationale" : à la recherche d'un concept de sécurité depuis 1945 », *in* Laurent Sébastien, *Transformations et réformes de la sécurité et du renseignement en Europe*, Bordeaux, Presses universitaires de Bordeaux, 2016, pp. 41-54.
2. Voir notamment : Waltz Kenneth, *Theory of International Politics*, New York, Columbia University Press, 1979 ; Aron Raymond, *Paix et guerre entre les nations*, Paris, Calmann-Lévy, 1962.
3. Buzan Barry, *People, States and Fear*, New York, Harvester Wheatsheaf, 1991.

Si cet ouvrage s'intéresse principalement aux enjeux de sécurité nationale, il tend également à démontrer comment, à partir des années 1960 et 1970, les deux autres types de sécurité deviennent incontournables dans les débats publics, jusqu'à se muer en enjeux clés de l'opposition Est-Ouest (combats des dissidents, mouvements en faveur des droits humains, réaffirmation des identités nationales et religieuses, etc.) et participer du dépassement de la guerre froide. La chute du rideau de fer consacre la volonté des Européens d'élaborer une architecture de sécurité où l'équilibre entre l'humain, le sociétal et le militaire permettrait de répondre aux défis du monde globalisé. L'évolution des rapports de force internationaux et la diversification des menaces au cours des trois décennies suivantes nourrissent un processus permanent de rééquilibrage entre les trois composantes de la sécurité, en fonction des enjeux et du contexte, si bien que dans la première moitié des années 2020, l'attitude agressive de la Russie, les flux migratoires et le réchauffement climatique incarnent, chacun à leur façon, les trois facettes de la sécurité.

Une historiographie renouvelée depuis les années 1990

L'historiographie de la sécurité européenne post-1945 a connu un essor fulgurant depuis la décennie 1990, sous l'effet de la fin de la guerre froide, de l'ouverture des archives de la plupart des pays d'Europe et des États-Unis, et du développement de nouvelles menaces (terrorisme, cyberattaques, renouveau russe). Ce dynamisme concerne d'abord les problématiques Est-Ouest que sont la course et la maîtrise des armements, les relations soviéto-américaines et la question allemande. Sous l'impulsion d'historiens tels que Melvyn Leffler, Lorenz Lüthi, Vojtech Mastny, Leopoldo Nuti, Marie-Pierre Rey, Bernd Rother, Mary Elise Sarotte, Georges-Henri Soutou, Odd Arne Westad ou Vladislav Zubok, notre compréhension des processus de décision à l'intérieur de chacun des deux blocs et celle des mécanismes à l'œuvre dans le dépassement des crises internationales et, plus généralement, de la guerre froide ont été profondément renouvelées et ont permis de réévaluer tant les responsabilités que la chronologie des basculements de la sécurité européenne (guerre civile grecque, crises de Berlin, euromissiles, *perestroïka,* etc.). Cette « Nouvelle histoire de la guerre froide » a également su inscrire les enjeux européens dans le contexte global de l'affrontement Est-Ouest, en montrant comment les crises externes au Vieux Continent ont systématiquement influé sur ses équilibres internes, notamment en matière d'organisation militaire (guerre de Corée, crise des missiles de Cuba, guerres au Moyen-Orient, invasion soviétique de l'Afghanistan). C'est dans le prolongement de cette historiographie que se situe, aujourd'hui, les recherches sur le renouveau de la menace russe et sur les origines des guerres d'Ukraine, portées par des spécialistes comme Anna Colin Lebedev ou Anne de Tinguy.

Les questions transatlantiques et ouest-européennes ont aussi été soumises à réévaluation, suscitant, d'une part, de nouvelles lectures du rôle des États-Unis dans la sécurité européenne pendant et après la guerre froide, d'autre part un réexamen des apports de la construction européenne et des relations entre pays d'Europe (franco-allemandes en premier lieu) dans l'élaboration et l'évolution de l'architecture de sécurité régionale. On songe en particulier aux travaux de Frédéric Bozo, Jussi Hanhimäki, N. Piers Ludlow, Geir Lundestad, Pierre Mélandri, Benedikt Schoenborn, Matthias Schulz, Marc Trachtenberg et Maurice Vaïsse.

L'approche par le biais de la sécurité sociétale, humaine et coopérative, focalisée notamment sur les droits humains s'est, quant à elle, déployée dans la foulée de l'ouvrage de Daniel Thomas sur le processus d'Helsinki, et dans le contexte d'affaiblissement des théories idéalistes qui ont suivi les attentats du 11 septembre 2001 et le début de la guerre contre le terrorisme. Les travaux d'Aryo Makko, de Thomas Fischer, d'Angela Romano, de Sarah B. Snyder ou de Jeremi Suri ont mis en exergue le rôle des acteurs sociétaux, des réseaux transnationaux et des États neutres dans l'émergence de nouveaux paradigmes de sécurité à partir de la fin des années 1960. Les études sur la Conférence sur la sécurité et la coopération en Europe (CSCE), institutionnalisée en Organisation (OSCE) en 1995, ainsi que sur le concept de neutralité ont participé de l'essor d'une nouvelle histoire diplomatique, particulièrement dynamique en Europe nordique, mais qui a su s'étendre au reste du continent au fil de la décennie 2010.

On notera enfin, pour terminer ce rapide tour d'horizon historiographique, le développement de nouveaux travaux consacrés au terrorisme contemporain, autre grand enjeu de la sécurité européenne à partir des dernières décennies du XXe siècle, avec, en France, les ouvrages incontournables de Gilles Ferragu et de Jenny Raflik-Grenouilleau. Leurs analyses ont le mérite de replacer les questions terroristes européennes au cœur des problématiques de la mondialisation.

Si cette liste est loin d'être exhaustive, elle a pour but de mettre en évidence les auteurs qui ont été les plus mobilisés dans la préparation de cet ouvrage et d'insister sur l'impérieuse nécessité de croiser les approches pour saisir toute la variété des enjeux de sécurité qui affectent l'Europe depuis la fin de la Seconde Guerre mondiale.

Pour des raisons de clarté, le plan de l'ouvrage suit une progression chronologique, scandée par les principales ruptures sécuritaires du second XXe siècle et du début du XXIe, à savoir le déclenchement de la guerre de Corée, la deuxième crise de Berlin, la répression du printemps de Prague, le début de la crise des euromissiles, l'arrivée au pouvoir de Mikhaïl Gorbatchev, l'effondrement de l'URSS et la crise financière de 2008, jusqu'à l'invasion de l'Ukraine.

Chapitre 1

L'Europe entre en guerre froide : la naissance de deux systèmes parallèles de sécurité, 1945-1949

Les années d'immédiat après-guerre correspondent, d'une part, au délitement de la Grande Alliance qui a triomphé du nazisme et, d'autre part, au développement de deux schémas parallèles de sécurité en Europe. En effet, bien que spectaculairement réaffirmée lors des conférences tripartites de Yalta et de Potsdam, l'alliance entre les États-Unis, le Royaume-Uni et l'URSS ne résiste pas à la propension des deux Grands à faire valoir la supériorité de leur modèle politique et économique et son efficacité dans la mise en échec du totalitarisme fasciste. Mais la guerre froide naissante est loin d'être seulement idéologique ; elle est aussi et d'abord le résultat de l'incompatibilité des objectifs politico-stratégiques définis par les dirigeants des grandes puissances durant la Seconde Guerre mondiale. Tandis que l'idéalisme rooseveltien visait à poser les bases d'un ordre international fondé sur le multilatéralisme, la sécurité collective, le libre-échange et la démocratie, les Britanniques entendaient restaurer la grandeur de la Couronne et leur prépondérance sur le commerce international ; Staline, lui, était bien décidé à empêcher tout relèvement de l'Allemagne et à faire en sorte que l'URSS ait la haute main sur les affaires européennes.

L'ambition soviétique est au fondement du nouveau paradigme sécuritaire que connaît l'Europe après 1945. À l'ouest du « rideau de fer » dénoncé par Winston Churchill en 1946, la peur de l'expansion soviétique devient le moteur des politiques de sécurité et de coopération. Comme l'explique Paul-Henri Spaak dans son discours aux Nations unies le 28 septembre 1948, c'est bien parce que cette peur est omniprésente que les dirigeants occidentaux ressentent le besoin de renforcer leur sécurité, d'où leur décision, quelques

L'Europe en 1945

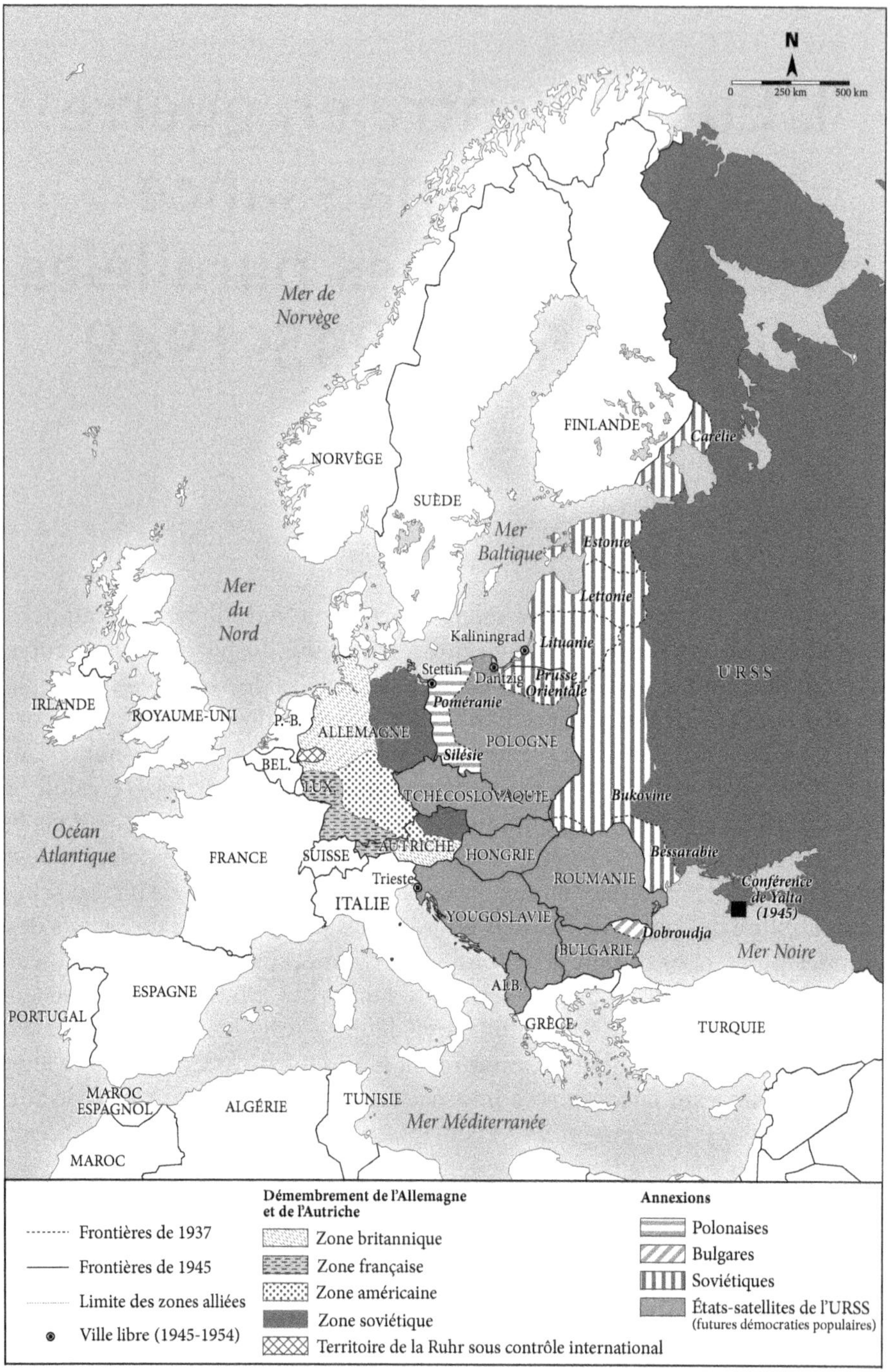

mois plus tôt, de créer la première institution européenne de sécurité : l'Union occidentale.

Pour les Français, les Britanniques, les Belges, les Néerlandais et les Luxembourgeois, c'est un véritable tournant : alors que leurs préoccupations en matière de sécurité durant la première moitié du XXe siècle se concentraient sur l'attitude à tenir face à l'Allemagne, perçue comme la menace principale, c'est l'URSS qui fait désormais figure d'ennemi potentiel, quelques mois à peine après la fin du second conflit mondial. Cette évolution provoque une rupture historique aux États-Unis, puisqu'elle conduit progressivement les Américains à rompre définitivement avec leur isolationnisme traditionnel.

Comment ces basculements se produisent-ils ? Pourquoi les États-Unis finissent-ils par devenir les principaux garants de la sécurité ouest-européenne ? En quoi leur vision de la sécurité et de la coopération diffère-t-elle de celle de Moscou ?

Si la formation du rideau de fer est le résultat des ambitions géostratégiques de Staline, elle va de pair avec une évolution majeure de la politique extérieure des États-Unis, qui aboutit à l'instauration d'un véritable système de sécurité euro-américain.

La formation du « rideau de fer » (W. Churchill)

De Yalta à Potsdam : l'essor de la question allemande

La redéfinition des enjeux de la sécurité européenne après 1945 est largement tributaire du traumatisme de la Seconde Guerre mondiale : les pertes humaines, notamment en Europe centrale et orientale, atteignent des sommets (plus de quarante millions de morts, civils et militaires, sur l'ensemble du continent) ; l'héritage des Lumières a été mis à mal par la barbarie nazie et la Solution finale ; le continent est économiquement ruiné. L'enjeu n'est rien de moins désormais que de s'extirper de trente années de violence durant lesquelles les Européens ont vécu au rythme des conflits ou des tentatives de négociations censées les éviter.

De fait, au cours du demi-siècle qui s'écoule après la guerre, la référence aux évènements du premier XXe siècle, et plus particulièrement à ceux de la période 1939-1945, demeure omniprésente dans la plupart des rencontres internationales, notamment multilatérales. Les conséquences politiques et géopolitiques du second conflit mondial forment le socle des relations internationales européennes de 1945 à 1990, voire au-delà.

Parmi ces conséquences figure le déplacement des centres de décision vers Moscou et Washington. Alors que, pendant l'entre-deux-guerres encore, la vie internationale était guidée depuis Londres, Paris, Berlin et Rome et que les États-Unis refusaient d'assumer leur nouveau rôle de grande puissance, l'Europe de l'après-guerre a perdu une partie de son crédit. Mais si sa marge de manœuvre en matière de décision internationale se voit diminuée, le Vieux Continent reste l'enjeu majeur de la période qui s'ouvre. Il subit de plein fouet le jeu d'influences naissant de l'URSS et des États-Unis. Et c'est l'Allemagne qui demeure la préoccupation centrale des deux Grands, comme des autres Européens.

Car là se situe le fil rouge de la guerre froide et des enjeux de sécurité européenne, à l'Est comme à l'Ouest du rideau de fer : que faire de cette Allemagne considérée comme responsable du traumatisme généralisé qui touche alors l'ensemble du continent et au-delà ? Faut-il l'empêcher à tout prix de se relever, comme le voudrait Staline, ou doit-on l'aider à se reconstruire sur de nouvelles bases et à s'insérer dans le jeu diplomatique et économique international, comme le souhaitent Américains et Britanniques ?

À Yalta, du 4 au 11 février 1945, Franklin Roosevelt, Joseph Staline et Winston Churchill décident d'une occupation du pays par les trois puissances victorieuses, auxquels les Français sont autorisés à se joindre : craignant de se retrouver seul face à l'Armée rouge une fois les troupes américaines rapatriées outre-Atlantique, le premier ministre britannique réussit à obtenir que la France obtienne une zone d'occupation en Allemagne. Dès lors, chaque puissance prend en charge le gouvernement du secteur qui lui revient. Un conseil de contrôle est établi à Berlin ; il réunit les commandants en chef des quatre zones d'occupation et exerce l'autorité suprême en Allemagne au lendemain de sa capitulation. La ville de Berlin, elle, est conjointement administrée par les vainqueurs. Les quatre puissances occupent également l'Autriche, divisée jusqu'en 1955, mais, à la différence de l'Allemagne, ils l'autorisent à avoir son propre gouvernement car ils la considèrent comme une victime de Hitler.

Entre 1945 et 1954, les conférences censées aboutir à un règlement du problème allemand se multiplient. Jamais les quatre puissances ne parviennent à trouver un accord durable. Dans les premiers temps de l'après-guerre, tous se disent prêts à réunifier l'Allemagne sur la base des accords de Potsdam d'août 1945. Ces accords sont très importants en ce qu'ils constituent le fondement des discussions quadripartites sur l'Allemagne et Berlin pendant toute la durée du conflit Est-Ouest, jusqu'en 1990. En effet, lors de cette conférence qui se réunit entre le 17 juillet et le 2 août 1945 dans cette ville de la banlieue berlinoise, Staline, le président Harry Truman et le nouveau premier ministre britannique Clement Attlee établissent que le destin de l'Allemagne dans son ensemble relève de la responsabilité ultime des États-Unis, de l'URSS, du Royaume-Uni et de la France : c'est le quadripartisme. Les accords prévoient le maintien de l'unité administrative, politique et économique d'un pays transformé, démilitarisé, dénazifié, démocratisé et décentralisé.

Cependant, les moyens pour parvenir à la réunification diffèrent. Pour les Occidentaux, il faut organiser des élections libres dans toute l'Allemagne afin de permettre la constitution d'un gouvernement allemand. Les Soviétiques font valoir le procédé inverse : la réunification doit précéder les élections. Pareil désaccord paralyse la situation allemande : les quatre pays ne parviennent pas à élaborer des mesures communes à destination du Conseil de contrôle. Par conséquent, chaque commandant en chef à Berlin se retrouve libre d'agir seul dans sa zone.

À Potsdam, les Quatre ne réussissent pas non plus à s'entendre sur le montant des réparations que l'Allemagne, qui n'est alors plus qu'un champ de ruines, doit verser aux Alliés. Les Occidentaux ne veulent pas la pressurer outre mesure afin de ne pas reproduire les erreurs de 1919, tandis que les Soviétiques souhaitent que les vainqueurs récupèrent 80 % de ses richesses industrielles afin de l'empêcher de prendre sa revanche. C'est dans ce but que Staline finit par décider le pillage systématique de l'Allemagne orientale, occupée par l'Armée rouge. Dès l'été 1945, le Kremlin nationalise nombre d'entreprises et exproprie les propriétaires des grands domaines prussiens. En 1946, les usines est-allemandes sont transférées vers le territoire soviétique, de même que quinze mille ingénieurs et savants allemands. Pour protester, le commandant en chef américain, le général Clay, ordonne la suspension des livraisons de sa zone vers l'URSS. Ainsi, la division de l'ancien Reich est économique avant même d'être politique, la responsabilité soviétique dans cette situation étant immense.

L'emprise soviétique sur l'Europe centrale et orientale

À partir de 1945 et pendant toute la deuxième moitié du XXe siècle, jusqu'en 1991, l'URSS concentre entre ses mains toutes les composantes de la puissance : une influence politique prépondérante dans le monde et notamment en Europe, où l'essentiel des territoires libérés par l'Armée rouge passe sous le joug soviétique ; une armée surpuissante bientôt équipée de l'arme nucléaire ; une place de choix dans la plupart des instances internationales, à commencer par l'ONU, où elle est membre permanente du Conseil de sécurité ; une influence idéologique hors du commun grâce aux divers partis communistes auréolés du prestige de la Résistance ; un complexe militaro-industriel dynamique ; une image redorée par la victoire sur le nazisme. En résumé, la guerre a transformé le pays, qui entend bien peser dans les relations internationales.

Abandonnant sa doctrine du « socialisme dans un seul pays » qui prévalait avant la guerre, Staline profite de l'avancée de l'Armée rouge et du fait qu'elle ait « libéré » une partie de l'Europe pour exporter le communisme à travers le continent. En Pologne, Hongrie, Roumanie, Bulgarie, les troupes soviétiques aident les communistes locaux à s'approprier le pouvoir en noyautant les administrations, les structures provinciales, les syndicats, les instances dirigeantes, etc., et en s'en prenant aux principaux adversaires des communistes, les partis paysans.

En quelques mois, le système soviétique, qui a mis une vingtaine d'années à se développer en URSS, est imposé de force aux pays libérés. Certes, les populations de ces pays voyaient les communistes locaux comme des héros qui avaient participé à la victoire contre le nazisme, mais leur avis quant à l'instauration d'un pouvoir communiste n'est pas pris en compte, malgré la promesse faite par Staline, à Yalta, d'organiser des élections libres dans les territoires libérés. Si ce type d'élections a lieu en Hongrie en 1945 et en Tchécoslovaquie en 1946, leurs résultats sont rapidement remis en cause. En Pologne, les communistes locaux mobilisent le sentiment de peur vis-à-vis de l'Allemagne pour asseoir leur pouvoir.

La présence de l'Armée rouge en Europe centrale et orientale puis la soviétisation doivent permettre au numéro un soviétique de former un glacis protecteur à l'encontre des puissances capitalistes et en particulier de l'Allemagne, qu'il souhaite rendre inoffensive à tout jamais. Par conséquent, dans la logique stalinienne, plus un pays est proche de l'Allemagne, plus il doit être affilié à la politique de sécurité du Kremlin, d'où le fait que la Pologne ait, durant la guerre froide, une marge de manœuvre diplomatique souvent plus limitée que celle de la Roumanie, éloignée de l'ancien Reich.

En outre, pour punir les peuples alliés à Hitler, Staline n'hésite pas à organiser des déplacements massifs d'Allemands, d'Italiens, de Hongrois, de Roumains qui, stationnés à l'Est, sont renvoyés pour partie dans leur pays d'origine d'une manière qui s'assimile à de la déportation. Il modifie aussi les frontières afin d'accroître son influence. Dès la fin de la guerre, avec l'aval des Alliés, il repousse de plusieurs centaines de kilomètres la frontière germano-polonaise, qu'il établit sur les fleuves Oder et Neisse. Il annexe la Ruthénie subcarpatique, à l'est de la Tchécoslovaquie, ce qui permet à l'URSS d'avoir une frontière commune avec la Hongrie. Peu à peu, Staline met sur pied un vaste système de sécurité est-européen en obligeant la Tchécoslovaquie (1943), la Pologne et la Yougoslavie (1945), la Bulgarie, la Hongrie et la Roumanie (1948) à signer des traités bilatéraux tournés contre l'Allemagne, les États-Unis et le Royaume-Uni.

La Yougoslavie parvient toutefois à échapper à l'emprise stalinienne. En effet, si Tito, chef des partisans communistes, a bénéficié de l'arrivée des troupes soviétiques et de l'aide de la Grande-Bretagne au cours du conflit mondial, il a fait en sorte que son pays soit libéré par ses propres forces. En 1945, il sait s'imposer comme le seul maître du pays en forgeant un État communiste et fédéral, et en éliminant systématiquement ses adversaires, en particulier les monarchistes serbes. Tandis que l'économie yougoslave est rapidement collectivisée sur le modèle soviétique, le torchon ne tarde pas à brûler entre Staline et Tito, ce dernier n'admettant pas une quelconque perte d'autonomie au profit de Moscou. Dès 1948, la rupture est consommée entre les deux hommes, au grand dam du Kremlin qui voit les staliniens yougoslaves systématiquement écartés du pouvoir. La perte d'influence sur le régime de Belgrade réduit les facilités d'accès de l'URSS à la Méditerranée, que Staline cherche, en vain, à s'assurer depuis la fin de la Seconde Guerre mondiale pour peser dans les affaires moyen-orientales : à Potsdam, Truman et Atlee ont dit non à l'installation de bases soviétiques sur les détroits turcs, à l'annexion par l'URSS des provinces turques de Kars et d'Ardahan et à l'instauration d'un mandat soviétique sur la Libye (colonie italienne de 1911 à 1943).

Outre la Yougoslavie, un autre pays réussit à résister aux pressions de Staline : la Finlande. Attaquée par l'URSS en novembre 1939 puis vaincue par celle-ci en mars 1940 – ce qui lui vaut de perdre la Carélie et la conduit à se rapprocher de l'Allemagne nazie en 1941 –, la Finlande n'est cependant pas occupée par l'URSS à l'issue de l'armistice qu'elle signe avec Moscou en 1944, bien que Staline soit soucieux d'en prendre le contrôle. Pour éviter cela, le gouvernement finlandais d'après-guerre, dirigé par Juho K. Paasikivi de 1946 à 1956, fait le choix de la neutralité et signe en 1948 le Traité d'amitié, de coopération et d'assistance mutuelle qui le lie à Moscou et par lequel il s'engage à développer une politique extérieure ne portant pas préjudice aux intérêts soviétiques. Cette « ligne Paasikivi », maintenue tout au long de la guerre froide, devient la condition à l'autonomie de la Finlande et à la protection de sa souveraineté. Toutefois, si le traité prévoit dans son article 2 une consultation des deux pays en cas de menace d'agression extérieure, ainsi qu'une potentielle assistance soviétique sur demande finlandaise, il ne constitue pas pour autant une alliance, ni même un pacte d'assistance mutuelle. Moscou reconnaît la neutralité finlandaise dans le préambule du traité. La Finlande est par ailleurs libre de maintenir son système politique démocratique fondé sur le pluralisme ainsi que son économie capitaliste, mais elle fait en sorte de bannir tout discours antisoviétique de son territoire (via la littérature ou l'accueil de réfugiés politiques par exemple), ce qui en fait un cas particulier dans l'histoire de la guerre froide européenne.

Sans surprise, c'est l'Allemagne qui paye le plus lourd tribut à la présence des soldats soviétiques : comme ailleurs en Europe centrale et orientale, ils se livrent au viol systématique des femmes et des filles, au pillage, au démantèlement des usines, à la destruction des bâtiments, au vol des récoltes, etc. Mais la violence de l'occupation soviétique en Allemagne surpasse en intensité celle des autres pays. Ce sont près de cent trente mille viols d'Allemandes qui sont perpétrés dans les premiers jours de l'occupation, au printemps 1945, conduisant à une spectaculaire vague de suicides de femmes à la même période. Des instances de contrôle dominées par les communistes sont créées dès l'été 1945 et placées sous l'égide de l'Administration militaire soviétique en Allemagne (SMAD). En avril 1946, le parti socialiste (SPD) est forcé de fusionner avec le parti communiste (KPD) pour donner naissance au parti socialiste unifié d'Allemagne, le SED. L'objectif de Staline n'est rien de moins que d'étendre ce système à toute l'Allemagne pour l'empêcher de se relever, d'où le fait que le maître du Kremlin apparaisse alors comme le défenseur le plus acharné de l'unité allemande : une Allemagne entièrement soviétisée serait la meilleure garantie de sécurité pour l'URSS.

L'offensive de Staline

La peur de la résurgence allemande n'explique pas à elle seule la politique agressive de Staline en Europe. À partir de l'été 1945, Staline est obnubilé par la situation internationale, persuadé, à tort, que l'explosion des bombes atomiques américaines d'Hiroshima et de Nagasaki constitue des messages qui lui sont destinés. Dès lors, il décide de stopper la démobilisation entamée en 1945 et de poursuivre l'économie de guerre, considérant que la victoire contre les nazis a prouvé l'efficacité du « communisme de guerre » mis en place depuis la fin des années 1920 en URSS. L'effort porte une fois encore sur l'augmentation des investissements dans l'industrie lourde, mais aussi sur l'atome, le missile, le radar, l'électronique et le recours au travail semi-forcé (déportés, prisonniers du Goulag, kolkhoziens). Entre 1945 et 1953, le nombre d'ouvriers passe de huit millions à quatorze millions. La priorité de Staline est de se procurer l'arme atomique le plus vite possible : le projet, entamé dès 1943, est accéléré par le « Comité d'État pour le Problème numéro un » dirigé par Lavrenti Beria. Les scientifiques travaillent dans des « villes spéciales » fermées qui sont à mi-chemin entre grands centres de recherche et camps de concentration.

L'absolue nécessité de ne pas laisser l'avantage aux États-Unis est clairement affirmée par Staline dans son discours du 9 février 1946, véritable déclaration de guerre aux modèles américain et britannique et dont la portée a trop souvent été minimisée. Le leader soviétique y explique que l'URSS ne pourra pas se sentir en sécurité tant que subsistera le système capitaliste. Dans la foulée, il décide de procéder à un tour de vis idéologique, mené d'une main de fer par Andreï Jdanov, responsable de la propagande. Le but est d'en finir avec les velléités libéralisatrices de ceux parmi les soldats soviétiques qui ont franchi les frontières de l'URSS pendant la guerre et qui ont constaté que l'on vivait mieux dans l'Europe du temps de guerre que dans l'URSS du temps de paix. Ce tour de vis entraîne une nouvelle épuration du monde culturel, qui passe par l'exaltation du passé russe et orthodoxe et par une violente politique antisémite.

En parallèle, l'annonce du plan Marshall en juin 1947, qui contrecarre les plans de domination staliniens sur l'Europe, conduit le Kremlin à accroître un peu plus sa mainmise sur le mouvement communiste international, avec la création, en septembre 1947, du *Kominform*, un bureau de coordination entre Moscou, les partis au pouvoir en Europe de l'Est et les partis communistes italiens et français (PCI et PCF).

Dans ces conditions, un consensus Est-Ouest sur l'avenir de l'Allemagne relève de plus en plus de la gageure. En avril 1947, c'est sur un constat d'échec que se séparent les ministres français, britannique, américain et soviétique réunis à Moscou pour tenter de débloquer la question allemande : la conception stalinienne d'une Allemagne très centralisée est en opposition totale avec celle des Anglo-Saxons, qui souhaitent la création d'un État fédéral, et avec celle des Français, qui prônent une confédération. Désireux d'aller de l'avant et de ne pas laisser l'Allemagne s'enfoncer un peu plus dans la misère, Américains et Britanniques créent, en mai 1947, un conseil économique et envisagent la formation d'un État ouest-allemand. Pareille perspective est interprétée par Staline comme le début du réarmement de l'Allemagne ; elle le convainc de renforcer un peu plus son emprise sur l'Europe centrale pour préserver la sécurité de l'URSS face à un éventuel revanchisme allemand. Pour ce faire, il s'en prend au seul pays de la zone resté autonome, la Tchécoslovaquie, dirigée par un gouvernement de coalition conduit par le communiste Klement Gottwald. Tandis que, que pour faire face aux difficultés économiques du pays, le président de la République tchécoslovaque, Edvard Benes, se dit prêt à accepter l'aide Marshall, le *Kominform* incite Gottwald à hausser le ton. À la suite de la démission des ministres modérés du gouvernement le 20 février 1948, le noyautage des forces de l'ordre et de l'administration facilite la prise du pouvoir par le parti communiste. Les manifestations provoquées par les milices ouvrières conduisent Benes à accepter la formation d'un nouveau cabinet dominé par les communistes. Le 7 juin, Gottwald devient président de la République. À l'issue de ce coup de Prague, le parti communiste contrôle l'ensemble des rouages politiques de la Tchécoslovaquie qui, partageant près de six cent cinquante kilomètres de frontières avec l'Allemagne et détenant d'importantes réserves d'uranium, devient une pièce maîtresse du dispositif soviétique de sécurité en Europe centrale.

Ce dispositif acquiert une dimension économique plus importante à partir du moment où l'Europe de l'Ouest commence à se relever et à s'organiser : Staline crée en 1949 le Conseil d'assistance économique mutuelle (CAEM, également désigné par l'acronyme anglais Comecon). Il a pour missions la meilleure planification et la spécialisation des industries nationales des pays socialistes. Il provoque une dépendance économique accrue de ces derniers envers l'URSS, notamment par l'usage obligatoire du rouble transférable dans les transactions entre États. L'organisation joue aussi un rôle politique essentiel pour l'URSS puisqu'elle lui permet d'intervenir dans les affaires intérieures grâce à des subventions, des prêts ou l'envoi de main-d'œuvre.

Il est ainsi clair, en 1949, que le « rideau de fer » évoqué par Churchill dans son discours de Fulton le 5 mars 1946 s'est bel et bien abattu sur l'Europe. Mais si la volonté stalinienne de faire de l'URSS la puissance dominante de la partie orientale du continent s'est manifestée dès avant la fin de la Seconde Guerre mondiale, l'idée que les États-Unis prennent en charge la sécurité de l'Europe occidentale n'est pas allée de soi : il a fallu au préalable une véritable révolution de la politique extérieure américaine pour que Washington rompe avec son passé isolationniste et se décide à adopter le statut quasi officiel de protecteur du Vieux Continent.

Le tournant euro-américain de 1947-1948

Les années 1947-1948 correspondent à un tournant majeur des relations entre les États-Unis et l'Europe : le sentiment est partagé, des deux côtés de l'océan, qu'un monde nouveau se met en place et que la sécurité européenne devient une affaire transatlantique. Jusqu'à cette date, et malgré les deux guerres mondiales, la vision américaine du monde n'accordait pas une place importante à l'Europe.

Le poids du passé isolationniste des États-Unis

En 1945 encore, la conception américaine de l'ordre mondial est universaliste, fondée sur la volonté de Roosevelt de privilégier le multilatéralisme et de reprendre la vision idéaliste de Wilson. Aussi, au lendemain de la guerre, rien ne laisse penser que les Américains resteront en Europe. Pour la plupart d'entre eux, cela est contre-nature. Car, après tout, la création et l'essor des colonies américaines au XVIIe siècle se sont faits contre l'Europe, et la révolution de 1776 fut pensée comme une rupture définitive avec le Vieux Continent. Cette idée d'une destinée différente de celle des Européens s'incarne notamment dans le *Washington Spirit*, « l'esprit de Washington ». Formulée dès 1796 par George Washington, premier président américain, pour justifier la neutralité de son pays dans le conflit opposant la France révolutionnaire à l'Europe, cette doctrine de non-implication dans les affaires du monde en dehors du continent américain caractérise la politique étrangère des États-Unis jusqu'à la fin du XIXe siècle. Washington recommande à ses successeurs, dans son discours d'adieu en 1797, d'éviter que les États-Unis soient entremêlés (« *entangled* », le terme sera réutilisé après 1947 pour désigner la communauté d'intérêts euro-américains) à la destinée d'un quelconque pays d'Europe. Cet isolationnisme est confirmé en 1823 par la doctrine Monroe, qui somme les Européens de ne pas intervenir dans l'émancipation sud-américaine. Ainsi, tout au long du XIXe siècle, les États-Unis et l'Europe restent globalement distants. En matière de politique extérieure, la Maison-Blanche privilégie le continent américain et n'a pas d'adversaires internationaux, si ce n'est le Mexique et la Russie en raison des problématiques liées à l'expansion territoriale dans l'Ouest et l'Alaska.

Une première bascule a lieu en 1898 lorsque les Américains entrent en guerre contre l'Espagne et s'approprient Cuba et les Philippines. Pour la première fois, l'Europe est menacée dans sa puissance coloniale par les États-Unis, qui deviennent alors une puissance mondiale. Une deuxième entorse à l'isolationnisme se produit en 1917 lorsque les Américains s'engagent dans la Première Guerre mondiale en tant qu'associés de la Grande-Bretagne et de la France, la doctrine isolationniste interdisant aux États-Unis de s'allier avec quiconque.

La Grande Guerre constitue un moment fondamental de la relation transatlantique en ce qu'elle révèle le fossé qui sépare les conceptions américaines et européennes de la sécurité et des relations internationales. Tandis que Wilson met en avant le droit des peuples à l'autodétermination et le multilatéralisme, les Européens, à commencer par la France et le Royaume-Uni, restent des adeptes de la *realpolitik* et continuent de promouvoir l'idée d'équilibre des puissances. Si les Américains finissent par intervenir dans la guerre après que les Européens ont admis les principes de l'idéalisme wilsonien, l'isolationnisme finit de nouveau par l'emporter outre-Atlantique lorsque le Sénat, au nom de l'esprit de Washington, refuse de ratifier le traité de Versailles et donc l'adhésion à la SDN.

Une fois encore, alors qu'ils sont pleinement devenus une superpuissance mondiale, les États-Unis refusent d'en assumer le rôle et se replient sur eux-mêmes. Cela soulève vingt ans plus tard, à la veille de la Seconde Guerre mondiale, le problème de la garantie de sécurité euro-américaine : Britanniques et Français sont inquiets en 1939 de ne pas pouvoir compter sur l'Amérique en cas de conflit contre l'Allemagne nazie. Et, en effet, dans les années 1930, Roosevelt défend bec et ongles l'idée de neutralité des États-Unis, même si, avec le déclenchement effectif de la guerre, cette idée devient de plus en plus difficile à tenir, du moins jusqu'à l'attaque japonaise sur Pearl Harbor. En décembre 1941, le président américain peut se poser en défenseur de la démocratie et des droits de l'homme à travers la planète, face aux régimes fascistes.

En 1945, la vision wilsonienne des relations internationales est revue et corrigée par Roosevelt, qui a tiré les conséquences de l'échec de la SDN : l'ONU ne pourra fonctionner que si l'engagement américain devient une réalité effective et si les États-Unis peuvent y imposer leur vision de l'ordre international. Cela explique en partie la constitution du Conseil de sécurité.

La vision de Roosevelt repose sur deux idées essentielles : la sécurité collective dans les domaines politique et militaire, et l'ordre libéral fondé sur le libre-échange dans le domaine économique. Sa vision est universaliste et réfute toute idée de bloc ; elle ne privilégie aucune région. Ainsi, l'idée d'intégration européenne est absente de la vision américaine du monde en 1945, du moins jusqu'en 1947. À la fin des années 1920, les projets d'Europe fédérale portés par Aristide Briand avaient déjà été accueillis avec réserve à Washington, surtout pour des raisons économiques : les Américains craignaient que l'espace européen ne devienne protectionniste. En 1945, les choses n'ont pas significativement changé : pour Roosevelt, c'est le cloisonnement économique qui a conduit à la Seconde Guerre mondiale ; il faut donc éviter ce type de morcellement.

Pour ce faire, le système du libre-échange doit être surveillé par une Organisation mondiale du commerce, dont la mission est de s'opposer à toute forme de protectionnisme. La charte de La Havane sur la création de cette organisation n'étant pas ratifiée par le Sénat américain, c'est un accord général sur les tarifs douaniers et le commerce (GATT) signé à Genève le 30 octobre 1947 qui encadre les politiques douanières des État signataires. L'instauration du GATT est précédée par le système de Bretton-Woods (1944), lequel prévoit la stabilité monétaire, fondée sur l'étalon-or et deux organisations : le Fonds monétaire international (FMI) et la Banque mondiale. Dans le domaine politique, l'ONU prend en charge la sécurité collective, basée sur l'idée que la sécurité internationale doit être le résultat de l'implication de l'ensemble de la communauté des États, contre qui que ce soit. Mais sécurité collective ne signifie pas défense collective, c'est même l'inverse : la sécurité collective doit empêcher d'en venir à une défense collective. La portée universaliste de ces institutions montre qu'en 1945 encore, il n'y a pas de place pour un traitement privilégié de l'Europe dans la politique américaine. Le tournant majeur se produit en 1946.

Le rapport Kennan ou la prise de conscience américaine

Lorsque Harry Truman accède à la présidence des États-Unis à la mort de Franklin Roosevelt le 2 avril 1945, son entourage est divisé sur la conduite à tenir face à Staline et à sa politique d'expansion. Certains, comme l'ambassadeur en URSS William Averell Harriman ou le secrétaire de la Navy James Forrestal, recommandent au président d'adopter une ligne dure face à Moscou, même s'ils n'imaginent pas encore une rupture avec le Kremlin : à leurs yeux, le maintien de la Grande Alliance est nécessaire pour terminer la guerre. Pour autant, ils voient bien que le pouvoir soviétique ne cesse de croître au fur et à mesure que l'Armée rouge marche vers Berlin à travers la Pologne, la Tchécoslovaquie, la Hongrie, la Roumanie et la partie orientale de l'Allemagne. Ces hauts responsables comprennent parfaitement que l'URSS est en train d'instaurer des gouvernements à sa solde en Europe centrale et orientale. À l'inverse, d'autres, comme le secrétaire à la Guerre Henry Stimson, le représentant spécial de Roosevelt auprès de Staline Harry Hopkins ou encore l'ancien vice-président Henry Wallace encouragent Truman à tolérer les transgressions de Staline ; ils comprennent ses impératifs de sécurité (l'obsession allemande) et pensent qu'il faut rechercher des compromis avec lui[1].

Dans un premier temps, Truman penche pour ce point de vue : la coopération entre les Alliés est vitale pour la paix et tout doit être tenté afin de la préserver. L'explosion de la première bombe atomique dans le désert du Nouveau Mexique en juillet 1945 vient le conforter dans sa pensée. Lors de

1. Soutou Georges-Henri, *La guerre de cinquante ans. Les relations Est-Ouest, 1943-1990*, Paris, Fayard, 2001, pp. 77-78.

la conférence de Potsdam en juillet-août 1945, Truman informe Staline de la possession effective de la bombe par les États-Unis. À ce moment-là, le président est persuadé que cela va obliger Staline à se montrer plus souple dans la composition des gouvernements provisoires en Europe de l'Est et dans l'occupation de l'Allemagne, en vain.

Peu à peu, Truman se rend compte qu'on ne peut pas faire confiance à Staline. Son irritation grimpe d'un cran à l'automne 1945 lorsqu'il apprend des Canadiens que les Soviétiques ont organisé, durant la guerre, un vaste réseau d'espionnage atomique sur le territoire nord-américain. En outre, à partir de l'été 1945, il lui faut tenir compte de la volonté du Congrès, une fois la guerre terminée, de recouvrer ses prérogatives en politique étrangère. Or, nombre d'élus sont sensibles aux doléances des électeurs originaires des pays sur lesquels Staline a mis la main. Cela explique l'agacement de Truman quand il apprend l'initiative prise par son secrétaire d'État James F. Byrnes en décembre 1945. En visite à Moscou, celui-ci reconnaît les gouvernements communistes que Staline a établis en Roumanie et en Bulgarie. Il est alors persuadé qu'il est encore possible de réconcilier la politique américaine avec les préoccupations soviétiques, d'où la nécessité de faire un geste envers le Kremlin. Mais, pour le président, c'est une concession de trop. Il se range désormais derrière l'avis du groupe partisan de la ligne dure.

Le célèbre discours prononcé par Staline le 9 février 1946 vient conforter ce point de vue grâce à l'analyse qui en est faite par George Kennan, chargé d'affaires à l'ambassade des États-Unis à Moscou. Le 20 février, celui-ci transmet à Washington un document devenu essentiel dans l'histoire de la froide, le *long telegram*. Kennan y livre une analyse extrêmement fine de la politique étrangère soviétique et, de la sorte, conditionne la politique de la Maison-Blanche à l'égard de Moscou. Il explique que, quelles que soient les concessions que les États-Unis pourront octroyer au Kremlin, celui-ci est décidé à en finir avec le capitalisme, dont la supposée menace justifie la répression permanente des libertés dans le monde soumis à l'URSS. Staline souhaite ainsi tout faire pour déstabiliser les démocraties et semer le trouble dans leurs colonies.

Cette analyse a une portée d'autant plus grande que les Américains s'aperçoivent des limites de l'ordre international rooseveltien : le continent européen étant un champ de ruines, le libre-échange est inapplicable. Truman n'a donc plus le choix : pour faire face au péril communiste, les États-Unis doivent organiser la résistance d'une Europe où les retombées de la guerre et le coût de la reconstruction risquent de produire un sentiment de démoralisation. L'enjeu n'est rien d'autre que la stabilité du monde occidental. Or, le relèvement du continent au lendemain immédiat du conflit s'avère plus difficile qu'attendu : à la crise économique (en raison de l'absence de modernisation des outils de production) s'ajoutent une crise alimentaire (l'hiver 1946-1947 est l'un des plus froids du siècle, créant des situations humanitaires parfois pires que pendant la guerre, notamment en Allemagne) et une crise financière (le manque de devises américaines pour acheter les fournitures nécessaires au redémarrage de l'économie se fait cruellement sentir). Politiquement, laisser les Européens dans la misère accroîtrait le risque d'une prise de pouvoir des communistes en France, en Belgique et en Italie, où les PC sont puissants : en France, par exemple, le PCF obtient 28,2 % des suffrages exprimés aux élections législatives du 10 novembre 1946, devant le MRP (Mouvement républicain populaire, 25,9 %) et la SFIO (Section française de l'Internationale ouvrière, 17,8 %).

L'administration Truman comprend alors qu'une injection massive de dollars en Europe et un effort sur la dette des Européens sont nécessaires pour assurer la viabilité économique du Vieux Continent et, partant, sa sécurité face à une URSS de plus en plus menaçante. Se dessine ainsi le lien entre lutte contre la pauvreté, développement des échanges et sécurité collective que Truman et ses successeurs vont porter à bout de bras pendant la guerre froide, dans le but de faire pièce aux idées marxistes.

Ainsi, le 28 mai 1946, est signé l'accord Blum-Byrnes qui liquide une partie de la dette contractée par la France auprès des États-Unis (deux milliards de dollars). Truman accorde même un nouveau prêt aux Français à des conditions de remboursement exceptionnelles. Les États-Unis octroient ainsi une aide de trois cents millions de dollars américains remboursables en trente-cinq ans, auquel s'ajoute un prêt bancaire de six cent cinquante millions de dollars. En échange, la France met fin au régime des quotas imposé aux films américains depuis 1936, ouvrant un vif débat sur la menace d'étouffement du cinéma français sous le poids de la production hollywoodienne. D'autres accords de ce genre sont passés par les États-Unis avec d'autres pays européens, mais cela ne suffit pas à relever l'Europe : tout l'argent prêté passe dans l'alimentation et le chauffage, sans être investi dans la reconstruction et la modernisation, laissant poindre une misère sociale susceptible de nourrir l'adhésion au communisme.

Les enjeux méditerranéens et l'affaiblissement britannique, vecteurs de la doctrine Truman

La prise de conscience américaine quant à la nécessité de ne pas abandonner l'Europe à son sort tient également aux évolutions que connaît le flanc sud du Vieux Continent. En effet, plus encore que l'Europe centrale, la situation en Méditerranée, marquée par la guerre civile grecque et les prétentions de Staline sur les détroits turcs, provoque une vive inquiétude à Washington, à tel point qu'elle conduit l'administration Truman à élaborer une stratégie à long terme vis-à-vis de l'URSS : la doctrine du *containment*, ou d'endiguement. Cet intérêt prononcé pour la Méditerranée n'est pas nouveau ; il s'inscrit dans une longue tradition diplomatique et militaire américaine et se fonde sur la tradition réaliste héritée des Pères fondateurs des États-Unis : la mer étant un espace traditionnellement dévolu aux échanges commerciaux, en l'occurrence, ici, entre l'Europe et le reste du monde, elle doit être protégée contre toute atteinte au libéralisme économique. Cette logique est à l'origine même de l'US Navy, développée pendant la guerre de Libye de 1801-1805, durant laquelle les États-Unis intervinrent contre les corsaires ottomans qui attaquaient les navires marchands européens et américains. La guerre froide porte à son paroxysme cette vision militaire de la Méditerranée, peu à peu pensée à Washington comme la pièce maîtresse du système de défense de l'Europe occidentale et méridionale face l'adversaire numéro un du capitalisme, l'URSS.

Déjà, pendant la Seconde Guerre mondiale, la Méditerranée est le théâtre des premiers désaccords entre alliés anglo-saxons et soviétiques, notamment lors des négociations de l'armistice avec l'Italie en août 1943, à laquelle l'URSS n'est pas associée, ce qui rend Staline furieux. À la fin de la guerre, tandis que la France garde la haute main sur l'ouest du bassin (Algérie, Maroc, Tunisie), la Grande-Bretagne demeure la puissance dominante dans la partie orientale : ses troupes sont omniprésentes au Moyen-Orient – Égypte, Irak, Palestine – et à Chypre, colonie britannique jusqu'en 1960. Soutien de poids à la Turquie, le Royaume-Uni joue un rôle central dans la guerre civile grecque qui oppose, à partir de l'automne 1944, les monarchistes au mouvement procommuniste ELAS (Armée populaire grecque de libération). Le gouvernement de Churchill manœuvre ainsi pour réinstaller le gouvernement royal, une fois que les Allemands ont quitté les Balkans, mais la brigade britannique envoyée sur place doit faire face à une importante résistance communiste. Celle-ci prend le contrôle de toute la Grèce, à l'exception d'Athènes et de Salonique. Si les élections de mars 1946 voient la défaite des communistes, la confirmation de la monarchie par plébiscite le 1er septembre 1946 n'empêche pas la reprise de la guerre, et donc le maintien d'un important appui financier et militaire des Britanniques aux royalistes. Soutenus par l'URSS, la Bulgarie, la Yougoslavie et l'Albanie, les communistes livrent un combat sans merci contre les monarchistes et les Anglais. Point de contact méridional entre les blocs de l'Est et de l'Ouest alors en formation, la Grèce devient le premier champ de bataille de la guerre froide, démontrant que celle-ci peut facilement se muer en véritable conflit armé.

De fait, le conflit grec est d'une importance capitale dans la structuration des schémas de sécurité européenne post-1945 : il constitue une étape fondamentale dans la construction de la solidarité entre partis et pays communistes, mais aussi dans l'engagement à long terme des États-Unis en Europe. En effet, dès 1946, l'aide britannique aux royalistes grecs atteint ses limites en raison de l'état désastreux des finances de la Grande-Bretagne après six années de guerre mondiale. Plus largement, Londres n'a plus la capacité de maintenir un haut degré d'intervention en Méditerranée orientale et au Moyen-Orient et annonce, le 21 février 1947, ne plus être en mesure d'assumer son traditionnel rôle de puissance tutélaire en Grèce et en Turquie. Or, sans l'engagement britannique, l'ensemble de la région est susceptible de passer sous l'influence de Staline qui, on l'a dit, exige de la Turquie, en août 1946, qu'elle lui cède des bases sur les détroits.

Comme en 1917 ou en 1941, les Américains se retrouvent face à un choix fatidique : renforcer leur présence militaire en Europe, au prix d'une remise en question du *Washington spirit*, ou mettre en péril la sécurité européenne en laissant la main à Staline, ce qui aurait d'irrémédiables conséquences sur l'ensemble du monde occidental mais leur permettrait de ne pas toucher aux fondements de la politique extérieure américaine. En d'autres termes, la question qui se pose n'est rien de moins que celle d'assumer ou non leur statut de première puissance mondiale.

Truman fait son choix dès 1946, dans le cadre de la crise turque : la première initiative militaire américaine visant à garantir la sécurité de l'Europe capitaliste est d'envoyer une flotte permanente en Méditerranée (décision du 1er octobre 1946). Le président américain pose ainsi les bases de la Sixième Flotte et de l'engagement militaire permanent des États-Unis en Europe et sur les mers et l'océan qui l'entourent. Peu à peu, l'isolationnisme traditionnel de l'Amérique se transforme en régionalisme : il s'agit pour Washington de protéger les zones vitales pour la sécurité militaire et commerciale des États-Unis, l'Europe faisant office de priorité absolue. C'est ainsi que naît la politique d'endiguement – ou doctrine Truman du *containment* – imaginée par George Kennan en 1947 et justifiée par les situations en Grèce et en Turquie : le 12 mars 1947, Truman déclare devant le Congrès que l'URSS constitue une menace et annonce son intention de l'empêcher de soumettre de nouveaux pays.

La principale déclinaison économique de la politique d'endiguement est le plan Marshall : l'Amérique s'engage à relever l'Europe à condition que les Européens dépassent leurs oppositions internes et jettent les bases d'une construction européenne. Il convient néanmoins de noter que l'engagement américain en Europe est présenté d'emblée comme une parenthèse. On rompt momentanément avec la vision universaliste de Roosevelt pour mieux la rendre efficace à long terme.

Le plan Marshall

Le plan Marshall est sans nul doute l'une des plus grandes réussites de la politique d'endiguement, d'où le fait qu'il soit devenu une référence en matière de politique de redressement économique. En quelques années, il permet d'assurer la sécurité économique de l'Europe et, partant, celle des États-Unis en rendant viables les relations commerciales transatlantiques. Il pose les fondements d'une véritable dépendance à l'Amérique et, dans le même temps, accentue un peu plus la division du Vieux Continent, puisque Staline refuse l'aide américaine et oblige la Tchécoslovaquie et la Pologne à faire de même.

La logique du plan se base sur le constat de l'inefficacité des aides américaines depuis 1946, de la pénurie de dollars en Europe (le « *dollar gap* »), du risque de basculement dans le communisme que cela lui fait courir, et de la nécessité d'« européaniser » ces aides : pour son concepteur, le secrétaire d'État George C. Marshall, il convient d'injecter massivement des dollars dans l'économie européenne via un système de prêts (10 % du total) et de subventions (près de dix-sept milliards de dollars, 15 % du budget des États-Unis), en évitant un fractionnement de l'Europe qui entraînerait inévitablement le retour à des politiques protectionnistes ; le Vieux Continent doit être considéré comme un tout. Le plan Marshall, annoncé le 5 juin 1947, repose en outre sur la volonté de convaincre l'opinion américaine et le Congrès qu'il s'accompagnera de retours positifs pour les États-Unis, grâce à l'achat des produits américains par les Européens.

Aux yeux de Marshall, résoudre les problèmes économiques européens permettra de résoudre le problème allemand : le plan facilitera l'intégration de l'Allemagne de l'Ouest à l'ensemble européen occidental et l'aidera à retrouver sa souveraineté. Nombreux sont ceux qui, au Congrès des États-Unis, partagent le point de vue du secrétaire d'État et, plus largement, souhaitent que leur pays œuvre en faveur des États-Unis d'Europe : une résolution est déposée en ce sens le 29 mars 1947 par les sénateurs de l'Arkansas et de l'Utah William Fulbright et Elbert Thomas et par le représentant de la Louisiane Hale Boggs. Pour ces élus démocrates, faire l'Europe en exportant le modèle fédéral doit devenir une mission essentielle des Américains, dans le but de se prémunir contre toute nouvelle guerre européenne.

De fait, le plan de reconstruction européenne (*European Recovery Program*) signé par Truman le 3 avril 1948 est à l'origine de la première organisation européenne, l'Organisation européenne de coopération économique (OECE), destinée à devenir le cadre de la coopération économique entre pays d'Europe. Chaque État bénéficiaire doit en outre conclure avec le gouvernement américain un accord bilatéral par lequel il s'engage à faire un usage optimal des ressources à sa disposition, à favoriser la coopération multilatérale et la libéralisation des échanges commerciaux, à stabiliser sa monnaie, à permettre aux États-Unis d'accéder à ses ressources naturelles, et à accueillir une mission de l'agence chargée de la gestion du plan, l'*Economic Cooperation Administration* (ECA), dirigée par l'homme d'affaires Paul Hoffman. Le contrôle américain est total : le Congrès vote les crédits alloués au plan chaque année ; l'ECA valide les demandes d'achats de matériels soumises par les Européens. Dans chaque pays, la mission de l'ECA débloque les fonds en devises locales si elle juge qu'ils permettent de remplir les objectifs nationaux de relèvement[2].

---

2. Mélandri Pierre, « Le coup de génie du général Marshall ! », *Les Collections de L'Histoire*, juillet 2012, n° 56, pp. 42-47.

La redoutable efficacité du système entraîne un accomplissement rapide de l'objectif fixé par Marshall : dès 1951, la production industrielle de l'Europe dépasse de plus d'un tiers celle de 1938. Le plan facilite l'introduction en Europe des nouvelles technologies et méthodes de travail, en particulier concernant la sidérurgie, l'électricité, le charbon, l'agriculture et les transports ferroviaires. L'influence des États-Unis se retrouve également dans les relations entre patrons et ouvriers, les Américains appuyant les courants centristes et socialistes contre les communistes. C'est ainsi qu'ils encouragent, en France, la sécession de l'aile réformiste de la Confédération générale du travail (CGT) et la création de la CGT-FO.

L'objectif de coopération occidentale est également atteint, puisque les quotas d'exportations de marchandises entre pays ouest-européens sont peu à peu supprimés et les devises redeviennent convertibles (fin 1958). Surtout, le plan Marshall participe directement du développement, en 1951, de la Communauté européenne du charbon et de l'acier (CECA), qui intègre la République fédérale d'Allemagne. Il accroît aussi la dépendance énergétique de l'Europe aux hydrocarbures arabes : les concepteurs du plan estiment que la reconstruction doit s'appuyer sur le pétrole du Moyen-Orient, livré au Vieux Continent par des pétroliers qui transitent par le canal de Suez et le détroit de Gibraltar. Cela explique en partie l'attention toujours plus grande accordée par Washington au déploiement naval sur le flanc sud du continent.

Ce lien entre économie et défense reste fondamental par la suite : dans les mois qui suivent le déclenchement de la guerre de Corée en 1950, le Congrès vote un vaste programme d'appui militaire à l'Europe voué à prendre la suite de subventions qui arrivent alors à leur terme.

La création du système de sécurité transatlantique

Les fondements politico-militaires du système euro-américain

À partir de 1948, la logique économico-politique incarnée par le plan Marshall – qui a un fort effet psychologique en permettant aux démocraties européennes de reprendre confiance en elles – est complétée par une dimension politico-militaire. En effet, à cette date, l'inquiétude reprend en Europe de l'Ouest face à l'attitude de l'URSS. S'il ne s'agit pas d'une inquiétude proprement militaire quant à une éventuelle attaque soviétique, celle-ci n'apparaissant qu'avec la guerre de Corée, l'appréhension est de nature politique, liée à la peur de la subversion communiste.

Cette escalade se fait en plusieurs temps et participe de la redéfinition des conditions de la sécurité européenne. Jusqu'alors, les alliances conclues entre pays européens étaient fondées sur la crainte d'un renouveau de la menace allemande. Ainsi, lorsqu'en 1947 le problème allemand s'aggrave et que Staline cherche à étendre son influence sur toute l'Allemagne, Français et Britanniques signent le traité de Dunkerque du 4 mars 1947 : il s'agit de se prémunir contre toute agression de la part d'une Allemagne réunifiée. Néanmoins, en quelques mois, la situation change : l'enjeu allemand disparaît derrière l'enjeu soviétique. Dans un premier temps, en février 1948, les Occidentaux sont choqués par le coup de Prague, réalisé sans la présence de l'Armée rouge, ce qui le distingue du processus de soviétisation de l'Europe orientale. Il est donc particulièrement inquiétant car il paraît reproductible dans les pays d'Europe occidentale où le parti communiste est fort, comme en France ou en Italie. Cela explique notamment le dynamique soutien apporté par la toute jeune *Central Intelligence Agency* (CIA) aux partis non communistes italiens lors des élections législatives du 18 avril 1948, dans l'optique d'éviter un « coup de Rome ».

Cette crainte d'une reproduction ailleurs du coup de Prague contribue à donner un contenu militaire à un début d'organisation occidentale restée jusque-là économique. Dans la foulée du coup de Prague, les ministres des Affaires étrangères britannique et français, Ernest Bevin et Georges Bidault, proposent à George Marshall la mise sur pied d'une entente occidentale, politique et militaire. Pour ces deux pays, la sécurité de l'Europe n'est pensable qu'avec l'appui des États-Unis. Jusque-là, les Français hésitaient à s'engager dans un bloc occidental et à choisir entre les États-Unis et l'URSS : d'une part, ils comptaient s'entendre avec Staline pour récupérer la Sarre – c'est le sens de la visite de De Gaulle à Moscou en décembre 1944 –, d'autre part, l'aura de l'URSS après la guerre était telle qu'il paraissait difficile de se couper d'elle. Mais Prague change la donne. Le problème est que, malgré les crises grecque et turque, les Américains ne sont pas encore prêts à s'engager militairement en Europe sur une durée indéfinie et dans le cadre d'une alliance ; cela signifierait une rupture définitive avec l'« esprit de Washington ». Par conséquent, en attendant que les Américains se décident, Bevin propose l'élargissement du traité de Dunkerque à d'autres pays. On aboutit le 17 mars 1948 à la signature du traité de Bruxelles entre Paris, Londres et les pays du Benelux, qui institue l'Union occidentale. Il s'agit de faciliter la coopération entre ces pays pour éviter une répétition de ce qui s'est passé en Tchécoslovaquie.

Ce traité constitue la première pierre de la défense européenne. Il s'inscrit dans une logique à la fois européenne et atlantique : d'une part, il se situe dans la perspective de la construction européenne au sens large, qui doit porter sur tous les domaines (politique, économique, culturel, militaire) ; d'autre part, il pose les bases de ce que devra être une alliance avec les États-Unis. Le traité de Bruxelles prévoit, dans son article IV, les *casus foederis*, c'est-à-dire les circonstances dans lesquelles le traité est mis en œuvre : la nature de l'agression dont l'un des membres peut être victime fait que tous les autres membres s'engagent à l'aider. L'aide apportée par les autres États pourra être « militaire ou autre » ; cela crée les conditions d'une très forte solidarité militaire, qu'aucun autre traité n'a atteinte depuis 1948. De la sorte, les Européens montrent aux Américains qu'ils sont prêts à faire de gros efforts de coopération pour leur propre défense : comme les États-Unis insistent sur la nécessité d'une intégration européenne, les Européens vont loin dans l'affirmation de leur solidarité militaire, à l'instar de ce qu'ils ont fait au niveau économique avec l'OECE.

Truman et ses conseillers sont convaincus et, très vite, on passe d'un traité purement européen à un traité transatlantique. Dès mars 1948, des réunions secrètes entre représentants américains, canadiens et britanniques ont lieu au Pentagone sur le projet d'alliance atlantique. La principale crainte de Londres et de Washington a trait à la fiabilité française : la peur de l'influence communiste en France explique l'absence de ses représentants lors de ces réunions censées demeurer secrètes. « Censées » seulement car, en vérité, le Kremlin est au courant de tout ce qui s'y dit grâce à Donald Maclean, diplomate britannique en poste à l'ambassade du Royaume-Uni à Washington, mais qui est également, depuis les années 1930, agent du NKVD[3]...

En dépit des doutes liés à la situation française, Marshall se dit officiellement prêt à procéder immédiatement à des discussions communes sur un système atlantique de sécurité. Le problème est que la Constitution des États-Unis ne permet pas l'adhésion à une alliance militaire en temps de paix. Les débats sont alors vifs au Congrès entre les partisans de l'adhésion et les derniers isolationnistes. Finalement, le Congrès vote, le 11 juin 1948, la résolution Vandenberg, un texte d'une portée politique majeure qui valide l'hypothèse d'une alliance euro-américaine et qui constitue une entorse de taille à l'isolationnisme historique des États-Unis. La résolution prévoit le développement progressif d'accords portant sur la légitime défense collective. En d'autres termes, les Américains s'engagent à défendre la primauté des Nations unies. Il leur est désormais possible de passer des alliances, mais en respectant le processus constitutionnel des États-Unis (ne pas enfreindre le droit souverain du Congrès de déclarer la guerre) et dans la mesure où la sécurité nationale est en danger.

Les négociations en vue de la création d'une alliance atlantique débutent dans la foulée et sont facilitées par le contexte Est-Ouest. En effet, au printemps 1948, à la conférence tripartite de Londres (la première sans les Soviétiques), la France, représentée par Georges Bidault, décide d'unir sa zone d'occupation à celles des Anglo-Saxons, contribuant à poser les bases d'un futur État allemand fédéral et confirmant qu'elle craint désormais davantage la menace soviétique qu'une renaissance allemande. En échange de son accord, le gouvernement français obtient la garantie de Londres et de Washington que le futur État allemand serait fermement dépendant de l'économie occidentale – via son adhésion à l'OECE –, que sa souveraineté serait limitée et que les États-Unis maintiendraient leurs troupes

3. Maclean sera démasqué en 1951 et exfiltré par le KGB vers Moscou, où il mourra en 1983.

en Allemagne, ce que vient conforter la résolution Vandenberg. On considère dès lors à Paris que la construction européenne, dirigée depuis la France, est une priorité : elle doit permettre de contrôler et d'encadrer l'Allemagne.

Jugeant qu'en recréant un État allemand ses adversaires trahissent l'esprit du quadripartisme et de Potsdam, Staline réagit en ordonnant la mise en place d'un blocus entre les zones occidentales de Berlin, enclavées dans la zone soviétique, et l'Allemagne de l'Ouest : les communications routières, ferroviaires et par voies d'eau sont entièrement coupées à partir de juin 1948. Première grande crise Est-Ouest de la guerre froide, le blocus est pensé par Staline comme un moyen d'obliger les Occidentaux à abandonner leurs zones à Berlin ou bien à rouvrir les négociations sur le statut de l'Allemagne. Or, d'un côté, un départ occidental de Berlin amenuiserait considérablement les chances de créer un État ouest-allemand, dans la mesure où la présence des Américains, des Britanniques et des Français serait perçue par l'opinion allemande comme une garantie de sécurité toute relative face à l'URSS qui aurait réussi à les faire plier à propos de l'ancienne capitale ; d'un autre côté, reprendre les négociations avec Staline conduirait forcément à lui faire des concessions, et l'Allemagne de l'Ouest, sans perspective d'évolution politique, demeurerait occupée et soumise. Derrière cette crise se dessine également un objectif à long terme du Kremlin : faire en sorte que les Américains délaissent les questions européennes et ne s'engagent pas davantage sur le Vieux Continent. C'est l'effet inverse qui se produit : Harry Truman ordonne la mise en place d'un spectaculaire pont aérien, qui permet aux Occidentaux de ravitailler les deux millions de Berlinois pendant un an. Staline ne pouvant se permettre de forcer le pont aérien au risque de déclencher une guerre qu'il perdrait inévitablement – l'URSS n'est pas encore une puissance atomique –, il finit par mettre un terme au blocus en mai 1949. Si cette première crise berlinoise conduit les Allemands des zones contrôlées par les Occidentaux à ne plus voir ces derniers comme des occupants mais comme des protecteurs – les Américains plus que les autres –, elle prouve également à quel point, aux yeux de Staline, l'Allemagne reste une menace vitale pour la sécurité de l'URSS.

La naissance de l'Alliance atlantique

La crise de Berlin facilite largement l'engagement des États-Unis dans les négociations sur l'Alliance atlantique, qui se déroulent de juillet 1948 à avril 1949. Elles sont longues car le Congrès, dominé par les républicains, a du mal à se départir de son isolationnisme. Les élections de novembre 1948 règlent le problème : Truman est réélu et le Congrès redevient démocrate. Quelques mois plus tard, le traité de Washington du 4 avril 1949 crée l'Alliance atlantique ; le traité se veut un compromis entre le projet vague voulu par les Américains pour ne pas trop s'engager et celui des Européens, qui veulent une alliance solide sur la base du traité de Bruxelles.

À cet égard, l'enjeu du périmètre géographique reflète les contradictions entre les États-Unis et l'Europe. Durant les négociations qui précèdent la signature du traité se pose en effet la question de savoir quels pays doivent intégrer l'Alliance atlantique. Les Européens, le Français Robert Schuman en tête, et certains responsables américains, dont George Kennan, considèrent qu'il faut limiter le nombre d'alliés pour mieux profiter du soutien des États-Unis et faire en sorte que l'article IV du pacte de Bruxelles reste le cœur de l'Alliance et s'applique à l'Amérique du Nord. En d'autres termes, si l'Europe est attaquée, les États-Unis doivent absolument répondre militairement. La sécurité de l'Europe doit être la mission première de l'Alliance, ce qui doit permettre, selon les Français, de préserver l'identité européenne et d'empêcher qu'elle se dilue dans une communauté atlantique.

Les Américains objectent d'emblée à cette approche. L'Alliance atlantique ne peut être une simple garantie américaine à l'Europe ; elle doit contribuer à la sécurité des États-Unis. Cette vision pèse sur les contours géographiques de l'Alliance tels que les impose l'administration Truman. Cette dernière exige des cinq pays du traité de Bruxelles qu'ils admettent l'intégration du Danemark, de l'Islande, de la Norvège et du Portugal, perçus à Washington comme des *stepping stone countries*, des « pays marchepied » : le Danemark possède le Groënland, proche du territoire des États-Unis ; l'Islande se situe à mi-chemin entre Moscou et Washington ; la Norvège a une frontière commune avec l'URSS ; le Portugal possède les Açores, dont le contrôle est primordial pour la sécurité américaine. En revanche, c'est la France qui insiste pour que l'Italie adhère d'emblée à l'Alliance afin de crédibiliser le continuum territorial entre la France et l'Algérie. On perçoit une fois de plus l'importance du théâtre méditerranéen, confortée en 1952 avec l'admission de la Grèce et de la Turquie. Toutefois, l'Espagne franquiste, qui postule en 1950 pour intégrer l'Alliance, reste mise à l'écart en raison de la nature fasciste du régime et de la proximité de Franco avec Hitler et Mussolini avant et pendant la Seconde Guerre mondiale. Elle reçoit néanmoins dès juillet 1947 une aide économique conséquente de la part des États-Unis, qui la considèrent de plus en plus comme un rempart solide contre le communisme.

Du côté des pays scandinaves (Danemark, Islande, Norvège, Suède), seule la Suède fait finalement le choix de ne pas intégrer l'Alliance, estimant que son adhésion risquerait d'affaiblir la neutralité finlandaise : Staline pourrait évoquer le prétexte d'une intégration de l'ensemble des États nordiques pour s'en prendre au dernier pays de la région encore neutre, la Finlande. C'est donc par solidarité avec leurs voisins que les Suédois décident à leur tour de demeurer neutres.

Quoi qu'il en soit, avec de tels contours géographiques, l'identité européenne de l'Alliance voulue par la France s'estompe derrière l'idée de communauté atlantique. L'article V du traité apparaît d'emblée comme le plus important, car il définit le principe de solidarité : attaquer un État membre, c'est attaquer l'Alliance. Le texte est toutefois beaucoup moins contraignant que le traité de Bruxelles – qui se retrouve donc marginalisé –, car il laisse aux États membres le choix des moyens pour secourir l'État attaqué, ce qui permet l'abstention. Ainsi, la garantie américaine en faveur de la sécurité européenne est toute relative, ces restrictions visant à préserver le libre arbitre des États-Unis.

Le traité de Washington prévoit la mise sur pied d'un comité de défense, d'un comité militaire, qui regroupe les chefs d'état-major des pays membres, et d'un organe émanant de celui-ci, le *Standing Group* (« groupe permanent »), qui siège à Washington et qui rassemble des officiers américains, britanniques et français. Ce groupe est issu d'une demande française visant à éviter que les États-Unis et la Grande-Bretagne exercent un quelconque monopole sur les principaux dossiers de l'Alliance. Il assure la direction stratégique de l'Alliance. C'est d'ailleurs au cours de la période de négociation du traité de Washington que les Américains imaginent les premiers plans de guerre contre l'URSS, à l'instar du plan Trojan de décembre 1948. Ce dernier se fonde sur l'idée qu'en cas d'attaque soviétique sur l'Europe, une stratégie périphérique serait la meilleure option, incluant un repli sur la Grande-Bretagne et l'Égypte ainsi que le bombardement nucléaire de soixante-dix villes d'URSS ; il n'est alors pas question d'un engagement massif de troupes américaines, l'essentiel des forces devant être fourni par les Européens eux-mêmes. Cette stratégie envisage ainsi l'emploi immédiat de l'arme atomique, sans toutefois que son usage soit considéré comme décisif. En effet, non seulement les États-Unis ne détiennent pas encore une technologie leur permettant d'effectuer des frappes très ciblées, mais l'URSS n'étant pas une puissance nucléaire fin 1948, ils prévoient seulement l'éventualité d'un conflit conventionnel, lié aux capacités de l'Armée rouge[4].

Si pareille stratégie n'a rien pour plaire aux Européens de l'Ouest, sauf peut-être aux Britanniques, le traité de Washington suscite, en Europe occidentale, un réel sentiment de sécurité et permet notamment aux Français d'accepter la création d'un État ouest-allemand : le 8 avril 1949, ils signent, aux côtés des Américains et des Britanniques, les accords de Washington qui donnent naissance à la République fédérale d'Allemagne, État qui reste placé sous un statut d'occupation, les Trois conservant « l'autorité suprême » (droit de regard sur la composition du gouvernement, la législation, la monnaie, le commerce extérieur). Après l'adoption, le 8 mai 1949, par le Conseil parlementaire de Francfort de la loi fondamentale, qui s'apparente à une constitution, la RFA élit ses députés au Bundestag le 14 août et se dote d'un gouvernement à majorité démocrate-chrétienne dirigé par Konrad Adenauer.

Au final, à l'été 1949, l'optimisme prévaut dans le camp occidental : les tentatives de Staline d'étendre son influence vers l'ouest semblent vouées à

4. Soutou Georges-Henri, *La guerre de cinquante ans*, *op.cit.*, pp. 222-223.

l'échec, grâce aux effets conjugués du *containment*, du plan Marshall et de l'Alliance atlantique. Les Alliés sont ainsi venus à bout du blocus de Berlin et ont réussi à consolider leur emprise sur l'Allemagne occidentale, tout en gagnant la confiance des Allemands. En résumé, si deux systèmes de sécurité ont bel et bien émergé de chaque côté du rideau de fer, l'avantage semble être à l'Alliance atlantique et à ses membres. Ce moment d'optimisme est cependant éphémère : l'accession de l'URSS au statut de puissance nucléaire, la victoire de Mao en Chine et le déclenchement de la guerre de Corée changent rapidement la donne, prouvant à quel point la sécurité de l'Europe relève désormais de problématiques à la fois globales et exogènes.

Paul-Henri Spaak, « Nous avons peur », 28 septembre 1948

Spaak est le représentant de la Belgique à l'Assemblée générale de l'ONU réunie à Paris le 28 septembre 1948.

[...] Je voudrais me permettre de poser une question à l'Honorable Délégué soviétique : peut-il me donner l'assurance que jamais l'état-major soviétique n'a calculé la distance qui existe entre Moscou et Londres ? Et qu'est-ce qu'il croit qu'il y a de plus dangereux pour la paix du monde : les calculs qui sont faits dans le secret des travaux d'état-major ou les cartes qui sont publiées par les revues américaines et qui révèlent des nouveautés aussi extraordinaires que les distances existant entre les grandes villes ?

Il n'y a pas que la propagande belliciste. Il y a aussi le pacte à cinq, le pacte de Bruxelles.

Ceux qui concluent de pareils traités, dit M. Vichinsky, et organisent de pareils blocs, mènent une politique qui n'a rien à voir avec la consolidation de la paix, et encouragent les instigateurs et les organisateurs d'une nouvelle guerre. L'argument soviétique n'est pas extrêmement subtil. Il consiste à dire : quand la Russie s'allie avec les pays qui l'entourent, quand elle fait un traité de défense avec la Pologne, ou avec la Tchécoslovaquie ou avec la Yougoslavie ou avec tant d'autres pays de l'Europe de l'Est, cela, c'est de la politique pacifique. Quand, au contraire, la Belgique, le Luxembourg, les Pays-Bas s'allient avec la France et avec l'Angleterre, cela, c'est nécessairement de la politique guerrière.

Messieurs, j'ai deux arguments, dont l'un et l'autre sont décisifs pour réfuter une propagande comme celle-là. Quand nous avons fait le pacte à cinq, le pacte de Bruxelles, nous n'avons pas fait autre chose que d'appliquer strictement l'article 51 de la Charte. L'article 51 de la Charte dit : « Aucune disposition de la présente Charte ne porte atteinte aux droits naturels de légitime défense individuels ou collectifs. » Cette Charte, que l'URSS et que les pays de l'Est ont signée en même temps que nous, nous autorise, nous donne le droit de nous réunir et d'organiser notre légitime défense individuelle ou collective. C'est sur la base de cet article, et sur la base d'aucun autre sentiment, que nous nous sommes réunis et que nous avons conclu notre Pacte. Cet argument juridique à lui seul est suffisant.

Mais, vraiment, y a-t-il quelqu'un dans cette salle, y a-t-il, je pourrais presque dire, quelqu'un au monde qui pense que le Luxembourg, les Pays-Bas et la Belgique veulent participer à une guerre d'agression ? Mais est-ce qu'on oublie d'où nous venons ? Est-ce que l'on oublie les deux épreuves que nous avons subies en vingt-cinq ans ? Est-ce qu'on oublie que si nous avons été victorieux finalement, nous avons été occupés pendant quatre longues années ? Et si nos pays sont sortis de leur double épreuve, nous ne pourrions pas affirmer avec certitude qu'ils seraient capables, encore une fois, de sortir d'une troisième guerre mondiale et de reprendre courageusement leur marche en avant. Personne ne peut croire que l'alliance qui s'est faite à Bruxelles, au mois de mars dernier, ait une portée agressive, contre n'importe quelle nation. Mais au contraire tout le monde sait que nous avons voulu nous unir pour nous défendre.

La délégation soviétique ne doit pas chercher d'explication compliquée à notre politique. Je vais lui dire quelle est la base de notre politique. Je vais le lui dire, dans des termes qui sont un peu cruels peut-être et dans des termes que seul le représentant d'une petite Nation peut employer. Savez-vous quelle est la base de notre politique ? C'est la peur, la peur de vous, la peur de votre politique. Et si j'ose employer ces mots, c'est parce que la peur que j'évoque n'est pas la peur d'un lâche, n'est pas la peur d'un ministre qui représente un pays qui tremble, un pays qui est prêt à demander pitié ou à demander merci. Non, c'est la peur que peut avoir, c'est la peur que doit avoir un homme quand il regarde vers l'avenir et qu'il considère tout ce qu'il y a peut-être encore d'horreur et de tragédie, et de terribles responsabilités dans cet avenir.

Savez-vous pourquoi nous avons peur ? Nous avons peur parce que vous parlez souvent d'impérialisme. Quelle est la définition de l'impérialisme ? Quelle est la notion courante de l'impérialisme ? C'est celle d'un pays, généralement d'un grand pays, qui fait des conquêtes et qui augmente à travers le monde son influence.

Quelle est la réalité historique de ces dernières années ? Il n'y a qu'un seul grand pays qui soit sorti de la guerre ayant conquis d'autres territoires et ce grand pays c'est l'URSS. C'est pendant la guerre et à cause de la guerre que vous avez annexé les pays baltes. C'est pendant la guerre et à cause de la guerre que vous avez pris un morceau de la Finlande. C'est pendant et à cause de la guerre que vous avez pris un morceau de la Pologne. C'est grâce à votre politique audacieuse et souple que vous êtes devenus tout-puissants à Varsovie, à Prague, à Belgrade, à Bucarest et à Sofia. C'est grâce à votre politique que vous occupez Vienne et que vous occupez Berlin et que vous ne semblez pas disposés à les quitter. C'est grâce à votre politique que vous réclamez maintenant vos droits dans le contrôle de la Ruhr. Votre empire s'étend de la mer Noire à la Baltique et à la Méditerranée. Vous voulez être aux bords du Rhin et vous nous demandez pourquoi nous sommes inquiets ?

La vérité c'est que votre politique étrangère est aujourd'hui plus audacieuse et plus ambitieuse que celle des tsars eux-mêmes. ■

Source : Smets, Paul-Francis (dir.), *La pensée européenne et atlantique de Paul-Henri Spaak (1942-1972)*, volume 1, Bruxelles, Goemaere, 1980, pp. 148-160.

Chapitre 2

L'Europe dans la nouvelle ère stratégique, 1949-1958

Les années 1949-1953 correspondent à un apogée de la guerre froide, qui rebat en partie les cartes des enjeux de sécurité en Europe. Si, à l'été 1949, l'optimisme prévalait en Occident, les perspectives s'améliorent pour l'URSS quand arrive l'automne. Le 22 septembre 1949, les États-Unis annoncent la première explosion atomique soviétique, dont ils ont détecté les retombées radioactives : l'essai nucléaire a eu lieu au Kazakhstan le 29 août, beaucoup plus tôt que ce qu'avaient prévu les experts américains[1]. Les conséquences stratégiques et psychologiques de cet événement sont immenses : la bombe atomique soviétique, en transformant la nature et l'ampleur de la menace de l'URSS, confère à la guerre froide une tout autre dimension. Tout dérapage du conflit Est-Ouest peut désormais conduire à l'apocalypse nucléaire, ce qui amène les Occidentaux à donner un contenu plus concret à l'Alliance atlantique et à repenser l'ensemble de la stratégie de défense de l'Europe. Les États-Unis comprennent qu'ils ne peuvent plus se contenter de demi-mesures et qu'ils doivent s'engager rapidement et massivement auprès de leurs alliés européens, en première ligne face à la puissance de feu soviétique.

La situation devient d'autant plus dangereuse que Staline dispose d'un nouvel allié de poids : le 1er octobre 1949, après la victoire de l'Armée populaire de libération dans la guerre civile chinoise, Mao Tsé Toung proclame la République populaire de Chine et signe, le 14 février 1950, un traité d'amitié, d'alliance et d'assistance mutuelle avec l'URSS. Aux États-Unis, le choc est violent tant pour les responsables que pour l'opinion publique ; en « perdant la Chine », les Américains subissent une cuisante défaite dans la compétition qui les oppose au communisme. Le facteur chinois devient dès lors fondamental dans la définition des rapports de force internationaux ; ses répercussions sur la sécurité européenne sont gigantesques dès le début de la décennie 1950 puis tout au long de la guerre froide. Celle-ci, loin de se limiter au Vieux Continent, qui en reste

1. Soutou Georges-Henri, *La guerre de cinquante ans*, *op.cit.*, pp. 229-230.

cependant le centre, se veut désormais globale. Le déclenchement de la guerre de Corée le 25 juin 1950, largement permis par la victoire des communistes en Chine, confirme ce processus de globalisation du conflit Est-Ouest et accentue l'influence des événements asiatiques sur la sécurité de l'Europe. Les Occidentaux voient en effet dans la guerre de Corée la preuve que la menace soviétique n'est plus seulement de nature politique et sociale et que Moscou n'hésitera pas à utiliser la force pour affaiblir les États-Unis et leurs alliés. En d'autres termes, l'URSS est capable de provoquer des guerres « chaudes » pour parvenir à ses fins.

Dans ces conditions, la mort de Staline en 1953 provoque une première rupture de taille dans la guerre froide, en ouvrant la voie à la première période de détente et au retour des négociations Est-Ouest. Le milieu des années 1950 correspond ainsi à la phase de stabilisation des enjeux de sécurité en Europe : les premières propositions sur la limitation des armements voient le jour ; les systèmes et les paramètres de la sécurité gagnent en stabilité de part et d'autre du rideau de fer, annonçant les grandes discussions des décennies suivantes. C'est bel et bien dans une nouvelle ère stratégique, caractérisée par la prédominance des questions nucléaires, que s'engage l'Europe au fil de cette décennie cruciale. Il s'agit de voir dans quelle mesure la guerre de Corée puis la première détente en ont successivement structuré les enjeux.

Les conséquences de la guerre de Corée pour l'Europe

La militarisation de l'Alliance atlantique

Le 25 juin 1950 est une date essentielle dans l'histoire de la sécurité européenne. L'invasion de la Corée du Sud par les troupes nord-coréennes provoque un grand émoi en Occident. Elle prouve que les communistes sont prêts à en venir aux armes : l'idée se répand que cette première offensive n'est peut-être qu'une manœuvre de diversion cachant une autre agression en Europe à travers le territoire allemand. Dès lors, Américains et Européens prennent conscience que l'Alliance atlantique est une coquille vide et qu'un important effort doit être réalisé pour en faire un outil de la dissuasion : il faut montrer à Staline que, derrière le traité de Washington, il y a de réels moyens de défense. La guerre de Corée suscite ainsi une accélération de la construction atlantique et européenne. Elle transforme une alliance classique en organisation militaire intégrée.

En réalité, un premier tournant est pris en avril 1950 avec l'élaboration du rapport NSC-68 sous l'égide de Paul Nitze, qui a succédé à Kennan en 1949 au poste de directeur de la planification politique au sein du Département d'État américain. Ce rapport, émanant du *National Security Council*, qui pose les directives de sécurité nationale aux États-Unis, change la nature du *containment* tel qu'il a été défini par Kennan : l'objectif ne doit plus être seulement d'endiguer, mais bien de réduire l'influence de l'URSS, en essayant de déstabiliser le système soviétique. Pour ce faire, Nitze et son entourage proposent d'utiliser des moyens avant tout militaires, contrairement à ce qui prévalait en 1947-1948. On assiste ainsi à une militarisation du *containment* visant clairement à remporter la victoire face à l'URSS. Le NSC-68, approuvé par le président en septembre 1950, insiste sur la nécessité, pour les États-Unis, de posséder la supériorité absolue. Truman décide donc de lancer la fabrication de la bombe thermonucléaire, testée avec succès le 1er novembre 1952, moins d'un an avant les Soviétiques.

Plus largement, alors que, dans les années qui avaient suivi la fin de la Seconde Guerre mondiale, les États-Unis avaient considérablement diminué leur niveau d'armement, les dépenses militaires atteignent des sommets pendant la guerre de Corée (davantage que pendant la guerre du Vietnam) : en 1952 et 1953, le seul budget militaire représente plus de 67 % du budget des États-Unis et 13 % du PNB. En outre, l'armée réunit des effectifs pléthoriques et atteint un niveau dont elle ne se départira plus pendant des années : elle passe d'un million quatre cent mille hommes en 1950 à trois millions six cent mille en 1952. Loin de financer l'intervention en Corée, l'essentiel des dépenses est consacré au renforcement des armements stratégiques stationnés sur les bases aériennes d'Europe, d'Afrique du Nord et du Japon, mais aussi à l'accroissement de la présence militaire américaine en Europe.

Les Occidentaux redoutent la réitération en Europe du schéma coréen : la République démocratique allemande (RDA), créée en octobre 1949 en réplique à la naissance de la RFA six mois auparavant et qui possède une importante police militarisée, pourrait attaquer sa voisine de l'Ouest. C'est par crainte d'une nouvelle guerre européenne que les pays de l'Alliance atlantique décident de déployer cent divisions en 1952, dont la moitié de réserve, prouvant à quel point le Vieux Continent demeure la priorité stratégique de l'administration Truman[2]. La guerre de Corée conduit également les Américains à multiplier les actions secrètes dans les pays satellites de l'URSS, considérés comme plus faciles à déstabiliser. Par exemple, le programme *Red Sox/Red Cap* permet à la CIA d'entraîner des émigrés hongrois afin de les envoyer en mission militaire dans le bloc de l'Est.

La militarisation de l'Alliance atlantique passe surtout par la création d'une structure politique et militaire permanente, l'Organisation du traité de l'Atlantique Nord (OTAN), qui transforme le traité de Washington en une alliance militaire en temps de paix. Définie le 18 décembre 1950 après des mois de tractation, l'intégration atlantique militaire est particulièrement soutenue par les Français, en premier lieu par le président du Conseil René Pleven et le commandant en chef des Forces terrestres de l'Europe occidentale, le général de Lattre de Tassigny. Il convient toutefois de nuancer l'expression

2. Soutou Georges-Henri, *La guerre de cinquante ans*, *op.cit.*, p. 246.

d'« intégration militaire », politiquement chargée en raison de l'usage qu'en fait le général de Gaulle : selon ce dernier, l'intégration militaire au sein de l'OTAN prive les États de leur libre arbitre. En réalité, les pays membres bénéficient d'une autonomie de décision, dans la mesure où il ne s'agit pas d'une organisation supranationale en temps de paix. Les Occidentaux ne font que reprendre le schéma anglo-saxon de 1942 : on nomme un commandant en chef américain qui va commander les forces en cas de conflit. Cela suppose cependant un entraînement en commun et un minimum d'homogénéité de l'armement afin d'assurer l'interopérabilité des armées nationales.

À partir du moment où le Conseil de l'Atlantique Nord décide, en décembre 1950, de nommer le général Dwight Eisenhower commandant suprême des forces alliées en Europe (SACEUR), on peut dire que la défense de l'Europe est assurée par les Américains, avec l'aide des Européens, qui s'en remettent officiellement à l'OTAN. Installé en région parisienne, le Grand Quartier général des puissances alliées en Europe (SHAPE) est au sommet d'une organisation divisée en quatre secteurs géographiques : Nord Europe, Centre Europe, Sud Europe, Méditerranée. Dans ce schéma, les Britanniques apparaissent comme les brillants seconds des Américains, du fait de l'aura qu'ils ont tirée de leur victoire de 1945 et qui a resserré les liens entre Londres et Washington. Ils occupent systématiquement la deuxième place en matière de commandement. La France, elle, est troisième dans la chaîne de commandement. Elle dispose du commandement Centre Europe, qui inclut principalement l'Allemagne. Cependant, dès cette époque, on perçoit une réelle frustration de la part des Français en ce qui concerne le processus de décision dans l'OTAN – même sur le secteur Centre, le commandement français est subordonné au SACEUR – et à propos de la Méditerranée. Cela conduit Georges Bidault à proposer l'organisation d'un haut conseil atlantique, qui incarnerait un *leadership* à trois (États-Unis, Royaume-Uni, France) ; mais les Anglo-saxons refusent.

La frustration militaire française monte d'un cran à partir de 1953 lorsque se profile la nucléarisation de la défense européenne. En 1952-1953 en effet, les progrès technologiques permettent la miniaturisation de l'arme nucléaire, et donc son arrivée dans l'arsenal tactique. Se développe une nouvelle artillerie nucléaire, qui modifie les données des batailles classiques aéroterrestres en Europe. Les Français vivent mal le fait de ne pas maîtriser cette technologie, tout entière entre les mains des Américains et des Britanniques. C'est ce qui conduit Pierre Mendès France, en 1954, à accélérer le programme nucléaire militaire français, dont les fondements avaient été posés dès 1945 avec la création du Commissariat à l'énergie atomique (CEA). Voient ainsi le jour la Commission supérieure des applications militaires de l'énergie atomique (CSAMEA) et le Comité des explosifs nucléaires (CNE).

L'inquiétude française s'aggrave encore à partir de 1955 avec l'intégration de la RFA dans l'Alliance atlantique et la décision de réarmer l'Allemagne, ce qui pourrait en faire la première puissance militaire d'Europe continentale, dans la mesure où les guerres de décolonisation (Indochine, Algérie) prélèvent le potentiel militaire français. Cette crainte nourrit la volonté grandissante des Français de remettre en cause le fonctionnement atlantique, avant même le retour au pouvoir du général de Gaulle[3]. Elle les incite à promouvoir et à accélérer la construction d'une Europe communautaire dans le but de compléter – et non de remplacer – l'effort transatlantique.

La construction européenne et la question du réarmement allemand

Le coup d'envoi de la construction européenne est donné le 9 mai 1950. Pour la première fois, ce sont les Européens qui prennent l'initiative de l'intégration supranationale avec le plan Schuman. Ce moment correspond au retournement d'une diplomatie française jusqu'alors sur la défensive en matière d'intégration supranationale et, surtout, de coopération avec l'Allemagne. Il faut dire que les Américains et les Britanniques insistent de plus en plus sur l'inclusion de la RFA afin de la relever et d'éviter tout nouveau conflit avec elle.

L'arrivée au Quai d'Orsay de Robert Schuman, né au Luxembourg et parfait germanophone, facilite les choses. Au printemps 1950, l'administration Truman, qui estime que la France est le pays le plus à même de porter un projet d'intégration supranationale, presse le ministre français d'accélérer la construction européenne et d'y intégrer l'Allemagne. Le plan Schuman est ainsi en partie une réponse aux incitations américaines. Il est élaboré par Jean Monnet, commissaire général au plan depuis janvier 1946 ; il prévoit la mise sur pied d'une Communauté européenne du charbon et de l'acier (CECA) qui vise à redresser l'Allemagne tout en la contrôlant. Schuman annonce le projet après avoir consulté le chancelier Adenauer, ravi : d'une part, le plan place la RFA sur un pied d'égalité avec les autres partenaires (Belgique, France, Italie, Luxembourg, Pays-Bas) ; d'autre part, en se focalisant sur la sidérurgie, il empêche le développement de toute économie de guerre nationale et peut contribuer à éviter la renaissance du militarisme en Allemagne de l'Ouest.

Aux États-Unis, si la CECA fait l'objet d'un vif soutien de la part du Congrès et de la Maison-Blanche, elle suscite quelques réticences au département du Trésor et au département d'État. Pour ces derniers, y compris pour le secrétaire d'État Dean Acheson, il existe une certaine contradiction entre la vision universaliste portée par les Nations unies, appelée à redevenir la norme, et le régionalisme qu'implique l'intégration européenne. Toutefois, conscient que les objectifs de guerre froide doivent l'emporter sur tout le reste, Acheson donne son approbation au plan Schuman. Celui-ci doit d'abord et avant tout permettre de mobiliser

3. Raflik-Grenouilleau Jenny, *La Quatrième République et l'Alliance atlantique. Influence et dépendance, 1945-1958*, Rennes, PUR, 2013.

l'ensemble des moyens industriels européens au service de la défense occidentale. Dès lors, les États-Unis s'efforcent de faciliter sa mise en place, discrètement mais efficacement ; leur influence se reflète dans le parcours et les conceptions de Jean Monnet : ayant longtemps travaillé aux États-Unis (en tant que négociant en cognac et en tant que banquier), Monnet s'inspire du modèle américain dans la définition des aspects juridiques de la communauté européenne, à l'instar par exemple de la législation antitrust qui accompagne la création de la CECA.

Le lancement de la Communauté est vite rattrapé par le contexte international. Alors que Schuman et Monnet veulent construire une véritable paix continentale, la guerre de Corée risque de remettre en cause l'acquis européen. La situation nord-asiatique pose en effet le problème du réarmement de l'Allemagne – voulu par les États-Unis afin que la RFA participe à la défense de l'Ouest en cas d'attaque de la RDA – alors même que le plan Schuman permet justement d'éviter que l'Allemagne ne se réarme. Le 12 septembre 1950, lors d'une réunion des ministres des Affaires étrangères de l'OTAN à New York, Dean Acheson exige clairement le réarmement de douze divisions allemandes, en échange de l'envoi de renforts supplémentaires en Europe et de la création d'un commandement intégré des troupes de l'OTAN (sous l'égide duquel seraient placées les divisions allemandes[4]). Les Français, mais aussi les Britanniques, sont consternés par cette exigence : cinq ans après la fin de la guerre, l'opinion publique française n'acceptera jamais cela. En outre, le réarmement allemand pourrait compromettre les négociations sur la CECA en conférant à Adenauer une marge de manœuvre plus importante, et donc moins acceptable par ses partenaires. Schuman cherche donc une solution médiane qui satisfasse à la demande américaine sans heurter les opinions ouest-européennes et qui tienne compte des implications pour la CECA. Ce sera le plan Pleven de Communauté européenne de défense (CED), lui aussi élaboré par Monnet et par des membres de son entourage (tels Hervé Alphand, Étienne Hirsch et Paul Reuter).

En l'occurrence, l'armée européenne, présentée par le président du Conseil français René Pleven devant l'Assemblée nationale le 24 octobre 1950, se fonde sur le principe d'une forme de contribution allemande à la défense occidentale sans que la RFA ne redevienne une puissance militaire. Il n'y aurait ainsi pas de commandement allemand supérieur au niveau du bataillon. Dans ce cadre, la RFA ne serait pas membre de l'Alliance atlantique, mais l'armée européenne s'inscrirait dans l'OTAN. Il s'agit de transposer dans le domaine militaire les recettes de la CECA. L'idée d'intégration militaire est ainsi poussée plus loin que dans l'OTAN.

Les Américains réagissent d'abord assez mal à cette proposition : ils souhaitent l'intégration de la RFA dans l'Alliance atlantique et dans l'OTAN, ce qui est inacceptable pour la France. Au début de l'année 1951, ils se rallient à la proposition française grâce au rôle joué par le général Eisenhower, qui

4. Soutou Georges-Henri, *La guerre de cinquante ans*, *op.cit.*, p. 248.

s'installe à Paris en qualité de SACEUR. Le concepteur du débarquement de Normandie, très populaire en France, a de nombreux contacts avec Monnet, qui le persuade de soutenir le projet. Séduit, Eisenhower convainc à son tour les décideurs américains, à commencer par Dean Acheson, qui se rallie au projet à l'été 1951. Les États-Unis deviennent ainsi de fervents avocats de la future armée européenne. Néanmoins, sous leur influence et jusqu'à la signature, le 28 mai 1952, du traité de Paris sur la CED entre les six États membres de la CECA, le projet ne cesse d'évoluer : les Américains font ainsi en sorte qu'on passe du bataillon allemand à la division, ce qui irrite les Français.

Dès lors, si la ratification du traité de Paris ne pose aucune difficulté notable en RFA, en Italie et dans les trois pays du Benelux, la CED suscite un débat politique de vaste ampleur en France. Pendant deux ans, la bataille entre « cédistes » et « anticédistes » domine la vie politique française, sans qu'aucun gouvernement n'ose soumettre le texte au vote du Parlement, du moins jusqu'à l'été 1954. Les opposants au traité de Paris, issus majoritairement des rangs gaullistes et communistes, mais provenant également des partis de gouvernement (MRP, SFIO, etc.), pointent du doigt le risque, pour la France, de voir sa souveraineté diluée dans une armée européenne qui, à l'inverse, aiderait au relèvement militaire de l'Allemagne et lui permettrait d'asseoir sa domination sur l'Europe. Par ailleurs, tandis que les communistes condamnent la portée antisoviétique du projet, les gaullistes n'admettent pas l'absence de la Grande-Bretagne et donc l'inégalité en matière de souveraineté militaire qui en résulterait de part et d'autre de la Manche.

Devenu président des États-Unis à l'issue de l'élection du 4 novembre 1952, Eisenhower multiplie les pressions en faveur de la ratification, de manière maladroite parfois. Ainsi, en 1953, le secrétaire d'État John Foster Dulles convoque les dirigeants français et les menace de remettre en question la politique de sécurité européenne des États-Unis si la France ne ratifie pas la CED : les Américains réarmeront la RFA dans le cadre de l'OTAN sans accord français ou se retireront d'Europe. Une telle attitude ne fait que renforcer les doutes des Français, à l'heure où l'évolution du contexte international rend la ratification du traité encore plus improbable.

Les tournants de 1953-1954

Allemagne et coopération paneuropéenne : les nouvelles propositions soviétiques

L'échec de la CED en 1954 est lié en partie aux évolutions que connaît l'URSS. En effet, l'idée même de réarmement allemand est considérée comme très inquiétante au Kremlin et va à l'encontre des objectifs définis dans l'après-guerre, à savoir la soumission définitive de l'Allemagne et son unification sous l'égide de l'URSS. Un an avant sa mort, en mars 1952, Staline essaye de peser sur le processus de ratification du traité de Paris en transmettant aux Occidentaux une note dans laquelle il suggère une forme de détente Est-Ouest sur la question allemande. Il propose de revenir aux fondamentaux du quadripartisme défini à Potsdam en autorisant la formation immédiate d'un gouvernement panallemand qui serait issu d'un accord entre les quatre puissances, sans que ne soient prévues pour autant des élections libres. Un traité de paix entre les Quatre et ce gouvernement pourrait ensuite être signé, réglant la question allemande une fois pour toutes.

Le schéma envisagé à Moscou, et qui s'apprête à devenir une formule sans cesse reprise par la diplomatie soviétique, est le suivant : outre la réunification, le traité entraînerait l'évacuation des deux parties de l'Allemagne par les troupes étrangères et proclamerait la neutralité de l'Allemagne réunifiée. Cela signifie qu'elle ne pourrait adhérer ni à l'OTAN, ni à l'OECE, ni à la CECA et, évidemment, ni à la CED, qui deviendrait ainsi inutile. En d'autres termes, il s'agit d'échanger la réunification de l'Allemagne contre sa neutralisation. Or, à l'Ouest, personne n'est dupe : Américains, Britanniques et Français voient parfaitement venir le piège. Ils savent qu'une Allemagne réunifiée, non protégée par l'OTAN, serait vulnérable à la pression de Moscou, ce qui créerait une situation extrêmement dangereuse pour l'Europe occidentale.

Après la mort de Staline le 5 mars 1953, tandis que le dégel Est-Ouest affaiblit la justification principale du projet de CED – réarmer la RFA pour faire face à une éventuelle attaque de l'URSS –, la crainte de la neutralisation allemande devient permanente à Londres, Washington et Paris. On le constate dès le moment où les Occidentaux reprennent les négociations avec les Soviétiques, en l'occurrence lors de la conférence quadripartite de Berlin qui se déroule du 25 janvier au 18 février 1954. Les Occidentaux y présentent aux émissaires du Kremlin le plan Eden, du nom du ministre britannique des Affaires étrangères Anthony Eden. Ce plan réitère les propositions traditionnelles de l'Ouest sur l'Allemagne : des élections libres organisées en RFA et en RDA doivent permettre la constitution d'un gouvernement qui décidera de la politique extérieure de l'Allemagne. Américains, Anglais et Français pensent qu'un tel procédé pourrait ancrer toute l'Allemagne à l'Ouest.

Mais les Soviétiques ne l'entendent pas de cette oreille et, très vite, les négociations Est-Ouest sur l'avenir de l'Allemagne sont de nouveau bloquées. Ainsi, Viatcheslav Molotov, ancien bras droit de Staline pour les affaires internationales et ministre des Affaires étrangères jusqu'en 1956, réaffirme la nécessité de faire précéder d'éventuelles élections par la formation d'un gouvernement allemand unifié. Pour les Occidentaux, un tel processus ne peut qu'aboutir à une confédération dans laquelle la RDA existerait toujours, mais où les liens de la RFA avec ses alliés seraient dissous.

Afin de convaincre les Européens, et en particulier les Français, de l'inutilité de la CED, Molotov va même plus loin en proposant la mise sur pied d'un système paneuropéen de sécurité qui, par définition, ne se cantonnerait pas à la seule Europe occidentale. C'est le projet de Traité de sécurité collective en Europe, auquel le Soviétique ajoute des « garanties de sécurité en Europe ». Ce plan est très important pour comprendre la logique de la politique de sécurité européenne de l'URSS jusqu'aux années 1980, et notamment ce qui deviendra la Conférence sur la sécurité et la coopération en Europe (CSCE) durant la décennie 1970.

À travers ce projet de traité de sécurité collective, les Soviétiques font valoir le concept de paneuropéanisme, destiné à rendre illégitime la présence sur le Vieux Continent de forces extra-européennes, autrement dit américaines. Le terme de « Paneurope » renvoie au courant européiste de l'entre-deux-guerres et à l'idée de promouvoir une « Grande Europe » après les déceptions suscitées par le traité de Versailles et la Société des Nations. Parmi les grandes figures de ce mouvement, on trouve notamment le comte Richard Coudenhove-Kalergi qui, en 1922, imagine une *Paneuropa* excluant le Royaume-Uni – perçu comme un empire à vocation universelle – et l'URSS – considérée comme une puissance eurasiatique au régime inacceptable. En 1954, Moscou reprend donc un concept originellement formulé à son encontre.

Le plan soviétique prévoit l'évacuation des deux Allemagne par les forces étrangères dans un délai de six mois et un traité de sécurité qui donnerait naissance à des organismes paneuropéens permanents, excluant au passage les États-Unis, la CED et l'OTAN. L'objectif, à terme, est de découpler l'Europe des États-Unis et d'ainsi mettre fin à l'Alliance atlantique. Molotov met également en évidence un autre principe appelé à tenir une place considérable dans les perceptions soviétiques de la sécurité européenne, la non-agression limitée à certains États : les quatre puissances doivent veiller à ce que les Allemands, qu'ils soient de l'Est ou de l'Ouest, ne soient pas en mesure de perpétrer une agression à l'égard d'un autre État européen. Si la sécurité venait à être menacée dans l'une ou l'autre partie de l'Allemagne, les puissances occupantes auraient le droit de faire pénétrer leurs forces armées, en Allemagne occidentale pour ce qui est des États-Unis, de la Grande-Bretagne et de la France, en Allemagne orientale pour ce qui est de l'URSS. Ce sont les organismes paneuropéens qui seraient ainsi chargés d'assurer l'application du principe de non-agression.

Sans surprise, ce projet de traité est repoussé par les trois pays occidentaux : une neutralisation de l'Allemagne est inacceptable ; il importe de laisser ouverte la possibilité pour l'Allemagne d'être un jour réunifiée ; on ne saurait rien accepter qui entérinerait la mainmise de l'URSS sur l'Europe orientale. Les Français notamment, à travers la voix du gouvernement de Joseph Laniel, défendent l'OTAN comme la seule garantie de sécurité collective à l'égard de l'Europe occidentale. Pour Paris comme pour Londres, la notion de paneuropéanisme n'est pas à l'ordre du jour, étant donné le danger que représente l'URSS. En France, malgré la crise de la CED et les critiques de l'opinion vis-à-vis des exigences américaines et britanniques, l'Alliance atlantique demeure indispensable et, pour l'instant, irremplaçable. Il est hors de question d'aboutir à une neutralisation de l'Allemagne qui conduirait à la pire situation imaginable : un contrôle de l'ancien ennemi allemand par le nouvel adversaire soviétique.

L'échec de la CED et les accords de Paris

Outre la mort de Staline et l'instauration d'une première période de détente, un autre élément de taille rend incertaine la ratification du traité de Paris par le Parlement français : la décolonisation. En effet, à partir de 1953, la France est en mauvaise posture en Indochine : en dépit du soutien massif des États-Unis, qui voient en la puissance coloniale française un maillon essentiel de la lutte anticommuniste en Extrême-Orient, les troupes s'enlisent et les Français supportent de moins en moins l'ingérence américaine. Quant à l'opinion publique, elle est lassée d'un conflit qui n'a que trop duré. Reste à trouver le moyen d'y mettre un terme en limitant au maximum l'humiliation et en évitant l'escalade que pourrait provoquer un face-à-face entre Américains et puissances communistes en Asie.

Le désir français d'en finir avec la guerre met en lumière au moins deux liens entre la CED et la situation en Indochine : d'une part, nombreux sont ceux qui pensent, à Paris, que faire des concessions aux Soviétiques à propos des questions européennes, en renonçant à la CED, pourrait conduire Moscou à exercer son influence sur le Vietminh afin de faciliter la sortie française de la guerre (cette idée ne sera finalement pas mise en œuvre par les dirigeants français, en dépit de nombreuses rumeurs sur l'existence d'un marchandage franco-soviétique) ; d'autre part s'installe l'impression selon laquelle la CED saperait la confiance des Français en eux-mêmes puisqu'elle renforcerait la puissance de la RFA au moment même où la France se montre incapable de gagner en Indochine et perd progressivement son empire. La perspective d'une concomitance entre la défaite française et l'ascension allemande nuit ainsi considérablement au projet d'armée européenne.

L'arrivée de Pierre Mendès France à la présidence du Conseil et au ministère des Affaires étrangères en juin 1954 confirme cela. Sa priorité est le règlement du problème indochinois (auquel il parvient en juillet 1954 lors de la conférence de Genève). Il n'est pas un européiste et n'accorde pas à la ratification de la CED une priorité majeure. Certes, il essaye de modifier le traité de Paris de 1952 pour rassurer les Français en vue d'un vote – il cherche à en atténuer la portée supranationale et tente d'adjoindre les Britanniques à la

CED pour contrer le risque de résurgence allemande –, mais rien n'y fait. Lors de la conférence de Bruxelles qui, du 19 au 22 août 1954, réunit les six pays signataires du traité, les demandes françaises sont rejetées en bloc. Adenauer, en particulier, est très méfiant vis-à-vis de Mendès France, qu'il soupçonne de neutralisme voire d'entente avec les Soviétiques. Quant aux Américains, ils exercent une pression considérable sur leurs alliés européens pour qu'ils ne cèdent rien aux Français. Dans ces conditions, le 30 août 1954, l'Assemblée nationale décide de ne pas examiner la ratification de la CED, qui est dès lors abandonnée. En résulte la première grande crise occidentale de l'après-guerre : en vouant à l'échec un projet qu'elle a elle-même initié, la France se discrédite auprès de ses partenaires et porte une lourde responsabilité dans le blocage de la construction européenne. Ses relations avec les États-Unis deviennent glaciales : les dirigeants américains ne pardonnent pas à Mendès France ce qu'ils considèrent comme un sabotage volontaire.

Une solution alternative à la CED est pourtant trouvée en moins de deux mois, lors des conférences de Londres (28-30 septembre) et de Paris (20-23 octobre) qui se réunissent à l'automne 1954 ; suscitée par le besoin occidental de ne pas donner l'impression aux Soviétiques qu'ils ont remporté une victoire sur le front de la sécurité européenne, elle est le fruit d'une idée commune franco-britannique. Mais la diplomatie française étant momentanément déconsidérée, Mendès France préfère laisser son collègue britannique Anthony Eden sur le devant de la scène… L'idée est la suivante : étant donné que le fédéralisme fait horreur aux partis conservateurs et communistes européens, Eden suggère de développer en compensation la coopération intergouvernementale en Europe. Pour ce faire, il propose de réactiver le traité de Bruxelles, devenu une coquille vide depuis la création de l'OTAN, en l'élargissant à la RFA et à l'Italie. Ainsi, l'Union occidentale à sept pourrait constituer un pôle européen de défense dans lequel Londres jouerait un rôle essentiel sans les contraintes d'un système intégré et où le réarmement allemand serait à la fois réalisé et encadré de manière multilatérale (l'un des objectifs de Mendès France est d'éviter qu'il fasse l'objet d'un accord bilatéral entre Bonn et Washington pour ne pas réduire le droit de regard français sur le niveau d'armement ouest-allemand). Dans le même temps, cela permet aux Français de tendre la main aux Allemands et de prouver leur volonté de ne pas torpiller leur participation à la sécurité occidentale.

Le projet franco-britannique, qui reçoit l'aval des États-Unis et de la RFA, aboutit aux accords de Paris du 23 octobre 1954, qui donnent naissance à l'Union de l'Europe occidentale (UEO), elle-même dépendante de l'OTAN. Sa structure articule quatre rouages institutionnels : un Conseil des ministres des Affaires étrangères ; une Assemblée constituée de parlementaires du Conseil de l'Europe et dont le rôle est consultatif ; une Agence de contrôle des armements ayant un pouvoir de contrôle sur tous les armements des pays membres ; un Comité permanent des armements destiné à promouvoir la coopération entre les Sept en matière d'armements. À cet égard, la RFA se voit interdire la fabrication et la possession d'armes atomiques, bactériologiques et chimiques (armes ABC), ce qui rend ambigu cet embryon d'organisation européenne, car il n'y a pas réellement égalité de statut entre les pays membres. C'est là une manière de répondre aux inquiétudes des partenaires de la RFA, et de la France en particulier.

Les accords de Paris rendent ainsi sa pleine souveraineté à la RFA, même si les Alliés gardent leurs droits réservés sur Berlin et l'Allemagne : ces droits quadripartites doivent leur permettre de reprendre un jour les négociations avec les Soviétiques afin de parvenir à régler la question allemande selon les conclusions de la conférence de Potsdam. Les accords de Paris prévoient également que la RFA adhère à l'Alliance atlantique. De cette manière, elle est insérée dans le système de défense de l'Europe occidentale et voit son réarmement encadré par l'OTAN.

La création de l'UEO renforce en outre les obligations de la Grande-Bretagne, qui s'engage à mettre à la disposition de l'organisation des unités qui pourraient stationner sur le continent, en RFA notamment, pour accroître le dispositif de sécurité dans cette zone vulnérable. Le Royaume-Uni est, de la sorte, entièrement associé au dispositif de défense de l'Europe, ce qui entraîne des conséquences à long terme sur la construction européenne, puisque cela rend difficile l'absence de participation de la Grande-Bretagne aux projets européens qui émergent au cours des années et décennies suivantes. Il ne faut pas s'y tromper pour autant : la philosophie des accords de Paris reste éloignée de ce que prévoyaient le traité de Paris et la CED ; l'UEO consacre bel et bien la défense atlantique de l'Europe occidentale, et non une quelconque défense européenne, dont le projet est repoussé. Les Européens font le choix de la primauté de l'OTAN.

Les accords sont ratifiés par tous les parlements nationaux concernés et l'UEO est définitivement instituée le 6 mai 1955. L'entrée de la RFA dans l'OTAN et l'UEO n'a, paradoxalement, pas de conséquence sur les relations Est-Ouest. Les Soviétiques s'accommodent bien de la solution de 1954 : ils considèrent eux aussi que c'est la meilleure solution pour surveiller le réarmement allemand. Malgré tout, en réponse, l'Est crée le pacte de Varsovie, destiné à resserrer les liens militaires entre l'URSS et les « démocraties populaires ». C'est l'achèvement de la division Est-Ouest.

L'Europe divisée en 1955

Statu quo européen et enjeux nucléaires

L'objectif soviétique : préserver les acquis

La création du pacte de Varsovie parachève le système de guerre froide après la création de l'UEO et l'intégration de la RFA dans l'OTAN. Dans l'esprit de Nikita Khrouchtchev, qui a réussi à s'imposer à la tête de l'URSS, le traité d'amitié, de coopération et d'aide mutuelle, signé le 14 mai 1955 par l'URSS et les six pays membres du Comecon, ne garantit pas à ses membres, contrairement à l'OTAN, un engagement collectif pour la défense de l'un d'entre eux. Il vise à compléter les traités bilatéraux signés par ces pays avec Moscou, mais aussi à conduire les Occidentaux à reconsidérer la situation stratégique en Europe, d'où le fait que la création de la nouvelle alliance s'accompagne de nouveaux efforts soviétiques pour parvenir à un pacte paneuropéen de sécurité. Celui-ci devra favoriser le découplage euro-américain et la dissolution des alliances militaires, offrant au Kremlin la possibilité d'influencer toute l'Europe. Le pacte de Varsovie n'est donc pas destiné à s'inscrire dans la durée. Ce « château de cartes », comme le surnomment les Occidentaux, est un outil de circonstance allant de pair avec la volonté khrouchtchévienne d'empêcher la situation européenne d'évoluer en faveur de l'OTAN. Ce n'est pas pour rien si sa création a lieu la veille de la signature du traité d'État autrichien.

En effet, le réarmement de la RFA et son adhésion à l'Alliance atlantique font craindre aux Soviétiques un scénario similaire pour les parties occidentales de Vienne et de l'Autriche, divisées en zones d'occupation depuis 1945. Pour l'éviter, Molotov propose le 8 février 1955 l'évacuation de l'Autriche, la signature du traité rétablissant la pleine et entière souveraineté du pays et la proclamation de son absolue neutralité. Tant le chancelier autrichien Julius Raab que les Occidentaux acceptent la proposition. Le traité est signé le 15 mai 1955 à Vienne : il prévoit le retrait des troupes étrangères avant le 31 décembre, l'interdiction de tout *Anschluss* avec l'Allemagne et le respect de la démocratie. De fait, avec la Finlande et la Suède, l'Autriche fait partie des rares pays européens à se déclarer neutres pendant la guerre froide, en plus de la Suisse et de l'Irlande, neutres depuis 1815 pour la première, depuis les années 1930 pour la seconde.

La signature du traité d'État autrichien, qui n'est rien de moins que l'application des accords de Potsdam à l'Autriche, fait souffler un vent d'optimisme sur l'Europe, dix ans après la fin de la Seconde Guerre mondiale. Cela est d'autant plus vrai qu'en URSS, Khrouchtchev lève – pour quelques temps seulement – la chappe de plomb de l'ère stalinienne en permettant notamment la libération de dizaines de milliers de prisonniers du Goulag, la réhabilitation d'anciens cadres du parti communiste et une relative libéralisation du monde culturel. Ce changement d'attitude touche aussi la question allemande, bien que Khrouchtchev ne soit pas prêt à aller aussi loin sur l'Allemagne que sur l'Autriche : l'enjeu de sécurité pour l'URSS est loin d'être le même. L'avancée reste toutefois considérable : le nouveau leader soviétique proclame la doctrine des deux États allemands en juillet 1955 et s'oriente vers une reconnaissance de la RFA. À ses yeux, l'appartenance de la RFA à l'OTAN risquant de déstabiliser la RDA, mieux vaut une Allemagne divisée avec une RDA communiste qu'une Allemagne entièrement occidentale.

Cette évolution est fondamentale. Elle montre que le Kremlin opte à partir du milieu des années 1950 pour une politique européenne différente de celle de Staline, la politique du *statu quo*, c'est-à-dire la nécessité de préserver les acquis en Europe plutôt que de se lancer dans la conquête de l'Ouest.

Le grand tournant en faveur de cette politique est pris à la suite de la révolte des ouvriers de Berlin-Est le 17 juin 1953. Il s'agit de la première grande révolte à l'intérieur du bloc de l'Est depuis le début de la guerre froide. Ses origines sont à rechercher dans la crise qui frappe la RDA après la « soviétisation » forcée du pays par l'URSS. La collectivisation des terres et l'essor accéléré de l'industrie lourde créent une véritable hémorragie démographique, conduisant le dirigeant est-allemand Walter Ulbricht à réclamer de l'aide au Kremlin en mars 1953. Constatant les difficultés d'approvisionnement auxquelles doivent faire face les Allemands de l'Est, Lavrenti Beria – le chef du MVD (ministère de l'Intérieur), qui compte alors bien succéder au défunt Staline – instaure en mai 1953 en RDA un nouveau cours censé assouplir les règles de travail, suspendre la création des coopératives agricoles, stopper la pression exercée sur les petites entreprises privées et accroître la production de biens de consommation. Un mois plus tard, jugeant les réformes insuffisantes, les ouvriers se révoltent et l'Armée rouge réprime la rébellion dans le sang. Considéré par Khrouchtchev comme le principal responsable de cet échec, Beria est arrêté, jugé et exécuté dans les mois qui suivent.

Pour le Kremlin, l'essentiel désormais est de poursuivre la construction du socialisme en RDA et de préserver celle-ci de la contagion impérialiste occidentale. Il faut, en d'autres termes, réfléchir à la manière d'entériner le *statu quo* allemand et de préserver le glacis soviétique en Europe de l'Est. L'objectif de Khrouchtchev est de parvenir à une confédération entre les deux États allemands, la RDA demeurant socialiste et la RFA découplée de l'Occident, le tout intégré dans un système de sécurité européenne duquel les États-Unis seraient absents, mais auquel participerait l'URSS.

Répression à l'Est, construction européenne à l'Ouest : le renforcement de l'asymétrie du continent en 1956

La politique soviétique du *statu quo* se manifeste de nouveau violemment en 1956, avec les insurrections polonaise et hongroise et la sanglante répression de Budapest, renforçant un peu plus l'impression d'asymétrie européenne tout en nuisant durablement à l'image de l'URSS. L'année 1956 est en effet charnière à plus d'un titre dans l'histoire de la sécurité européenne, en raison des choix opérés par Moscou et de leurs conséquences à long terme et sur plusieurs échelles.

À l'échelle du bloc de l'Est d'abord, 1956 correspond à un ardent désir des peuples de profiter des opportunités offertes par la déstalinisation. Alors qu'en février, au XXe congrès du PCUS, Khrouchtchev dénonce les crimes commis par Staline à l'encontre des cadres du parti ainsi que le culte de la personnalité, la Pologne connaît une relative libéralisation après la mort du dirigeant stalinien Boleslaw Bierut en mars. Un mouvement de révolte de la part d'ouvriers et d'étudiants conduit Moscou à accepter l'arrivée au pouvoir du communiste Wladyslaw Gomulka, emprisonné sous Staline. Le fait que Gomulka parvienne à contrôler le parti et que la police réussisse à maintenir l'ordre n'entraîne aucune intervention militaire de l'URSS, contrairement à ce qui se passe en Hongrie.

À Budapest, la situation prend une tournure dramatique à la suite de la révolte antisoviétique du 23 octobre, suscitée par la politique répressive du régime. Tandis que, pour tenter de calmer le jeu, le réformiste Imre Nagy est appelé pour former un gouvernement, le premier secrétaire du parti communiste hongrois, Ernst Gero, se tourne vers l'URSS, dont les troupes interviennent une première fois le 24 octobre. L'ingérence militaire de Moscou radicalise le mouvement, soutenu par Nagy, qui annonce des élections libres. En remettant en cause de la sorte la primauté du parti communiste, le premier ministre suscite l'ire du Kremlin, qui mâte la révolution hongroise dans le sang. Remplacé par le stalinien János Kádár, Nagy est exécuté ; la Hongrie rentre dans le rang, s'alignant sur la politique soviétique. Avec la répression de Budapest, l'URSS affiche au grand jour sa volonté de *statu quo* : elle n'est pas prête à tolérer une quelconque remise en question du communisme à l'intérieur du pacte de Varsovie.

En Occident, cet événement a des effets considérables, l'un des plus importants étant la relance de la construction européenne. En effet, après la renonciation à la CED, et malgré les accords de Paris et l'UEO, la construction européenne est en panne, la France est isolée. Pourtant, certains refusent d'abandonner, à l'instar de Jean Monnet, qui obtient, de l'Assemblée commune de la CECA, le 2 décembre 1954, un vote en faveur de l'élargissement des compétences de la Communauté à d'autres sources d'énergie, nucléaire notamment. Mais Monnet souhaite aller plus loin, tout comme Paul-Henri Spaak et les chrétiens-démocrates luxembourgeois et néerlandais Joseph Bech et Johan W. Beyen. À l'issue de plusieurs mois de tractations, ils proposent aux six pays de la CECA, le 18 mai 1955, de mettre sur pied un grand « marché commun » fondé sur la suppression progressive des droits de douane et la libre circulation des marchandises. Si le projet est adopté à Messine les 1er et 2 juin par les six ministres des Affaires étrangères, les négociations en vue d'un traité s'enlisent rapidement. Tandis que l'Italie et les pays du Benelux, tous conscients des avantages d'une union douanière en termes de croissance économique et de modernisation, font preuve d'un remarquable volontarisme, la France et l'Allemagne ont plus de mal à concilier leurs politiques économiques : les Français s'inquiètent de la concurrence allemande pour leurs produits industriels et insistent, au contraire, pour que leurs produits agricoles bénéficient pleinement du grand marché à venir ; les Allemands, à l'instar du très libéral Ludwig Erhard, ministre de l'Économie, déplorent l'étroitesse du futur marché commun et ne sont guère favorables à l'inclusion de l'agriculture[5].

Alors que les négociations sont dans l'impasse, les crises de l'automne 1956 jouent un rôle fondamental dans le règlement des désaccords. L'intervention des chars soviétiques à Budapest le 4 novembre, puis, au cours des jours suivants, la pression exercée par l'URSS et les États-Unis sur la Grande-Bretagne et la France afin qu'elles cessent leur intervention militaire à Suez aux côtés d'Israël montrent clairement que s'ils veulent peser diplomatiquement et économiquement sur la scène internationale, les Européens de l'Ouest doivent s'unir. Tous en conviennent, à commencer par Adenauer et le président du Conseil français Guy Mollet : les intérêts des deux Grands passent désormais devant ceux des puissances moyennes. Les traités de Rome sont signés le 25 mars 1957 entre les six pays de la CECA. Le premier fonde une Communauté européenne de l'énergie atomique (EURATOM), le second une Communauté économique européenne (CEE). De ces deux traités, l'EURATOM est probablement celui qui suscite les attentes les plus grandes au printemps 1957, en raison de la montée en puissance des enjeux nucléaires internationaux.

L'essor des questions nucléaires stratégiques

L'EURATOM se veut l'incarnation même du progrès industriel et atomique qui caractérise la décennie 1950. On imagine alors qu'elle permettra de fournir à l'Europe une énergie abondante, vecteur de croissance économique. L'EURATOM doit développer l'industrie nucléaire en assurant la libre circulation des chercheurs, des capitaux et des matériels et en garantissant l'approvisionnement en matières fissiles. Pour ce faire, elle dispose d'un monopole d'achats et de ventes.

La Maison-Blanche a largement favorisé ce projet, Dwight Eisenhower étant le premier président américain à être pleinement conscient du péril atomique et de la nécessité de travailler au désarmement et à la non-prolifération nucléaire. Dès la fin 1953, il lance un projet de non-prolifération, *Atom For Peace,* destiné à promouvoir l'énergie nucléaire à des fins civiles. Le projet EURATOM est en quelque sorte la réponse européenne au projet américain.

5. Gaillard Jean-Michel, *Les grands jours de l'Europe, 1950-2004*, Paris, Perrin, 2004.

Cependant, dès 1955, se pose la question de l'armement nucléaire français. En effet, dans la mesure où, aux yeux des dirigeants de la Quatrième République, l'essor du nucléaire civil est intimement lié à celui du nucléaire militaire, il est hors de question pour la France d'accepter un traité qui limite la souveraineté française en matière d'approvisionnement en matières fissiles et l'empêche de se doter de la bombe atomique.

La détermination française est d'autant plus forte à cet égard que l'humiliation infligée par les États-Unis au moment de la crise de Suez a conduit à une accélération du programme nucléaire militaire de la France. Le lâchage de ses alliés par Washington provoque une réorientation en profondeur de la politique extérieure de Paris : en privilégiant leurs propres intérêts au détriment de ceux de leurs partenaires européens, les États-Unis ont démontré qu'ils ne pouvaient pas être considérés comme une garantie fiable pour la défense de l'Europe ; il faut donc approfondir les efforts visant à doter le pays de la force nucléaire et ainsi suppléer à la faible caution américaine.

Ces efforts sont rendus plus urgents encore par les évolutions de la menace soviétique, essentielles pour comprendre les débats qui se jouent alors en Europe. En effet, si l'URSS est dotée de la bombe H depuis 1953, elle ne dispose pas jusqu'alors de la technologie lui permettant de lancer des bombes de longue portée, c'est-à-dire d'atteindre le territoire des États-Unis. De fait, l'Europe occidentale continue d'apparaître, jusqu'en 1957, comme la partie la plus exposée à la menace nucléaire soviétique. Par conséquent, la dissuasion nucléaire telle qu'exercée par les Américains vise davantage à protéger les alliés de l'OTAN que les États-Unis eux-mêmes. La doctrine des représailles massives, validée par le *National Security Council* le 30 octobre 1953 et qui prévoit une réplique nucléaire immédiate en cas d'attaque contre l'Amérique ou l'un de ses alliés, justifie des économies sur les forces conventionnelles déployées en Europe tout en glorifiant la supériorité nucléaire des États-Unis ; elle rassure les Européens de l'Ouest quant à la volonté de ces derniers de les défendre.

Dans ces conditions, le lancement de *Spoutnik 1* par l'URSS le 4 octobre 1957 constitue un véritable choc pour les Occidentaux : qui est capable d'envoyer un satellite artificiel dans l'espace peut envoyer un missile balistique intercontinental. Et en effet, trois mois auparavant, en juillet 1957, le premier missile ICBM (*Intercontinental Ballistic Missile*) soviétique est lui aussi testé. Avec les progrès de l'URSS dans le domaine des armes nucléaires, les États-Unis sont désormais potentiellement vulnérables aux frappes atomiques russes, bien que dans les faits, ni l'exploit du *Spoutnik* ni le test des premiers ICBM soviétiques ne correspondent à une quelconque réalité opérationnelle. Mais comme l'a bien montré Robert Jervis en 1976, en relations internationales, la perception de la puissance compte autant que la puissance elle-même, sinon plus[6].

6. Jervis Robert, *Perception and Misperception in International Politics*, Princeton, Princeton University Press, 1976.

Par conséquent, à l'automne 1957, l'inquiétude monte d'un cran au sein de l'Alliance atlantique : la garantie de protection nucléaire américaine à l'Europe ne pourrait-elle pas être remise en question si les États-Unis se sentent eux-mêmes menacés ? Iraient-ils jusqu'à exposer leur territoire à une frappe soviétique pour défendre l'Europe occidentale ? Les Européens n'ont-ils pas intérêt à se doter eux-mêmes d'armes nucléaires ?

Pour les Britanniques, la réponse à cette dernière question est on ne peut plus claire : la crise de Suez a démontré que l'Europe ne peut rien faire sans l'aval des États-Unis. D'ailleurs, pour rassurer les alliés, l'administration Eisenhower émet, lors du Conseil de l'OTAN de décembre 1957, deux propositions lourdes de conséquences pour la sécurité européenne et les relations Est-Ouest : il s'agit, d'une part, de déployer en Turquie, en Italie et en Grande-Bretagne des missiles à moyenne portée (IRBM, *Intermediate Range Ballistic Missile*) capables d'atteindre l'URSS (le déploiement est réalisé dans les mois qui suivent), d'autre part de doter les armées européennes, dont la *Bundeswehr* allemande, d'armes nucléaires tactiques.

Satisfait de ces annonces, le premier ministre anglais Harold Macmillan décide d'honorer un peu plus la « *special relationship* » en s'alignant sur l'Amérique. L'accord de défense mutuelle passé entre Londres et Washington le 3 juillet 1958 sur les armes nucléaires permet aux deux pays d'échanger des informations, des technologies et des matières à un niveau exceptionnel, rendant le Royaume-Uni toujours plus dépendant des États-Unis en matière atomique. En revanche, Londres refuse de prendre part à l'EURATOM – inutile à leurs yeux, car ils sont les plus avancés en Europe en matière de recherche atomique – et à la CEE, qu'ils n'estiment pas assez ouverte sur l'extérieur, et notamment sur le Commonwealth. En 1960, ils suscitent la création de l'Association européenne de libre-échange (AELE), d'inspiration nettement plus libérale que le marché commun européen, pour contrer celui-ci.

N'admettant pas que les Américains réservent aux Britanniques le privilège de la coopération nucléaire, les derniers gouvernements de la Quatrième République font preuve, eux, d'une défiance toujours plus grande à l'égard des Anglo-Saxons. Face à la vision britannique de l'Europe et de la sécurité européenne, ils entament un rapprochement avec la RFA dès 1956, destiné à développer une conception plus continentale et moins alignée sur les États-Unis. Cela passe d'abord par un règlement de la question de la Sarre, devenue un protectorat français au lendemain de la Seconde Guerre mondiale : par le traité du 27 octobre 1956, la Sarre intègre la RFA. Tandis que la naissance de la CEE est l'un des premiers résultats de cette convergence franco-allemande, celle-ci connaît une dynamique similaire à propos des questions stratégiques : le 17 janvier 1957, à Colomb-Béchar, les ministres de la Défense ouest-allemand et français, Franz Josef Strauss et Maurice Bourgès-Maunoury, signent un accord secret de coopération militaire visant à rapprocher les conceptions stratégiques et à coordonner les moyens scientifiques, techniques et industriels des deux pays. Suscitant la création d'un comité militaire franco-allemand, le protocole de Colomb-Béchar constitue un moment charnière dans l'histoire des relations entre Paris et Bonn puisque, pour la première fois depuis la fin de la Seconde Guerre mondiale, Français et Allemands prennent eux-mêmes l'initiative d'une coopération bilatérale étendue à l'ensemble des domaines militaires, à commencer par le nucléaire.

L'idée de ne pas laisser aux Américains et aux Britanniques le monopole de la bombe en Occident est au cœur de cette opération diplomatique : en offrant la possibilité à des chercheurs allemands de travailler avec des scientifiques français dans des laboratoires situés sur le territoire français, le protocole doit permettre à la France de se doter plus rapidement de la bombe atomique. Pareil accord contourne en outre l'interdiction faite à la RFA de fabriquer des armes nucléaires sur son territoire. Par conséquent, une fois l'Italie associée au projet par la signature d'un accord tripartite le 25 novembre 1957, la coopération européenne en matière d'armement nucléaire se met en branle : les accords secrets Strauss-Chaban-Delmas-Taviani du 8 avril 1958 prévoient le cofinancement d'une usine de séparation isotopique installée à Pierrelatte ; elle ouvrirait la voie à l'obtention de la bombe H et à la construction de moteurs de sous-marins nucléaires[7]. Si la coopération nucléaire envisagée par les trois gouvernements européens est ainsi d'une ampleur sans précédent, elle n'est en rien dirigée contre l'OTAN. Au contraire, les initiateurs du projet l'inscrivent dans le cadre atlantique et dans celui de l'UEO, espérant de la sorte développer un solide pilier européen stratégique au sein de l'Alliance.

La chute de la Quatrième République française et l'accession au pouvoir de Charles de Gaulle remettent en cause cet édifice naissant : désireux de privilégier une dissuasion proprement nationale, le Général ne maintient que la partie conventionnelle des accords de Colomb-Béchard. En outre, l'insistance des Soviétiques sur la nécessité d'aboutir à des accords de désarmement nucléaire en Europe rend complexe toute publicité autour d'une défense stratégique européenne, bien que le débat sur l'Europe de la défense soit désormais clairement posé, avec pour toile de fond la question de sa place dans le système de sécurité transatlantique.

Les premiers projets de dénucléarisation zonale

L'essor des problématiques nucléaires s'accompagne des premières discussions Est-Ouest sur le désarmement. Toujours très nerveux lorsque les Occidentaux évoquent le réarmement de la RFA – encore plus quand il s'agit d'armes

7. Soutou Georges-Henri, « Les accords de 1957 et 1958 : vers une communauté stratégique nucléaire entre la France, l'Allemagne et l'Italie ? », *Matériaux pour l'histoire de notre temps*, 1993, n° 31, pp. 1-12.

nucléaires –, les Soviétiques et leurs satellites réagissent rapidement à l'annonce américaine de décembre 1957 sur la nucléarisation de la *Bundeswehr* : dans un premier temps, plutôt que d'opter pour une politique de force comme l'avait fait Staline en 1948, ils décident de profiter du climat de détente pour essayer d'instaurer un dialogue Est-Ouest en matière de désarmement, thématique qui devient, aux côtés de la reconnaissance pérenne des deux États allemands, la deuxième orientation majeure de la politique de sécurité européenne de l'URSS au début de l'ère Khrouchtchev.

Le projet qui suscite les débats les plus vifs est le plan Rapacki, présenté le 2 octobre 1957 par le ministre polonais des Affaires étrangères Adam Rapacki devant l'Assemblée générale des Nations unies et transmis sous forme de mémorandum aux États concernés le 14 février 1958. Le plan Rapacki est l'un des premiers projets de désarmement de l'ère nucléaire ; il comporte une forte charge politique qui le rend inacceptable par les Occidentaux. Rapacki propose en effet la dénucléarisation de l'Europe centrale, à savoir la zone incluant les deux Allemagne, la Pologne et la Tchécoslovaquie. Il envisage que les quatre puissances garantes des accords de Potsdam prennent l'engagement spécifique « de ne pas maintenir d'armes nucléaires dans l'équipement de leurs forces armées stationnées sur le territoire des États de la zone » et de « ne transmettre d'aucune manière et à quelque titre que ce soit d'armes nucléaires, de matériel et d'équipements destinés à les desservir, aux gouvernements ou à d'autres organes sur le territoire de la zone ».

Trois objectifs se dégagent clairement du plan Rapacki : le premier vise à ralentir la course aux armements afin de réduire les dépenses militaires du bloc soviétique ; le deuxième, désormais récurrent à l'Est, est de parvenir au découplage euro-américain en diminuant progressivement la présence militaire des États-Unis en Europe ; le troisième objectif consiste à conférer, via la dénucléarisation et le départ des troupes étrangères, un statut particulier à l'Allemagne, ce qui la rendrait tout entière vulnérable à l'influence du bloc de l'Est. Inscrite dans la même veine que le projet de traité soumis aux Occidentaux par Molotov en 1954, la proposition du ministre polonais cherche à établir un véritable système de sécurité collective en Europe bâti sur le désarmement conventionnel et nucléaire.

Si, à l'Ouest, nombreux sont ceux qui considèrent Rapacki comme un pion des Soviétiques, il convient toutefois de noter que l'initiative est bel et bien polonaise. En effet, passé la fin de l'ère stalinienne, la politique extérieure des pays du pacte de Varsovie devient moins monolithique et, en matière de sécurité européenne et de relations avec l'Ouest, ils adoptent parfois des stratégies différentes. Les autorités communistes polonaises, en l'occurrence, sont assez proches de la ligne du Kremlin et font de la sécurité vis-à-vis de l'Allemagne la priorité absolue de leur diplomatie. Leur principale préoccupation est d'obtenir la reconnaissance de la frontière germano-polonaise de 1945, la ligne Oder-Neisse, par la RFA. Ainsi, au sein du bloc de l'Est, la Pologne fait partie des défenseurs acharnés du *statu quo* territorial européen, à l'instar de l'URSS qui reprend à son compte le plan Rapacki lors d'un discours de Khrouchtchev à Minsk le 22 janvier 1958. Il n'y a ainsi rien d'anodin à ce que les États de la zone à dénucléariser proposée par Rapacki soient précisément ceux qui ont des revendications territoriales à présenter : outre la Pologne, la RDA souhaite se voir reconnaître en tant qu'État et la Tchécoslovaquie entend obtenir la reconnaissance, par Bonn, de la nullité des accords de Munich de 1938 (qui avaient permis à Hitler de s'approprier la région des Sudètes). Le plan gèle de manière implicite les prétentions territoriales des États centraux, au détriment de la RFA. Là encore, l'offensive diplomatique polonaise se fonde sur une analyse semblable à celle qui a conduit à l'élaboration du plan de 1954 : le problème allemand demeure le facteur déterminant de la tension en Europe.

De fait, parmi les Occidentaux, Adenauer se montre particulièrement inquiet à propos de ce plan, qui rend impossible l'intégration totale de la RFA dans l'OTAN et empêche que celle-ci puisse se doter un jour de capacités nucléaires. La réaction des dirigeants américains, britanniques et français n'est pas moins négative : si le plan Rapacki venait à être appliqué, Moscou obtiendrait le relâchement des liens entre la RFA et l'Occident, les chances de créer une Allemagne unifiée et démocratique seraient fortement compromises. Surtout, un tel projet ne ferait que rompre l'équilibre stratégique entre l'Est et l'Ouest : le retrait des armes nucléaires déployées en Europe centrale serait favorable au pacte de Varsovie dans la mesure où celui-ci dispose d'une réelle supériorité en matière d'armements conventionnels. En outre, le retrait des IRBM américains qui s'apprêtent alors à être déployés accroîtrait les risques de désengagement des États-Unis.

Avec la RFA, la France est probablement le pays le plus réticent au plan Rapacki. La démonstration que livre le général de Gaulle lors de sa conférence de presse du 25 mars 1959, près de trois mois après son accession à la présidence de la République, exprime une position qui devient quasiment doctrinale, à savoir l'opposition à toute forme de désarmement régional. À ses yeux, « si le désarmement ne s'étendait pas à une zone qui approcherait l'Oural d'aussi près qu'elle approcherait l'Atlantique », il ne resterait à la France qu'une bande étroite « entre la Meuse et l'Océan pour déployer et faire agir les moyens des Occidentaux ». Paris se dirige ainsi vers une posture fondée sur la défense d'un désarmement seulement global.

Outre le plan Rapacki, d'autres projets de désarmement zonal sont proposés par les pays du bloc de l'Est à la fin des années 1950, avec toujours les mêmes objectifs. Ainsi, à partir de 1957, la Grèce et la Turquie, toutes deux membres de l'OTAN depuis 1952, font l'objet d'une intense pression diplomatique de la part de la Bulgarie, de la Roumanie et de l'URSS. Ces dernières sont à l'origine du plan Stoica, un projet de zone de paix balkano-adriatique auquel Grecs et Turcs seraient parties prenantes, autrement dit une zone dénucléarisée destinée à prévenir le déploiement des nouveaux missiles balistiques américains et à affaiblir le dispositif de sécurité de l'Alliance atlantique en Europe du Sud-Est. Comme son pendant pour l'Europe centrale, le plan Stoica vise au découplage stratégique euro-américain. Il suffirait ensuite aux Soviétiques de saisir l'occasion d'une crise, ou de la provoquer, pour justifier une intervention militaire dans cette région, au nom de la sécurité du bloc de l'Est, et ainsi bénéficier d'un accès direct à la Méditerranée.

La pression croissante de l'URSS sur le flanc sud de l'OTAN conduit les Américains à déployer davantage d'armements dans la zone méridionale et à multiplier les exercices navals en Méditerranée sous l'égide du commandement des forces alliées en Europe du Sud (basé à Naples), à l'instar de l'opération *Deep Water* de 1957, qui simule une agression soviétique contre le détroit des Dardanelles. À l'ouest du bassin, les États-Unis intègrent peu à peu l'Espagne franquiste au système de défense occidental : une alliance militaire entre les deux pays est passée en 1953 avec la signature du pacte de Madrid ; il prévoit l'installation de quatre bases américaines sur le territoire espagnol en échange d'une importante aide économique et militaire.

À la fin des années 1950, le Vieux Continent se retrouve au centre d'un système de guerre froide globalisé qui soumet la sécurité européenne à des facteurs exogènes et tend à accentuer le processus de militarisation des alliances. Dans le même temps, la transformation de l'URSS en puissance atomique crée un équilibre de la terreur qui rend nécessaire l'essor d'un dialogue sur le désarmement. Certes, les premières propositions soviétiques à cet égard ne visent rien d'autre qu'une neutralisation de l'Europe offrant à Moscou la possibilité d'accroître son emprise sur le continent tout en gelant ses acquis territoriaux, mais elles ont au moins le mérite de poser clairement le problème du surarmement du continent européen. Elles contribuent également à ancrer la notion de « sécurité européenne » dans le lexique des relations Est-Ouest, juste avant que celles-ci n'entrent dans une nouvelle phase de tensions. En effet, alors que ses plans de désarmement sont systématiquement refusés, Khrouchtchev décide en 1958 de revenir à la méthode forte dans le but de consacrer le *statu quo* européen et de relancer la question allemande.

Déclaration du président Dwight Eisenhower sur la Communauté européenne de défense (CED), le 16 avril 1954

Alors que s'approche l'heure de la décision historique dont dépend la mise en œuvre de la CED, il convient que je précise clairement la position des États-Unis en ce qui concerne les rapports entre l'Armée européenne et la CED d'une part, l'OTAN et la Communauté atlantique dans son ensemble d'autre part.

Cette position qui a été délibérée, dans ses éléments essentiels, avec les dirigeants des deux partis politiques au sein du Congrès, peut s'exprimer en termes simples.

Les États-Unis ont pris à l'égard du traité de l'Atlantique Nord des engagements fermes. Ce traité répond aux intérêts fondamentaux de la sécurité des États-Unis dont il constituera une durable sauvegarde, quelles que soient les fluctuations de la situation internationale, ou nos relations avec un État quelconque. Les États-Unis feront honneur aux engagements qu'ils ont contractés en vertu de ce traité.

La portée du traité de l'Atlantique Nord dépasse les obligations qui engagent mutuellement ses membres. Il a donné naissance à une coopération aussi active qu'efficace entre les nations atlantiques. Grâce à l'OTAN, les États-Unis et leurs alliés ont entrepris de constituer la véritable force nécessaire pour décourager l'agression et, si l'agression survient, pour l'arrêter en épargnant à l'un quelconque des pays membres d'être occupé ou dévasté. Ces mêmes nations aspirent également à faire de l'Alliance atlantique une association permanente de peuples libres au sein de laquelle tous les membres peuvent conjuguer leurs efforts pour la paix, la prospérité et la liberté. La Communauté européenne de défense constituera une partie intégrante de la Communauté atlantique et assurera dans le cadre de celle-ci, la coopération intime et durable des forces des États-Unis avec celles de la CED, sur le continent européen. J'ai la conviction que l'entrée en vigueur du Traité de la CED permettra de renforcer solidement la défense de l'Occident et de promouvoir le constant développement de la Communauté des nations européennes.

Les États-Unis ne doutent pas que les nations européennes intéressées, partageant cette manière de voir, ne prennent sans retard les mesures de nature à faire progresser la Communauté européenne, en ratifiant le traité de la CED Lorsque ce Traité entrera en vigueur, les États-Unis, agissant en accord avec les droits et les obligations qu'ils ont contractés aux termes du traité de l'Atlantique Nord, conformèrent leurs actes aux principes et engagements suivants :

1. Les États-Unis continueront à maintenir en Europe, y compris l'Allemagne, les unités de leurs forces armées qui pourront être nécessaires et propres à assurer, selon une proportion équitable, leur contribution aux forces indispensables à la défense commune de la zone de l'Atlantique Nord aussi longtemps que cette zone se trouvera menacée. Les États-Unis continueront à déployer ces forces conformément à la stratégie atlantique adoptée en commun pour assurer la défense de cette zone.

2. Les États-Unis se consulteront avec les puissances cosignataires du traité de l'Atlantique Nord et du traité de la CED sur les questions d'intérêt commun, y compris celle du niveau respectif des forces armées de la CED, des États-Unis et des autres pays atlantiques qui devront être mises à la disposition du Commandant suprême en Europe.

3. Les États-Unis encourageront l'intégration la plus étroite possible entre, d'une part, les forces de la CED et de l'autre, celles des États-Unis ainsi que de tout autre pays Atlantique conformément aux plans agréés en ce qui concerne le commandement, l'entraînement, le soutien tactique et l'organisation logistique de ces forces tels qu'ils auront été élaborés par les organismes militaires et les commandements suprêmes de l'OTAN.

4. Les États-Unis, comme suite aux recommandations que j'ai présentées au Congrès, continueront à rechercher les moyens d'assurer à la Communauté atlantique le bénéfice d'une sécurité accrue en partageant dans une plus large mesure les informations relatives à l'utilisation militaire des armes et techniques nouvelles propres à améliorer la défense collective.

5. En harmonie avec leur politique d'appui total et permanent à la CED afin d'en assurer l'intégrité et l'unité, les États-Unis considéreront toute action, d'où qu'elle vienne, qui mettrait en péril cette intégrité ou cette unité, comme une menace contre leur propre sécurité. Dans une telle éventualité, les États-Unis procéderont aux consultations prévues à l'article 4 du traité de l'Atlantique Nord.

6. Conformément à l'intérêt primordial que les États-Unis portent au traité de l'Atlantique Nord, ainsi qu'il a été précisé au moment de sa ratification, ce traité doit être considéré comme étant en vigueur pour une durée illimitée et non pour un nombre déterminé d'années. Les États-Unis soulignent qu'il serait tout à fait contraire aux intérêts de leur propre sécurité de cesser d'être partie au traité de l'Atlantique Nord lorsque existera sur le continent européen cet élément fondamental d'unité que constituera la CED. ■

Source : Archives Nationales du Luxembourg, Luxembourg. Affaires étrangères. Communauté européenne de la défense. Comité intérimaire de la Conférence pur l'organisation de la CED. États-Unis d'Amérique 1952-54, AE 11733.

Chapitre 3

Entre crises et détente : le *statu quo* européen en question, 1958-1969

Entre 1958 et 1962, la guerre froide connaît sa deuxième phase de fortes tensions. Tandis que l'URSS apparaît plus puissante que jamais, le désir soviétique de *statu quo*, la contestation grandissante des orientations du Kremlin par la Chine maoïste et le besoin de se poser en soutien des mouvements révolutionnaires dans le tiers-monde conduisent Nikita Khrouchtchev à déclencher plus ou moins directement deux des crises internationales les plus graves de la guerre froide : la deuxième crise de Berlin et la crise de Cuba. L'une et l'autre entraînent des répercussions gigantesques sur la manière qu'ont les Européens de penser leur sécurité.

Alors que les États-Unis revoient leur doctrine de dissuasion nucléaire et s'enfoncent dans la guerre du Vietnam, la question de la capacité américaine de protection et celle de la propension des deux Grands à s'entendre sur le dos des Européens se posent ouvertement à l'ouest du continent après l'affaire cubaine. Une figure domine le débat au fil de la décennie, celle du général de Gaulle, revenu au pouvoir au printemps 1958 à la faveur de la guerre d'Algérie. Allant à l'encontre de l'objectif structurel des Soviétiques de consacrer le rideau de fer, De Gaulle promeut une vision de la sécurité qui, loin de remettre en question la logique transatlantique de la défense ouest-européenne, propose d'en redéfinir les modalités en partant du principe que la division de l'Europe constitue une « anomalie historique » qui doit être corrigée. La mise en œuvre de cette conception implique une plus grande marge de manœuvre des Européens vis-à-vis des superpuissances et doit passer par une réforme du fonctionnement de l'OTAN, par le développement du volet politique de la construction européenne et par l'instauration d'un véritable dialogue Est-Ouest susceptible de rétablir la confiance mutuelle. La France ne cherche rien de moins qu'à proposer un modèle alternatif de sécurité qui amènerait progressivement au dépassement de la bipolarité. Les intentions gaulliennes se heurtent cependant à une stratégie américaine dictée par la nécessité de maintenir un camp occidental uni face à des Soviétiques qui profitent de l'accélération de la décolonisation pour accroître leur influence à travers la planète.

Le désaccord franco-américain structure les débats transatlantiques sur la sécurité européenne dans les années 1960, obligeant les pays d'Europe occidentale à prendre position dans une querelle qui se fait plus virulente à mesure que s'accentue le conflit vietnamien et que s'approfondit la détente Est-Ouest. L'Allemagne demeure au cœur de ces enjeux et, peu à peu, les dirigeants de la RFA admettent que c'est à eux de prendre les initiatives qui permettront d'en finir avec l'opposition stérile entre les blocs. La normalisation des relations germano-soviétiques, vingt ans après la fin de la Seconde Guerre mondiale, apparaît comme la condition *sine qua non* à une détente durable et, par conséquent, fait l'objet de discussions tous azimuts qui annoncent les changements de la décennie suivante, marquée par l'*Ostpolitik* ouest-allemande.

Entamée par deux crises qui, selon l'expression consacrée, mettent le monde « au bord du gouffre », la décennie 1960 voit donc les relations paneuropéennes s'améliorer nettement après 1963, en même temps qu'elle correspond à un moment de questionnements profonds quant au caractère pérenne des conditions de la sécurité occidentale.

Berlin et Cuba : la sécurité de l'Europe au cœur des grandes crises de la guerre froide

Si les crises de Berlin et de Cuba reflètent les grandes orientations de la politique extérieure khrouchtchévienne – préserver les acquis en Europe centrale et orientale, poursuivre la compétition avec les États-Unis, se prémunir contre la Chine, développer l'influence dans le tiers-monde –, ce qu'elles impliquent en matière de sécurité européenne est fondamental pour comprendre la décennie qui s'ouvre : d'une part, elles conditionnent l'ensemble du débat occidental sur les garanties américaines de protection ; d'autre part, elles engendrent un premier effort de négociation Est-Ouest sur la maîtrise des armements.

Les enjeux nucléaires Ouest-Est dans les années 1960

La deuxième crise de Berlin

Longtemps négligée par l'historiographie des relations internationales, la deuxième crise de Berlin constitue un moment majeur de la guerre froide, en ce qu'elle vient mettre un terme à la détente instaurée après la mort de Staline. Elle prouve combien l'Allemagne est l'une des préoccupations majeures des Soviétiques, de même qu'elle met en exergue les divers degrés d'engagement des Occidentaux en faveur de la défense de ce pays et du respect du quadripartisme. En l'occurrence, un enjeu essentiel de la crise n'est rien de moins que la pérennité des accords de Potsdam de 1945, selon lesquels l'avenir de l'Allemagne dépend d'un accord entre les quatre puissances victorieuses de la guerre. Or, on l'a vu, l'Est et l'Ouest n'envisagent pas le même avenir pour ce pays : les Occidentaux, qui ne reconnaissent pas la RDA, admettent la réunification à condition que des élections libres soient au préalable organisées dans toute l'Allemagne ; les Soviétiques, depuis la révolte des ouvriers de Berlin-Est en 1953, souhaitent préserver l'existence de la RDA et donc mènent une politique de *statu quo*.

Le 10 novembre 1958, Khrouchtchev exige des Occidentaux qu'ils quittent Berlin-Ouest et que l'ancienne capitale soit transformée en ville libre, au statut indépendant. Il précise sa demande le 27 novembre suivant : l'évacuation devra avoir lieu dans les six mois, sinon le gouvernement soviétique signera un traité de paix séparé avec la RDA et abandonnera ses responsabilités sur Berlin. Si cela se produisait, la RDA redeviendrait souveraine et les Occidentaux seraient obligés de négocier avec les autorités est-allemandes, et non plus avec l'URSS, pour pouvoir accéder à Berlin-Est à travers le territoire de la RDA. Autrement dit, c'en serait fini du quadripartisme et de la possibilité, pour l'Allemagne, d'entrevoir une possibilité de réunification à moyen terme.

Trois facteurs, au moins, contribuent à expliquer l'initiative du premier secrétaire du PCUS. Le plus évident est la volonté de Khrouchtchev et du dirigeant est-allemand Walter Ulbricht de supprimer Berlin-Ouest, à la fois poste avancé et vitrine du capitalisme en plein territoire socialiste. Il faut dire que le contraste est grand entre la partie occupée par les troupes américaines, britanniques et françaises, où pullulent lieux de divertissement, commerces et restaurants, et la partie orientale, pillée par les Soviétiques au lendemain de la guerre. Au cours des années 1950, plus de trois millions de personnes quittent la RDA et Berlin-Est pour gagner Berlin-Ouest. L'hémorragie démographique, en particulier celles des élites économiques, tend à discréditer le modèle communiste au moment où l'URSS cherche à séduire les peuples du tiers-monde et à maintenir sa domination sur les peuples d'Europe centrale et orientale. Un départ des Occidentaux signifierait une séparation nette entre les deux Allemagnes et les deux blocs, dans la droite ligne de la politique de consécration du *statu quo* suivie par le Kremlin.

Le deuxième facteur tient à l'inquiétude soviétique de voir la RFA tenter d'accélérer le processus de réunification allemande au profit d'un régime libéral. En effet, l'annonce par les Américains en décembre 1957 de l'équipement de la *Bundeswehr* en armes nucléaires tactiques fait craindre à Khrouchtchev que Bonn cherche à profiter de ses nouvelles capacités militaires pour faire pression sur l'Est dans le but de rétablir l'unité allemande, voire de récupérer les terres polonaises de l'Oder-Neisse. Le risque de réunification paraît d'autant plus grand que les exportations ouest-allemandes vers la RDA rendent celle-ci de plus en plus dépendante de l'économie de la RFA. Une distinction plus marquée entre les deux est donc nécessaire aux yeux du Kremlin.

Le troisième facteur a trait aux relations dégradées entre Moscou et Pékin, Mao Tsé Toung ne cachant pas ses critiques à l'égard des politiques khrouchtchéviennes de déstalinisation et de coexistence pacifique, accusées d'affaiblir le mouvement communiste international. En faisant preuve de fermeté et d'exigence sur Berlin, Khrouchtchev veut prouver à Mao qu'il n'entend pas céder un pouce de terrain aux « impérialistes » occidentaux et, par la même occasion, il gèle une fois pour toutes la division européenne pour mieux se consacrer aux autres régions du monde, notamment à l'Asie.

Face à l'ultimatum de Khrouchtchev, les dirigeants occidentaux ont trois solutions possibles : accepter d'évacuer immédiatement Berlin-Ouest ; quitter la ville au bout des six mois au moment du retour de la RDA à la pleine souveraineté ; rester à Berlin par n'importe quel moyen, y compris par la force. Bien que l'OTAN repousse l'ultimatum en décembre 1958, les attitudes adoptées par les États-Unis, le Royaume-Uni et la France face à pareil dilemme sont essentielles pour saisir l'évolution de leurs relations avec la RFA au cours des décennies suivantes. Sans surprise, le chancelier Adenauer interprète les réactions des uns et des autres comme étant un signe de leur volonté de défendre ou non le peuple allemand.

De Gaulle se montre le plus ferme : non seulement il est hors de question pour lui de négocier sous la menace, mais la présence française à Berlin est politiquement et stratégiquement trop importante pour être abandonnée. Elle symbolise l'association de la France au camp des vainqueurs de 1945 et permet de bénéficier d'un exceptionnel droit de regard sur l'avenir de l'Allemagne, ce qui confère à Paris un évident ascendant politique sur le voisin d'outre-Rhin. Le Général est donc bien décidé à maintenir les troupes françaises à Berlin et le fait savoir aux Soviétiques. C'est aussi un moyen de montrer aux Allemands qu'ils peuvent compter sur le soutien loyal de la France. Pareille fermeté renforce la confiance entre Paris et Bonn et fournit de saines bases au rapprochement entre les deux capitales. À l'inverse, le premier ministre britannique Harold Macmillan paraît disposé à faire des concessions aux Soviétiques et en appelle à l'apaisement, soucieux d'éviter l'escalade nucléaire, ce qui ne va pas sans nuire aux relations germano-britanniques.

L'administration Eisenhower adopte, elle, une position médiane, qui consiste à ne pas céder face aux intimidations de Moscou et, dans le même temps, à tout faire pour éviter l'affrontement nucléaire, ce qui implique forcément un dialogue avec le Kremlin. Si des discussions entre les quatre ministres des Affaires étrangères s'ouvrent à Genève en mai 1959 en échange d'une suspension de l'ultimatum par Khrouchtchev, elles ne produisent pas de résultats notables, le dirigeant soviétique repoussant les projets américains de réunification allemande sur la base d'élections libres et d'un véritable accord de désarmement. Pour le premier secrétaire du PCUS, seule une reconnaissance officielle de la RDA et de la division de l'Europe par les Occidentaux importe. Sûr de pouvoir l'obtenir de Washington, il laisse passer nombre de concessions qu'Eisenhower est prêt à faire, comme lors du sommet soviéto-américain de Paris en mai 1960, avorté après que l'URSS a abattu un avion-espion U-2 au-dessus de son territoire.

Khrouchtchev semble d'autant plus manquer le coche que l'arrivée de John Fitzgerald Kennedy à la Maison-Blanche en janvier 1961 durcit considérablement l'attitude des États-Unis. Le nouveau président, élu sur un programme – *The New Frontier* – dans lequel les questions intérieures et extérieures relèvent d'une même problématique, celle de la lutte contre la pauvreté et contre le communisme, est décidé à faire preuve de fermeté à l'égard de l'URSS. Il s'agit, à ses yeux, d'en finir avec les faiblesses de l'administration précédente et de renouer avec la posture de *cold warrior* qui fut celle de Truman douze ans auparavant. Ainsi, le 25 juillet 1961, Kennedy repousse définitivement l'ultimatum soviétique – que Khrouchtchev a réitéré au mois de juin précédent – en précisant que toute initiative du Kremlin à Berlin-Ouest entraînerait une guerre. Dans les semaines qui suivent, la crise de Berlin atteint son paroxysme : Kennedy renforce la présence armée des États-Unis dans l'ancienne capitale allemande, tandis que les troupes occidentales et soviétiques se font face le long de la ligne de démarcation entre les secteurs Est et Ouest de Berlin. Les forces nucléaires des deux Grands sont mises en alerte. Des dizaines de milliers d'Allemands de l'Est fuient Berlin-Est et la RDA pour se réfugier dans la partie ouest de la ville.

Alors que le risque de conflit atomique n'a jamais été aussi important depuis le déclenchement de la guerre de Corée, la tension retombe finalement après que, sur une idée d'Ulbricht, les Soviétiques décident de régler partiellement le problème berlinois en mettant sur pied l'opération « muraille de Chine », à savoir la construction d'un mur séparant Berlin en deux et instaurant un contrôle sur les passages d'une partie à l'autre de la cité. D'abord matérialisé par la pose de fils barbelés le 13 août 1961, le mur est bâti à la fin de l'été puis constamment renforcé année après année. Certes, Khrouchtchev ne renonce pas à son objectif d'obtenir de la RFA et des Occidentaux la reconnaissance de la RDA, mais il est désormais obligé de trouver d'autres moyens pour y parvenir.

Au total, la deuxième crise de Berlin a un impact majeur sur l'évolution de la sécurité européenne. D'abord, elle pose les bases de l'*Ostpolitik* qui, dans les années 1970, permettra de considérables avancées sur le chemin du dépassement de la guerre froide. Bourgmestre de Berlin-Ouest au moment de la crise, Willy Brandt, figure du parti social-démocrate (SPD), prend conscience de la nécessité d'entamer un véritable dialogue avec Moscou pour améliorer la situation de l'Allemagne, et celle de Berlin en particulier. Il rejoint en cela le général de Gaulle qui estime, lui aussi, que le problème allemand ne pourra pas être résolu sans amélioration des relations germano-soviétiques. Mais en attendant, en Occident, l'heure est au soulagement général : le mur de Berlin, aussi pernicieux soit-il, a au moins pour avantage d'éviter la guerre.

Le deuxième effet de la crise en matière de sécurité du continent touche au parapluie nucléaire américain. Selon Robert McNamara, secrétaire d'État à la Défense dans l'administration Kennedy, Berlin a prouvé l'extrême dangerosité d'une crise internationale opposant les deux puissances nucléaires. Il faut donc réduire le risque d'apocalypse en revoyant les conditions d'emploi de la bombe atomique américaine : la doctrine Dulles dite des « représailles massives », qui depuis 1953 prévoit un usage immédiat de l'arme nucléaire sans préavis en cas d'attaque contre un pays de l'OTAN, n'est plus tenable à l'heure où l'URSS est suspectée de se doter à son tour de missiles intercontinentaux et où, par conséquent, les deux Grands sont susceptibles de se détruire mutuellement. À la place, McNamara envisage une doctrine dites des « représailles graduées » qui, en cas d'attaque limitée de l'adversaire, ne prévoirait d'utiliser les armes nucléaires qu'en dernier recours, après une ultime négociation et seulement contre des cibles militaires. Cette doctrine, présentée aux Alliés lors du conseil de l'OTAN à Athènes le 4 mai 1962, suscite un vif débat franco-américain sur la garantie de protection américaine. Pour De Gaulle, en choisissant de renoncer aux représailles massives, les Américains non seulement affaiblissent leur parapluie nucléaire sur l'Europe, mais font une belle concession aux Soviétiques en les incitant à passer à l'attaque. De ce constat, le Général tire la conclusion qu'il est plus que temps de mettre sur pied une force de dissuasion européenne, placée sous l'égide de la France. La crise des missiles de Cuba ne fait qu'amplifier le débat.

Les effets de la crise de Cuba sur la sécurité européenne

Si la crise de Cuba d'octobre 1962 est régulièrement perçue comme une réplique caribéenne de la crise de Berlin et s'explique en partie par la volonté soviétique de maintenir la pression sur les Occidentaux à propos de l'Allemagne, la décision d'implanter des missiles de moyenne portée à Cuba est un moyen pour les Soviétiques de compenser leurs difficultés à développer leur stock de missiles intercontinentaux. Il faut également tenir compte de la volonté de Moscou d'affirmer sa solidarité idéologique avec Cuba, où Fidel Castro est arrivé au pouvoir le 1er janvier 1959. Un autre facteur d'explication, non négligeable, tient au fait que l'URSS se sente constamment encerclée par les forces américaines – en Turquie, avec les fusées américaines *Jupiter*, mais aussi au Moyen-Orient et au Japon – et cherche à restaurer une forme d'équilibre en déployant des missiles à Cuba.

Au-delà de la tension internationale que suscite la présence de missiles soviétiques pointés sur les États-Unis, la crise provoque un débat houleux entre Washington et ses alliés – la France surtout – quant aux conditions de la sécurité européenne. En effet, lorsque les avions américains U-2 découvrent les bases de lancement soviétiques à Cuba, Kennedy envoie son secrétaire d'État, Dean Acheson, informer De Gaulle, Macmillan et Adenauer de son intention de se montrer intransigeant quant au retrait de ces armes. Ceux-ci, et De Gaulle en particulier, affirment immédiatement leur solidarité avec les États-Unis, même en cas de conflit armé. Cependant, en dépit de cette manifestation d'amitié, la crise ébranle les rapports transatlantiques : étant donné le risque de guerre nucléaire, les Européens n'auraient-ils pas dû être consultés, et pas seulement informés, à propos de la décision américaine d'instaurer un blocus autour de Cuba ?

L'autre point de crispation chez les Alliés concerne la décision de Kennedy, annoncée en janvier 1963, de retirer les fusées américaines *Jupiter* stationnées en Turquie et en Italie, tandis que Khrouchtchev s'engage à démanteler ses bases de lancement de missiles à Cuba. Certes, le retrait des *Jupiter* est compensé par l'affectation, à l'OTAN, de sous-marins équipés de missiles stratégiques *Polaris* – trois bâtiments sont déployés en Méditerranée au début de 1963 –, mais les Européens vivent mal ce changement et estiment que les dirigeants turcs et italiens auraient dû être consultés. Surtout, cette décision est perçue comme un signe de désengagement américain en Europe : les États-Unis sont prêts à recourir à l'arme nucléaire pour défendre leur territoire, mais ils paraissent disposés à sacrifier la sécurité de leurs alliés. C'est notamment ce que pensent De Gaulle et Adenauer, qui en concluent qu'il est nécessaire de travailler en faveur d'une autonomie stratégique européenne destinée à suppléer aux défaillances du parapluie nucléaire américain ; la bombe atomique française, testée avec succès dans le désert du Sahara le 13 février 1960, en constituerait le fondement. Cela paraît d'autant plus urgent à leurs yeux que la crise de Cuba semble consacrer ce que De Gaulle nomme le « *condominium* soviéto-américain », à savoir la volonté des deux Grands de s'entendre pour éviter la catastrophe, mais sans associer les autres puissances à leurs discussions.

L'affaire des missiles cubains marque ainsi le véritable début du processus de maîtrise des armements, ou *arms control*, dont l'installation du téléscripteur d'urgence entre la Maison-Blanche et le Kremlin est la première manifestation : le « téléphone rouge » doit permettre aux dirigeants des deux pays d'entrer directement en contact en cas de tension. S'ensuit le début des négociations sur l'interdiction des essais nucléaires dans l'atmosphère, dans l'espace extra-atmosphérique et sous l'eau, qui débouchent sur le *Partial Nuclear Test Ban Treaty* de 1963. La signature de ce traité, conjuguée à l'adoption des représailles graduées, conforte un peu plus les Français dans leur sentiment que la garantie nucléaire américaine sur l'Europe s'amenuise et que si une nouvelle crise Est-Ouest venait à avoir lieu, le Vieux Continent et sa périphérie seraient le théâtre d'un conflit conventionnel prolongé.

Il faut dire que l'arrivée des *Polaris* en Méditerranée est vécue comme une véritable douche froide par les responsables soviétiques, à commencer par le ministre de la Défense Rodion Malinovski et le commandant en chef de la marine Sergueï Gorchkov. Alors que les *Jupiter* étaient fixes et repérables, les sous-marins sont, par définition, mobiles et difficilement détectables, ce qui accroît la vulnérabilité de l'URSS sur son flanc sud-ouest. La décision de Kennedy sape ainsi définitivement la confiance des responsables militaires soviétiques en Khrouchtchev et les convainc de rechercher activement des bases permanentes pour leur flotte de Méditerranée, notamment en Afrique du Nord (Algérie, Égypte) et dans les Balkans. La présence navale soviétique dans la « Grande bleue » devient constante à partir de 1964, avec le renforcement continu de l'*Eskadra* de Méditerranée. Il s'agit, pour Moscou, tout à la fois de dissuader les Américains d'utiliser leurs forces déployées en Méditerranée pour procéder à des tirs susceptibles d'atteindre le territoire de l'URSS et de protéger les bateaux soviétiques naviguant entre la mer Noire et le canal de Suez. C'est ainsi que, progressivement, les tensions Est-Ouest se déplacent vers le sud et rendent de plus en plus dangereux le flanc méridional de l'Europe.

La crise qui secoue Chypre en décembre 1963 illustre bien ce glissement. Dans cette île indépendante du Royaume-Uni depuis 1960, le blocage institutionnel provoqué par la mésentente des communautés grecque et turque suscite des violences après que l'archevêque-président Makarios a dénoncé un équilibre des pouvoirs trop défavorable à la majorité grecque. L'affaire ravive les tensions entre Athènes et Ankara et conduit le gouvernement britannique d'Alec Douglas-Home à proposer le déploiement d'une force d'interposition de l'OTAN à Chypre. Alors que le président Lyndon B. Johnson – qui a succédé à Kennedy en novembre 1963 – donne son aval à cette idée, Khrouchtchev prévient les Occidentaux qu'il ne tolérera pas une intervention otanienne dans un pays indépendant et non aligné. Dès lors, les deux Grands renforcent leur présence militaire autour de Chypre ; à partir de 1966, la Tchécoslovaquie se met à livrer des armes à Makarios. De fait, si détente il y a, celle-ci reste toute relative au milieu des années 1960, bien qu'elle suffise à affaiblir la cohésion transatlantique en raison du refus américain de répondre favorablement aux exigences françaises en matière de sécurité et de dissuasion.

De Gaulle, l'OTAN et l'Allemagne : la crise transatlantique de la sécurité européenne

Dès son retour au pouvoir au printemps 1958, d'abord en tant que président du Conseil puis, en janvier 1959, comme président de la République, Charles de Gaulle se montre décidé à faire de la France un acteur central de la sécurité européenne et à en finir avec le déclin du pays depuis la Seconde Guerre mondiale. Il prévoit, pour ce faire, une réorganisation des liens qu'entretient Paris avec ses principaux alliés, à savoir les États-Unis, le Royaume-Uni et la RFA. Sa politique est à la fois pragmatique et évolutive, le Général cherchant à s'adapter en permanence au contexte international, d'où l'impression que si la France semble omniprésente dans les débats transatlantiques et européens des années 1960, les réorientations régulières de ses priorités laissent à penser qu'elle subit plus qu'elle n'impose le calendrier international de la décennie. Ainsi, tandis que les années 1958-1960 correspondent à la période tripartite de la politique gaullienne – durant laquelle De Gaulle revendique le *leadership* de l'OTAN aux côtés des États-Unis et de la Grande-Bretagne – les années 1960-1963 sont celles du rapprochement franco-allemand et de la relance européenne. Ces échecs successifs aboutissent à la phase Est-Ouest (1963-1968) de la politique gaullienne, qui se heurte à la répression du printemps de Prague en 1968 et à la spectaculaire et dramatique réaffirmation du désir soviétique de *statu quo*.

Le mémorandum de 1958

La sortie de la France du commandement intégré de l'OTAN en 1966 constitue à la fois une étape majeure de l'histoire des relations transatlantiques et un moment marquant de la geste gaullienne, si bien qu'elle a tendance à faire oublier qu'avant d'en arriver à cette décision, De Gaulle a au contraire privilégié une participation accrue de la France au processus de décision otanien. Dès 1958, le Général pose la question du rééquilibrage au sein de l'Alliance atlantique : à ses yeux, la « *special relationship* » anglo-américaine marginalise la France au sein de l'OTAN, alors même que la présence des forces françaises dans l'organisation intégrée restreint sa marge de manœuvre. Il lui faut donc à la fois renforcer la cohésion occidentale en resserrant les liens franco-anglo-américains et rendre à la France son statut de grande puissance militaire[1]. Certes, De Gaulle compte rester fidèle aux engagements atlantiques de la France, mais, pour assurer une défense conforme à l'« indépendance nationale » qu'il souhaite rétablir, celle-ci doit contrôler entièrement sa défense, d'abord en étant impliquée dans la définition des grandes orientations atlantiques. En juin 1958, alors qu'il est président du Conseil, De Gaulle envisage

1. Bozo Frédéric, *La politique étrangère de la France depuis 1945*, Paris, Flammarion, 2019, p. 71.

d'exiger auprès des Alliés d'être mieux associé à la conception et à la planification de la guerre atomique ; il souhaite une révision de la place du pays dans les commandements de l'OTAN. À ses yeux, pour que la France accepte la présence d'armes nucléaires et l'installation sur son territoire de missiles IRBM, ces armes doivent être, en partie au moins, sous contrôle français[2]. Par ailleurs, les membres de l'Alliance doivent peu à peu prendre en compte les nouvelles capacités nucléaires de la France, qui s'apprête alors à procéder à ses premiers essais. Dans cette optique, De Gaulle prévoit une OTAN fondée sur la collaboration étroite entre les trois puissances nucléaires de l'Alliance : les États-Unis, le Royaume-Uni et la France.

Le 17 septembre 1958, dans un mémorandum adressé au président Eisenhower et au Premier ministre Macmillan, le président français réclame un élargissement de la compétence géographique de l'OTAN – notamment à l'Afrique où la France remplit, selon le Général, un rôle qui touche à l'intérêt commun des Alliés –, de même qu'une reconsidération de l'intégration militaire et du monopole atomique américain, ainsi que l'association de la France à une direction politique et stratégique du monde libre. Il s'agit d'un document essentiel, dans la mesure où il correspond à l'idée que De Gaulle se fait du nouveau contexte stratégique et du rôle de la France dans ce contexte. Or, c'est à une fin de non-recevoir que se heurte le Général. En effet, les Américains et les responsables de l'OTAN s'inquiètent des conséquences que pourraient avoir les propositions françaises : elles risquent de provoquer un sentiment d'infériorité chez les autres membres de l'Alliance, notamment à Bonn et à Rome, du fait du rang secondaire dans lequel l'Allemagne et l'Italie seraient cantonnées. Par ailleurs, l'idée d'élargir le cadre géographique de l'OTAN revient en réalité à le dépasser, ce qui paraît inconcevable aux Américains et aux Britanniques[3].

Face à ces réticences, De Gaulle décide de poursuivre d'une autre manière sa politique d'affirmation de la puissance française parmi les puissances occidentales. Le 7 mars 1959, la Grande-Bretagne notifie à l'OTAN qu'elle reprend le contrôle de sa flotte en Méditerranée. Lors de sa conférence de presse du 25 mars suivant, le Général justifie cette décision par l'étroitesse de la zone géographique couverte par l'OTAN et, de fait, par la faible marge de manœuvre dont dispose la marine française en Méditerranée, à l'heure où la guerre d'Algérie bat son plein. Il termine son argumentation en précisant que la Grande-Bretagne et les États-Unis ont déjà retiré leurs forces navales de l'OTAN. Une telle organisation, plutôt que d'affaiblir l'Alliance, ne peut, selon le Général, que la renforcer, du fait de la répartition des charges. Sa démonstration lui permet ainsi de conclure sur la nécessité d'une espèce de *Standing Group* atomique au sein de l'Alliance.

---

2. Vaïsse Maurice, *La grandeur. Politique étrangère du général de Gaulle, 1958-1969*, Paris, Fayard, 1998, p. 115.
3. Bozo Frédéric, *Deux stratégies pour l'Europe. De Gaulle, les États-Unis et l'Alliance atlantique (1958-1969)*, Paris, Plon, 1996, p. 40.

À partir de 1960, tout en continuant à afficher les orientations du mémorandum, De Gaulle se lance dans une politique occidentale davantage tournée vers le continent et fondée sur l'axe franco-allemand. Il en jette les bases les 29 et 30 juillet à Rambouillet en compagnie d'Adenauer. En relation avec sa volonté de réformer l'organisation atlantique, le Général entend accélérer et approfondir la construction politique de l'Europe occidentale. Ses idées européennes se résument en trois points. D'abord, il ne peut y avoir d'Europe sans relation étroite entre la France et l'Allemagne. Ensuite, cette Europe doit s'appuyer en premier lieu sur une « coopération organisée des États », seule réalité qui compte aux yeux du président français. Enfin, l'Europe doit être organisée « par elle-même et pour elle-même dans les domaines politique, économique, culturel et dans celui de la défense[4] ». Il s'agit de transformer une communauté jusqu'alors essentiellement économique en un projet politique et militaire, et de privilégier une approche intergouvernementale au détriment de la logique supranationale. De Gaulle estime qu'on ne peut pas faire abstraction de la volonté et des intérêts nationaux, au risque de s'engager dans un suivisme aveugle des États-Unis et de l'OTAN. Cette réflexion aboutit au début de 1961. Les 10 et 11 février, le sommet qui réunit les Six de la CEE à Paris décide la création, sur proposition française, d'une commission présidée par le diplomate Christian Fouchet et chargée d'étudier la mise en place d'une union politique européenne. De Gaulle souhaite ainsi renforcer la concertation entre États dans les domaines déjà cités, et notamment dans le domaine de la défense, estimant qu'une autonomie nucléaire européenne est envisageable sur la base de la force de frappe française. Cependant, à la suite d'une série de débats houleux, le plan Fouchet de coopération européenne intergouvernementale présenté en octobre 1961 puis amendé en janvier 1962 échoue au mois d'avril suivant : Belges et Néerlandais ne souhaitent pas que la prééminence de l'OTAN ainsi que les acquis communautaires soient remis en question. Par ailleurs, les gouvernements de Bruxelles et de La Haye exigent que soit résolu auparavant le problème de l'adhésion britannique au marché commun[5].

Tandis que l'échec du plan Fouchet nuit considérablement aux relations de la France avec ses voisins du Benelux, il contribue à rapprocher un peu plus Paris de Bonn, où le chancelier Adenauer est apparu comme l'un des meilleurs soutiens du plan.

Le rééquilibrage franco-allemand au détriment du Royaume-Uni

En 1962, la crise de Cuba a pour effet de renforcer les ambitions européennes des Français et des Allemands, Adenauer estimant lui aussi que la politique

4. Cité par Bozo Frédéric, *Deux stratégies pour l'Europe, op. cit.*, p. 63.
5. Vaïsse Maurice, *La grandeur, op. cit.*, p. 182.

américaine est hégémonique au sein de l'Alliance atlantique. Il est donc déterminé à poser les jalons, avec la France, d'une Europe autonome. Pour ce faire, il propose la signature d'un traité franco-allemand, le traité de l'Élysée de janvier 1963, pierre de touche du rapprochement entre les deux pays. En parallèle, De Gaulle tente de convaincre d'autres pays de l'OTAN, notamment les frontaliers du bloc de l'Est comme la Grèce et la Turquie, du bien-fondé de la bombe atomique française, qui vient compenser le recul américain que représentent les représailles graduées. Ces tentatives ne sont guère suivies d'effet dans la mesure où, à Athènes comme à Ankara, on constate que la force de frappe de la France est en pleine constitution, alors que celle des États-Unis est déjà opérationnelle, ce qui atténue la garantie française. Cela n'empêche cependant pas Paris d'accroître son influence sur des alliés jusqu'alors négligés.

Le processus de convergence franco-allemande a pour corollaire une rapide dégradation des rapports entre la France et le Royaume-Uni, là aussi en raison des changements induits par la crise de Cuba. Cela concerne d'abord le dossier stratégique. En juin 1962, De Gaulle et Macmillan avaient envisagé une coopération nucléaire et le président français n'était pas contre une entrée de la Grande-Bretagne dans le marché commun. En effet, ce dernier imaginait qu'une intégration aiderait les Britanniques à se sortir de leurs difficultés financières, qui contrastent avec la santé économique de tous les pays de la CEE. C'est en raison de ces difficultés que, depuis 1957, le Royaume-Uni avait dû approfondir la coopération avec les États-Unis et qu'il avait développé une relation nucléaire spéciale avec Washington. La conséquence de cette « *special relationship* » stratégique est qu'au début des années 1960, l'arsenal nucléaire britannique est composé quasi intégralement de missiles aérobalistiques américains *Skybolt* (tirés depuis des bombardiers lourds) commandés aux États-Unis à partir de 1960 et sur lesquels les Britanniques peuvent fixer leurs têtes nucléaires. Mais en novembre 1962, à la suite de plusieurs essais de tirs peu concluants, le Congrès américain décide de stopper la production du *Skybolt* pour se concentrer sur la fabrication de missiles intercontinentaux. Cette décision provoque une véritable crise anglo-américaine, dans la mesure où la force de dissuasion britannique repose tout entière sur ces missiles et qu'elle a abandonné toutes les autres armes. Macmillan se retrouve donc sans arsenal nucléaire puisque les missiles attendus ne lui sont pas livrés, à la grande satisfaction de De Gaulle pour qui les Anglais vont enfin comprendre qu'il ne faut pas compter sur les Américains. Le Général pense alors que Londres va se joindre à son projet d'Europe de la défense.

Or, le Premier ministre britannique fait le choix de privilégier malgré tout la *special relationship*. À l'issue d'une rencontre difficile avec Kennedy à Nassau du 18 au 21 décembre 1962, il obtient que les États-Unis livrent au Royaume-Uni les nouveaux missiles *Polaris*, destinés à être tirés depuis des sous-marins. En échange, Londres doit faire une énorme concession politique :

l'arme nucléaire britannique est intégrée dans les forces atlantiques, ce qui implique une renonciation à l'autonomie stratégique. L'effet sur la relation franco-britannique est dévastateur : alors que pour Macmillan les accords de Nassau sauvent l'honneur de la Grande-Bretagne, De Gaulle considère au contraire qu'ils discréditent totalement les décideurs britanniques. L'affaire a d'autant plus de retentissement qu'elle intervient au moment même où les négociations d'adhésion du Royaume-Uni à la Communauté européenne connaissent de nouvelles difficultés : à partir de l'automne 1962, Londres exige que les importations britanniques en provenance du Commonwealth soient exemptées des droits de douane communs à la CEE, ce qui signifie remettre en question l'acquis communautaire, notamment celui de la politique agricole commune, chère à la France.

De Gaulle conclut de ces événements que la Grande-Bretagne n'a vraiment pas sa place dans la CEE. Le 14 janvier 1963, il provoque une véritable onde de choc lorsqu'au cours d'une conférence de presse, il dit son opposition à la fois à l'adhésion britannique et à l'accord de Nassau, après que Kennedy a proposé d'en étendre les dispositions à la France. Pour le Général, l'offre américaine arrive bien tardivement : les missiles *Polaris* n'ont aucun intérêt pour la France, dont les têtes nucléaires n'ont pas été conçues pour s'adapter à ces armes. Paris aurait préféré une coopération portant sur l'arsenal nucléaire lui-même, ce que les États-Unis ont toujours refusé.

Au final, la conférence de presse glace pour longtemps (jusqu'en 1969) les relations entre la France et ses alliés anglo-saxons. Pour Macmillan, c'est un affront dont il ne se remettra jamais. Pour les Américains, la conférence de presse est vécue comme un camouflet à l'encontre de toute leur politique extérieure. Kennedy entend donc venger l'humiliation que le Général vient de lui faire subir publiquement en s'en prenant à ce que De Gaulle est sur le point de réussir : la mise sur pied d'une solide coopération franco-allemande dans les domaines des affaires étrangères, de la défense et de l'éducation.

En effet, quelques jours après la conférence de presse, le traité de l'Élysée doit être signé. Adenauer est alors soumis à de fortes pressions de la part de Washington mais aussi de Bruxelles qui ne souhaitent pas voir l'Allemagne épouser les vues gaulliennes sur la construction et la défense européennes. Aux yeux de tous, le traité de l'Élysée semble consacrer la victoire de De Gaulle, mais il apparaît comme une véritable provocation pour les États-Unis. L'influence française en Europe semble alors l'emporter sur l'influence américaine.

Tandis que le traité est bel et bien signé par le président français et le chancelier ouest-allemand le 22 janvier, les Américains, aidés par Jean Monnet, entendent bien peser sur sa ratification par le Bundestag : en mai 1963, le traité est ratifié mais vidé de sa substance par l'ajout d'un préambule selon lequel le traité ne remet pas en cause les orientations atlantiques et européennes de la RFA. La crise franco-américaine atteint son apogée. Pour transformer l'essai, Kennedy souhaite tester sa popularité auprès des Allemands. Il se rend devant le mur de Berlin en juin et y prononce son fameux discours « *Ich bin ein Berliner* ». Plus encore, afin de saper les idées gaulliennes d'Europe de la défense qui permettraient le développement d'une force de frappe autonome, la Maison-Blanche élabore le projet de *Multilateral Force* (MLF) prévoyant d'associer les Européens, dont les Allemands, à la décision d'emploi de l'arme nucléaire. Si De Gaulle ne voit là qu'un bluff uniquement destiné à ébranler ses projets franco-allemands et européens, la RFA et les autres pays d'Europe semblent croire à la perspective atomique offerte par Washington. Ils se lancent dans de longues négociations avec les États-Unis afin de mettre sur pied ce projet, finalement abandonné en 1965 après une volte-face des conservateurs ouest-allemands et des travaillistes britanniques.

Toujours est-il qu'Adenauer, critiqué pour être trop proche de De Gaulle, perd le contrôle de son propre parti, l'Union chrétienne-démocrate d'Allemagne (CDU), face aux représentants de l'Europe atlantique, incarnés par Ludwig Erhard, qui devient chancelier en octobre 1963. C'est au tour des rapports franco-allemands de connaître une phase de refroidissement, à l'instar des relations de la France avec les autres pays du marché commun en raison de la « crise de la chaise vide », par laquelle De Gaulle dit son refus de réformer le processus de décision communautaire. De fait, au milieu des années 1960, la France se retrouve relativement isolée à l'Ouest après l'échec des ambitions gaulliennes en matière d'Europe politique et d'Europe de la défense. Cela ne signifie pas pour autant que le président français renonce à son projet de transformer les conditions de la sécurité européenne. Puisque ses partenaires se montrent réticents à engager tout processus de transformation des instances occidentales de sécurité et de coopération, il décide d'agir directement sur les facteurs premiers d'une éventuelle instabilité européenne : la question allemande et les relations Est-Ouest. Le terrain apparaît d'autant plus favorable que la frayeur cubaine et la rupture avec la Chine encouragent les dirigeants soviétiques à jouer pleinement le jeu de la détente.

Des conceptions divergentes de la détente : *statu quo* contre dépassement des blocs

Gel des frontières et non-recours à la force : l'offensive diplomatique de Moscou et la première Ostpolitik

À partir de 1963-1964, avant même que Nikita Khrouchtchev soit démis de ses fonctions, l'URSS s'oriente vers une politique de dialogue avec les pays occidentaux pour accomplir ses objectifs de sécurité européenne. Ces derniers n'ont guère évolué depuis la décennie précédente : il s'agit de geler une fois pour toutes les frontières européennes, d'obtenir de la RFA un accord de non-recours à la force et une renonciation définitive à l'idée même d'acquérir l'arme nucléaire (le revanchisme allemand reste au cœur de la propagande soviétique), et de parvenir à découpler l'Europe des États-Unis, via notamment des accords de désarmement zonal – comme le plan Gomulka de 1963 – qui favoriseraient la dénucléarisation et la neutralisation des principaux espaces de contact Est-Ouest (Europe centrale, espaces balte et scandinave, Balkans, Méditerranée) et qui permettraient à l'URSS d'y accroître son influence au détriment de Washington. Dès 1965, Leonid Brejnev, devenu premier secrétaire – puis secrétaire général – du PCUS après l'éviction de Khrouchtchev en octobre 1964, se veut l'incarnation de cette nouvelle diplomatie du *statu quo* qui, à la différence des années précédentes, se fonde sur la négociation et le pragmatisme et non sur le coup de force.

Lassée de l'aventurisme khrouchtchévien, la *nomenklatura* brejnévienne – le président du Soviet suprême Nikolaï Podgorny, le président du KGB Youri Andropov, le président du Conseil des ministres Alexis Kossyguine, le responsable de l'idéologie Mikhaïl Souslov – estime que l'URSS aspire désormais à la tranquillité, tant à l'intérieur qu'à l'extérieur de ses frontières. L'essentiel est de poursuivre la politique d'influence dans le tiers-monde et de maintenir la domination soviétique au sein du mouvement communiste international face à une Chine considérée comme de plus en plus agressive : la consécration du *statu quo* européen doit ainsi permettre à l'URSS de se focaliser sur ces enjeux et de calmer le jeu avec les Occidentaux pour mieux se concentrer sur le problème chinois.

Dans cette stratégie renouvelée de coexistence pacifique, l'obsession du découplage euro-américain explique pourquoi c'est vers les pays d'Europe plutôt qu'en direction des États-Unis que le Kremlin oriente ses propositions consistant à négocier un accord général de sécurité européenne : on espère à Moscou que les Européens de l'Ouest, de plus en plus critiques vis-à-vis de l'intervention américaine au Vietnam qui gagne en intensité en 1964 et 1965, se montreront plus à même d'accepter le projet soviétique de conférence paneuropéenne destiné à geler le rideau de fer et à faire en sorte que la RFA signe un accord de non-recours à la force, reconnaisse la RDA et devienne une zone neutralisée et dénucléarisée (c'est-à-dire hors OTAN).

La France du général de Gaulle apparaît à Moscou comme l'un des pays occidentaux les plus disposés à accueillir favorablement le projet de conférence. Après tout, le président français ne cesse-t-il pas d'en appeler à la détente et au dialogue entre les blocs pour parvenir à régler le « problème allemand » ? De Gaulle, qui se situe dans une posture ouvertement critique vis-à-vis des États-Unis, ne travaille-t-il pas déjà au découplage euro-américain en quittant progressivement le commandement intégré de l'OTAN ? N'est-il pas le mieux placé pour convaincre les Allemands de faire un pas en direction de l'Est ? Si le dialogue franco-soviétique se fait effectivement plus intense à partir de 1964 et se traduit notamment par une série de voyages du Général dans le bloc de l'Est, dont celui en URSS en juin 1966, le rapprochement entre Paris et Moscou se fonde sur un sérieux malentendu : non seulement De Gaulle reste fidèle aux engagements atlantiques de la France et estime que l'Allemagne doit rester ancrée à la France (donc ne pas devenir neutre), mais sa conception de la détente repose sur l'idée qu'il faut dépasser la division de l'Europe en blocs et non la consacrer. Il est donc hors de question pour lui d'accepter une conférence paneuropéenne destinée à pérenniser le rideau de fer tout en neutralisant l'Allemagne. Il estime en revanche qu'une détente solide et durable passe forcément par un rapprochement germano-soviétique : la RFA doit déminer la profonde méfiance de l'URSS à son égard en reconnaissant ses frontières et la ligne Oder-Neisse, en s'engageant en faveur du non-recours à la force et en renonçant une fois pour toutes à ses ambitions nucléaires – en 1965, la bombe ouest-allemande serait sur le point de voir le jour. Cela aurait en outre pour avantages de discréditer le discours du Kremlin sur les Allemands « revanchards » et d'affaiblir la cohésion du bloc de l'Est, dont l'une des justifications est la volonté soviétique de « protéger » l'Europe centrale d'un éventuel retour de la menace allemande. De fait, en 1966-1967, De Gaulle se targue de jouer les intermédiaires entre Bonn et Moscou pour amener la RFA à admettre les « réalités de 1945 », seul moyen d'aboutir un jour à la réunification de l'Allemagne.

Du côté de Bonn, les positions ne changent guère tant que Ludwig Erhard demeure chancelier. Celui-ci n'admet pas la propension de la France à faire de la question allemande le sujet de conversation numéro un avec les Soviétiques. Il estime qu'en faisant ainsi, De Gaulle sape la solidarité atlantique et contribue au découplage euro-américain. Pour le chancelier, le sort de l'Allemagne ne peut être réglé que dans le cadre d'un strict quadripartisme et qu'après la signature d'un vrai traité de paix entre les Quatre et les Allemands. Sans ces conditions, Bonn n'est pas en mesure de reconnaître ses frontières et maintient la doctrine Hallstein, selon laquelle la RFA n'entretient pas de relations avec les pays qui reconnaissent la RDA.

Le problème allemand se présente cependant sous un jour nouveau à partir de décembre 1966, lorsqu'arrive au pouvoir en RFA un gouvernement de grande coalition SPD/CDU dirigé par Kurt Kiesinger et dans lequel l'ancien maire-gouverneur de Berlin-Ouest, Willy Brandt, occupe les fonctions de vice-chancelier et de ministre des Affaires étrangères. Au même moment, une étape essentielle de l'*arms control* est franchie puisque Soviétiques et Américains s'accordent sur la nécessité de mettre au point un traité de non-prolifération nucléaire (le TNP, signé en 1968), clairement destiné à empêcher la RFA d'accéder à la bombe atomique. Dans ce contexte, tandis que le président Johnson concentre son attention quasi exclusivement sur l'Extrême-Orient, le nouveau gouvernement ouest-allemand comprend qu'il a intérêt à se prémunir contre le désintérêt croissant des États-Unis à l'égard des questions européennes. Brandt développe ainsi une première version de son *Ostpolitik* en indiquant sa volonté de développer un climat de détente avec les Soviétiques, les Polonais et les Tchécoslovaques. Encouragé et soutenu par la France, il propose à l'URSS de procéder à un échange de déclarations de renonciation de non-recours à la force.

Mais, à l'Est, la perplexité est de mise quant aux réelles intentions de Bonn. La Pologne de Władysław Gomułka, en particulier, se montre intransigeante : soucieux d'éviter qu'un nouveau pacte germano-soviétique de non-agression mutuelle ne voie le jour – le souvenir du pacte Molotov-Ribbentrop de 1939, qui avait abouti au partage de la Pologne, reste extrêmement vivace –, Gomułka persuade les pays du pacte de Varsovie, URSS comprise, de la nécessité d'établir une série de préalables à l'établissement de relations diplomatiques avec la RFA, qui obligeraient cette dernière à ne pas faire dans la demi-mesure et à revoir entièrement sa politique à l'Est : Bonn doit reconnaître la ligne Oder-Neisse, la RDA et l'invalidité des accords de Munich de 1938, de même que renoncer définitivement aux armes nucléaires. En avril 1967, la conférence des partis communistes européens de Karlovy Vary, en Tchécoslovaquie, entérine ces dispositions. Pour la Pologne, la réunion d'une conférence paneuropéenne de sécurité apparaît d'autant plus utile qu'en multilatéralisant le principe de non-recours à la force, elle permettrait d'éviter une entente uniquement germano-soviétique tout en mettant davantage en lumière l'enjeu de la reconnaissance des frontières allemandes. Nombre de pays européens, soucieux de favoriser la détente, acceptent en 1967 le principe de conférence sur la sécurité : c'est le cas de l'Autriche, de la Belgique, du Danemark, de la Finlande, de l'Italie, de la Norvège, des Pays-Bas, du Royaume-Uni et de la Suède, mais pas de la France et de la RFA, qui estiment que le projet peut compromettre la réunification allemande. Persuadés que l'amélioration des relations de la RFA avec chaque pays de l'Est pris individuellement plutôt que dans un cadre multilatéral aura plus d'effet à long terme sur la stabilité du continent, Paris et Bonn semblent alors de nouveau sur la même longueur d'onde, ce qui est en réalité loin d'être le cas. En effet, Kiesinger demeure réticent sur l'Oder-Neisse, jugeant qu'une reconnaissance serait très mal perçue par les douze millions de réfugiés issus de Poméranie, de Silésie et de Prusse orientale – reprises par la Pologne en 1945 – et installés en RFA. Brandt, lui, estime cette reconnaissance indispensable au bon développement des relations entre Bonn et les pays du pacte de Varsovie. Ce désaccord à l'intérieur même du gouvernement ouest-allemand complique d'autant plus l'essor de cette première *Ostpolitik* que les Soviétiques, les Polonais et les Allemands de l'Est se montrent toujours plus intransigeants en matière d'exigences à l'égard de Bonn : au début de 1968, la paralysie est totale, les

Soviétiques accentuant leur propagande sur le thème du refus ouest-allemand d'admettre les frontières de 1945 et Kiesinger restant ferme sur ce point.

Cela ne signifie pas pour autant que la détente est compromise. Au contraire, jusqu'alors en retrait, le président Johnson souhaite ne pas rester à la remorque des Européens en matière de rapports Est-Ouest et souhaite « construire des ponts » avec Moscou, comme il l'annonce lors d'un discours à New York en octobre 1966. Cet engagement américain se traduit par un travail collectif de réflexion sur les missions politiques de l'Alliance atlantique, qui résulte, paradoxalement, de la décision du général de Gaulle de quitter le commandement intégré de l'OTAN.

Le retrait français du commandement intégré de l'OTAN et ses conséquences

Le retrait des forces françaises de l'organisation militaire intégrée de l'OTAN en mars 1966 et, partant, le départ des forces étrangères otaniennes du sol français peuvent sembler bouleverser les conditions de la sécurité occidentale au milieu des années 1960. Pour l'administration Johnson, cette politique est dangereuse car elle remet en cause la présence américaine en Europe et donc la stabilité du continent, ce qui est largement exagéré. De Gaulle pense simplement qu'en rompant avec l'intégration atlantique, il va enclencher un mouvement similaire à l'Est : plus le camp occidental sera libéré des caractéristiques d'hégémonie de l'après-1945, plus pourra se créer un dialogue entre l'Europe de l'Ouest et l'Europe de l'Est.

Toutefois, les raisons du retrait sont plus profondes. Le premier facteur, probablement le plus important, a trait aux questions nucléaires : De Gaulle est profondément hostile à la doctrine de la riposte graduée défendue par les Américains depuis 1962, car il juge qu'elle affaiblit le parapluie nucléaire américain et qu'elle expose l'Europe à une guerre conventionnelle prolongée. Il refuse par conséquent, dès 1965, de participer aux instances de consultation entre les Alliés – notamment au *Nuclear Program Group* – visant à accompagner la mise en place de la nouvelle doctrine d'emploi de la force nucléaire. Autrement dit, en quittant l'organisation intégrée, il rétablit la marge de manœuvre nationale de la France, après des années de malaise. Par ailleurs, si De Gaulle ne se remet pas du double échec du plan Fouchet et du traité de l'Élysée, il n'a pas renoncé pour autant à l'idée d'une autonomie européenne en matière de défense. Pour lui, le retrait de 1966 est le préalable à cette Europe autonome qui, néanmoins, devra prendre place dans l'Alliance. Enfin, le retrait est une manière de crédibiliser son discours Est-Ouest et non, comme le pensent les Américains, d'affirmer la neutralité de la France dans la guerre froide. Ce n'est pas pour rien que le Général se rend en URSS deux mois et demi à peine après la sortie du commandement intégré. Il est alors le premier chef d'État occidental à se rendre à Moscou depuis 1945, où il reçoit tous les honneurs (discours télévisé, visite de Baïkonour). En 1967 et 1968, il se rend en Pologne puis en Roumanie pour exhorter ces pays à imiter la France en se détachant de leur grande puissance tutélaire.

Si cela ne fonctionne pas avec les Polonais, dont on a vu la fermeté à propos de la première *Ostpolitik* ouest-allemande, la Roumanie de Nicolae Ceaușescu est davantage sensible au discours gaullien, ce qui convainc le président français que sa politique de détente est en train d'éroder le bloc de l'Est. En réalité, il n'en est rien : si la Roumanie dispose d'une plus grande marge de manœuvre vis-à-vis de Moscou que les autres « démocraties populaires » – elle se rapproche précocement de la RFA –, c'est pour des raisons bien précises : elle n'est pas frontalière avec l'Allemagne, donc elle n'est pas concernée par les enjeux primordiaux de sécurité des frontières qui obsèdent Moscou, Varsovie et Prague ; son régime est le plus dur du bloc de l'Est, donc même si Ceaușescu prend quelques libertés à l'extérieur, le Kremlin n'a pas à craindre un éventuel affaiblissement du communisme à l'intérieur ; donner l'impression qu'un pays du pacte de Varsovie peut mener sa politique étrangère comme il l'entend permet à Moscou de laisser paraître une image conciliatrice et souple, nécessaire pour développer le dialogue avec l'Ouest – en réalité, Ceaușescu est fréquemment convoqué au Kremlin pour des « mises au point », qu'il applique dès son retour à Bucarest.

Quoi qu'il en soit, nombreux sont ceux, au milieu des années 1960, à l'Ouest comme à l'Est, à penser que le retrait français du commandement intégré signifie une rupture entre la France et ses alliés du camp occidental. Les choses sont en réalité plus subtiles, d'abord parce que, malgré l'effet de surprise que De Gaulle recherche en 1966, les Américains ne sont pas étonnés. Ils s'y attendaient et avaient commencé, dès 1965, à prendre des mesures d'accompagnement d'un retrait français imminent. Si inquiétude il y a à Washington, elle porte sur le rôle du territoire français dans la défense occidentale, la France fournissant surtout à l'OTAN une contribution logistique : carrefour entre le nord et le sud de l'Europe, elle est une base arrière majeure pour l'armée américaine et une zone de transit pour les infrastructures de l'OTAN, tels les gazoducs ou les lignes de communication, que les États-Unis réorientent vers le Benelux.

En dépit de ces inquiétudes, les Américains veulent éviter d'aggraver la situation. À Washington se développe un débat sur l'attitude à adopter face au retrait : d'un côté, le département d'État, dirigé par Dean Rusk, veut résister à De Gaulle sous peine de détricoter l'Alliance atlantique ; de l'autre, le Pentagone et les militaires se montrent plus pragmatiques : ils voient dans le retrait l'occasion de repenser l'organisation militaire américaine en Europe. Dans ce débat, Johnson pèse de tout son poids. Estimant qu'il faut éviter à De Gaulle l'occasion de se poser en martyr et qu'il vaut mieux travailler en faveur d'un divorce à l'amiable, il impose une politique de gestion en souplesse du retrait français. Quant à

De Gaulle lui-même, il veut éviter une rupture radicale entre la France et ses alliés : lui aussi considère qu'il ne faut pas détruire l'Alliance mais la refonder, conscient qu'il n'y a pas de possibilité d'une défense française en dehors de l'Alliance. De fait, à partir de l'été 1966, commencent les négociations entre militaires français et américains. Elles conduisent aux accords Ailleret-Lemnitzer, qui servent de cadre à la coopération militaire entre la France et l'OTAN à partir de 1967. Comme l'écrit Frédéric Bozo, « cet accord, loin d'aboutir à une moindre participation militaire française à la coalition, consacre le rôle stratégique nouveau de la France. Un rôle qui se révèle à la fois conforme au souhait de De Gaulle de donner à la France une stratégie nationale, fondée sur l'autonomie nucléaire, et aux intérêts des Alliés, qui pourront désormais compter sur une manœuvre française en renfort de leur défense avancée[6] ». Par exemple, les troupes françaises seraient chargées de mener une contre-attaque en Allemagne en cas de percée soviétique dans l'espace germanique.

De fait, le retrait de 1966 marque plus une continuité qu'une rupture, la coopération entre la France et l'OTAN ne cessant de s'intensifier par la suite. L'Alliance atlantique se retrouve même renforcée au final, tant dans les domaines militaire et stratégique que d'un point de vue politique. Dans le domaine militaire, le retrait français met durablement un terme aux inquiétudes américaines de détricotage de l'Alliance en faisant de la France le contre-exemple à ne pas suivre. Dans le domaine stratégique, à la fin des années 1960, les États-Unis réussissent à imposer la riposte graduée, dans la mesure où tant que la France siégeait dans les instances de l'OTAN, l'adoption de la riposte graduée était impossible en raison du veto français. Ainsi, à la suite du retrait, deux stratégies nucléaires se côtoient à l'intérieur de l'Alliance à partir de 1967 : les représailles graduées (adoptées par les États-Unis et tous leurs alliés sauf la France), et la dissuasion « tous azimuts » (défendue par la France). Ces deux stratégies se complètent plus qu'elles ne s'opposent et permettent une meilleure adaptation à la menace.

Dans le domaine politique, l'ambitieux triptyque « détente, entente, coopération » développé par De Gaulle pose la question de la légitimité de l'Alliance atlantique au regard de la détente Est-Ouest : comment justifier l'existence de l'OTAN quand la guerre froide semble s'éloigner ? C'est tout le rôle du rapport Harmel de 1967 sur les futures tâches de l'Alliance. La démarche, menée par le ministre belge des Affaires étrangères Pierre Harmel, vise à démontrer que l'OTAN n'est pas seulement une organisation de guerre froide et qu'elle a deux raisons d'être : la défense collective en cas de crise ; le dialogue Est-Ouest en période de détente. Autrement dit, l'Alliance doit être une organisation politique partie prenante des rapports avec le bloc soviétique ; elle doit notamment jouer un rôle dans la maîtrise des armements. Adopté par les quinze membres

6. Bozo Frédéric, « De Gaulle, l'Amérique et l'Alliance atlantique. Une relecture de la crise de 1966 », *Vingtième Siècle, revue d'histoire*, n° 43, juillet-septembre 1994, pp. 55-68.

de l'Alliance, dont la France, en 1967, le rapport Harmel constitue une véritable réponse à De Gaulle et marque le début du processus de politisation de l'Alliance atlantique. L'une des premières initiatives qui en découlent consiste, le 25 juin 1968, en un « signal de Reykjavik », qui propose à l'URSS d'entamer des négociations sur la réduction mutuelle et équilibrée des forces en Europe (*Mutual and Balanced Forces Reductions*, MBFR). Par ce biais, l'administration Johnson souhaite faire pièce aux projets du sénateur Mike Mansfield qui mène campagne aux États-Unis pour réduire de manière unilatérale la présence militaire américaine en Europe. Avec les MBFR, le retrait serait mutuel et permettrait de redéployer des troupes au Vietnam. La France est le seul pays de l'Alliance à ne pas s'associer à cet appel, dans lequel elle ne voit qu'une rémanence occidentale du plan Rapacki sur la dénucléarisation de l'Europe centrale. Si la réponse officielle du pacte de Varsovie n'arrive que deux ans plus tard, l'attitude soviétique se veut immédiatement positive à l'égard d'un projet dont le principal avantage serait de parvenir à la neutralisation de l'Allemagne tout en permettant à l'URSS de faire des économies de moyens militaires.

La répression du printemps de Prague, aux origines de la sécurité coopérative européenne

C'est donc bien à une consolidation de l'Alliance atlantique que l'on assiste à la fin des années 1960, bien que celle-ci soit loin de faire l'unanimité dans les opinions publiques européennes. En effet, l'interventionnisme toujours plus prononcé des États-Unis au Vietnam suscite d'immenses vagues de protestation au sein d'une jeunesse de plus en plus critique vis-à-vis de l'ordre de guerre froide et de l'hégémonie des deux Grands en Europe. En Italie par exemple, la politique extérieure américaine devient la cible des manifestations qui touchent les universités de la péninsule entre 1966 et « l'automne chaud » de 1969. Lorsque Lyndon Johnson arrive à Rome pour une visite diplomatique fin décembre 1967, la cité est en état de siège. En Turquie, les visites de la Sixième Flotte dans les ports du pays provoquent des manifestations régulières de la part des étudiants et des ouvriers, qui s'opposent à ce que la Turquie serve de base arrière à des actions contre le monde arabe et réprouvent le soutien de Washington au régime des colonels grecs. Le putsch de ces derniers, en avril 1967, est en effet indirectement facilité par l'OTAN dans le cadre du plan Prométhée, pensé à l'origine pour lutter contre le bloc soviétique – la Bulgarie voisine en particulier –, mais qui voit sa finalité détournée par les militaires grecs, via la prise de contrôle des centres névralgiques et moyens de communication.

Un vent de contestation similaire souffle sur le bloc de l'Est, où la jeunesse praguoise réclame un effort de libéralisation du pays et, à partir de janvier 1968, soutient la volonté du premier secrétaire du parti communiste Alexander Dubček de mettre en place un « socialisme à visage humain ». La répression de ce printemps de Prague par les troupes du pacte de Varsovie dans la nuit du 20 au 21 août 1968 vient cependant prouver que la logique des blocs reste plus forte que la volonté des peuples. En écrasant le mouvement, Moscou démontre son attachement viscéral au maintien du *statu quo*. Brejnev va même plus loin en édictant, en novembre 1968, la doctrine de la souveraineté limitée, qui porte son nom : tout pays communiste doit le rester, et l'URSS est prête à l'y aider au nom de la solidarité internationaliste du mouvement. L'intervention à Prague est par ailleurs un message adressé au gouvernement Kiesinger par le Kremlin pour lui signaler que sa politique ne lui convient pas, en ce qu'elle constitue un risque pour la sécurité de l'Europe orientale : en refusant toujours de reconnaître la frontière Oder-Neisse et la RDA, en ne renonçant pas aux armes nucléaires – Bonn souhaite insérer une clause européenne dans le TNP –, la RFA donne l'impression, selon l'ambassadeur d'URSS à Berlin-Est Pyotr Abrasimov, de vouloir renouer avec un processus d'expansion allemande vers l'est[7]. L'accusation est d'autant plus forte que Kiesinger est pointé du doigt pour avoir été membre actif du parti nazi dès 1933 puis directeur adjoint de la propagande radiophonique du Troisième Reich vers l'étranger. Dans ces conditions, la mise au pas de la Tchécoslovaquie est justifiée par Moscou comme un moyen de consolider le bloc de l'Est face aux velléités allemandes. Certes, pareil argument est démesurément exagéré, mais il révèle une crainte profonde de la *nomenklatura* soviétique à l'égard d'une RFA dont l'influence économique dans les pays d'Europe centrale et orientale, désireux de se moderniser via les crédits et biens d'équipements occidentaux, n'a cessé de croître au cours des années 1960.

Au sein du gouvernement ouest-allemand, la répression du printemps de Prague amplifie un peu plus la divergence entre Kiesinger et Brandt, jusqu'aux élections fédérales d'octobre 1969. Le ministre des Affaires étrangères comprend que la réunification de l'Allemagne n'étant pas pour un futur proche, elle ne pourra advenir que si Bonn change vraiment sa politique extérieure, tant au sujet de l'Oder-Neisse et de la RDA qu'à propos du nucléaire.

Le printemps de Prague tend par ailleurs à prouver aux partisans de la détente, à l'instar de Brandt et De Gaulle, que leur vision est la bonne : les peuples du bloc de l'Est cherchent bel et bien à se détacher de Moscou et il faut les y aider. Reste à trouver un moyen de le faire sans provoquer une intervention armée de l'URSS. Le risque de réaction soviétique paraît d'autant plus important qu'en Roumanie et dans la Yougoslavie de Tito, l'inquiétude est grande quant à la tentation du Kremlin d'essayer d'accroître son influence sur les Balkans, où Bucarest et surtout Belgrade développent une politique étrangère de plus en plus tournée vers l'Occident. L'essor de la flotte soviétique de Méditerranée en témoigne : l'un des objectifs de Brejnev est alors d'améliorer

7. Schoenborn Benedikt, *La mésentente apprivoisée : de Gaulle et les Allemands. 1963-1969*, Paris, PUF, 2007, pp. 341-342.

l'accès de l'URSS à la Grande bleue, à l'heure où, à la suite de la guerre des Six Jours (5-10 juin 1967), les États-Unis renforcent leur ancrage auprès d'Israël et dans la partie orientale du bassin méditerranéen.

Dans les ministères ouest-européens des Affaires étrangères, l'idée émerge qu'en acceptant la proposition soviétique de conférence sur la sécurité européenne tout en y adjoignant des mesures sur les droits de l'homme, sur la coopération culturelle et sur la non-ingérence dans les affaires intérieures, on pourra empêcher l'URSS de renouveler l'opération praguoise et tendre la main aux sociétés du bloc socialiste. Les bases de la sécurité coopérative européenne – fondée sur l'idée que la coopération permet de se rassurer sur les intentions de l'autre – sont ainsi peu à peu établies avec l'émergence du processus d'Helsinki, grande affaire des années 1970.

Ainsi, le printemps de Prague, plutôt que de ralentir la détente, l'accélère, mais, contrairement à ce qu'espérait De Gaulle, ce nouveau processus de détente se développe dans le cadre des blocs, comme la mise en œuvre du rapport Harmel et les MBFR viennent le rappeler. S'ouvre donc, à partir de 1969, une ère de négociation tous azimuts qui, en quelques années, fait considérablement évoluer l'atmosphère des relations internationales et pose les fondements du dépassement de la bipolarité européenne à travers l'essor de l'*Ostpolitik* et la création de nouveaux instruments de sécurité et de coopération.

Conférence de presse du général de Gaulle (extrait), 21 février 1966

Rien ne peut faire qu'une loi s'impose sans amendement quand elle n'est plus en accord avec les mœurs. Rien ne peut faire qu'un traité reste valable intégralement quand son objet s'est modifié. Rien ne peut faire qu'une alliance demeure telle quelle quand ont changé les conditions dans lesquelles on l'avait conclue. Il faut alors adapter aux données nouvelles la loi, le traité, l'alliance, sans quoi, les textes, vidés de leur substance, ne seront plus, le cas échéant, que de vains papiers d'archives, à moins que ne se produise une rupture brutale entre ces formes désuètes et les vivantes réalités.

Eh bien ! Si la France considère qu'encore aujourd'hui, il est utile à sa sécurité et à celle de l'Occident qu'elle soit alliée à un certain nombre d'États, notamment à l'Amérique, pour leur défense et pour la sienne dans le cas d'une agression commise conte l'un d'eux, si la déclaration faite en commun à ce sujet, sous forme du traité de l'Alliance atlantique signé à Washington le 4 avril 1949, reste à ses yeux toujours valable, elle reconnaît, en même temps, que les mesures d'application qui ont été prises par la suite ne répondent plus à ce qu'elle juge satisfaisant, pour ce qui la concerne, dans les conditions nouvelles.

Je dis : les conditions nouvelles. Il est bien clair, en effet, qu'en raison de l'évolution intérieure et extérieure des pays de l'Est, le monde occidental n'est plus aujourd'hui menacé comme il l'était à l'époque où le protectorat américain fut organisé en Europe sous le couvert de l'OTAN. Mais, en même temps que s'estompaient les alarmes, se réduisait aussi la garantie de sécurité, autant vaut dire absolue, que donnaient à l'ancien continent la possession par la seule Amérique de l'armement atomique et la certitude qu'elle l'emploierait sans restriction dans le cas d'une agression. Car la Russie soviétique s'est, depuis lors, dotée d'une puissance nucléaire capable de frapper directement les États-Unis, ce qui a rendu, pour le moins, indéterminées les décisions des Américains quant à l'emploi éventuel de leurs bombes et a, du coup, privé de justification – je parle pour la France – non certes l'alliance, mais bien l'intégration.

D'autre part, tandis que se dissipent les perspectives d'une guerre mondiale éclatant à cause de l'Europe, voici que des conflits où l'Amérique s'engage dans d'autres parties du monde, comme avant-hier en Corée, hier à Cuba, aujourd'hui au Vietnam, risquent de prendre, en vertu de la fameuse escalade, une extension telle qu'il pourrait en sortir une conflagration générale. Dans ce cas, l'Europe, dont la stratégie est, dans l'OTAN, celle de l'Amérique, serait automatiquement impliquée dans la lutte lors même qu'elle ne l'aurait pas voulu. Il en serait ainsi pour la France, si l'imbrication de son territoire, de ses communications, de certaines de ses forces, de plusieurs de ses bases aériennes, de tels ou tels de ses ports, dans le système militaire sous commandement américain devait subsister plus longtemps. Au surplus, notre pays, devenant de son côté et par ses propres moyens une puissance atomique, est amené à assumer lui-même les responsabilités politiques et stratégiques très étendues que comporte cette capacité et que leur nature et leurs dimensions rendent évidemment inaliénables. Enfin, la volonté qu'a la France de disposer d'elle-même, volonté sans laquelle elle cesserait bientôt de croire en son propre rôle et de pouvoir être utile aux autres, est incompatible avec une organisation de défense où elle se trouve subordonnée.

Par conséquent, sans revenir sur son adhésion à l'alliance atlantique, la France va d'ici au terme ultime prévu pour ses obligations et qui est le 4 avril 1969 continuer à modifier successivement les dispositions actuellement pratiquées, pour autant qu'elles la concernent. Ce qu'elle a fait hier à cet égard en plusieurs domaines elle le fera demain dans d'autres, tout en prenant, bien entendu, les dispositions voulues pour que ces changements s'accomplissent progressivement et que ses alliés ne puissent en être soudain et de son fait incommodés. En outre, elle se tiendra prête à régler avec tels ou tels points, les rapports pratiques de coopération qui paraîtront utiles de part et d'autre, soit dans l'immédiat, soit dans l'éventualité d'un conflit. Cela vaut naturellement pour la coopération alliée en Allemagne. Au total, il s'agit de rétablir une situation normale de souveraineté, dans laquelle ce qui est français, en fait de sol, de ciel, de mer et de forces, et tout élément étranger qui se trouverait en France, ne relèveront plus que des seules autorités françaises. C'est dire qu'il s'agit là, non point du tout d'une rupture, mais d'une nécessaire adaptation. ■

Source : De Gaulle Charles, *Discours et messages*, vol. VII, Paris, Plon, 1970, pp.17-19.

Chapitre 4

Détente Est-Ouest et menaces au Sud : les bouleversements du paradigme sécuritaire européen, 1969-1976

L'année 1969 correspond à un bouleversement des relations internationales qui entraîne une formidable dynamique de négociations sur la sécurité européenne et sur les moyens de la pérenniser en faisant évoluer les aspects les plus dangereux de la guerre froide. Cette dynamique est favorisée, à l'Ouest, par une série de changements à la tête des États et des gouvernements. En France, le départ de De Gaulle et l'accession de Georges Pompidou à la présidence de la République ne modifient pas les orientations générales de la politique extérieure, mais ils permettent le déblocage de la construction européenne, à l'instar de l'aval donné à l'adhésion britannique. Celle-ci est facilitée par l'arrivée au pouvoir à Londres d'Edward Heath, européiste et francophile convaincu, qui oriente son pays vers la CEE. En RFA, Willy Brandt, premier chancelier social-démocrate de l'après-guerre, lance une *Ostpolitik* qui redéfinit les paramètres de la sécurité en Europe et pose les bases du dépassement de la bipolarité. Ainsi encouragés par la nouvelle politique allemande, par la neutralité active de la Finlande et par le désir de répondre aux aspirations des sociétés du bloc soviétique, les Européens de l'Ouest acceptent de s'engager dans la Conférence sur la sécurité et la coopération en Europe (CSCE), outil par excellence de la sécurité coopérative paneuropéenne et de la détente politique. La détente militaire s'incarne, elle, dans les négociations sur la réduction mutuelle et équilibrée des forces et dans les discussions soviéto-américaines sur la limitation des armements stratégiques, les SALT (*Strategic Arms Limitation Talks*), privilégiées par les États-Unis.

La question du maintien d'une présence massive des troupes américaines en Europe continue en effet de susciter de multiples débats outre-Atlantique, où Lyndon Johnson, empêtré dans la guerre du Vietnam, décide de ne pas se présenter aux élections de novembre 1968. Il revient ainsi à son successeur, le républicain Richard Nixon, de redéfinir l'exercice de la puissance américaine. Avec son conseiller à la Sécurité nationale Henry Kissinger, influent adepte de la *realpolitik*, il édicte la doctrine Nixon ou « de Guam », destinée à remodeler le système international. Le but est de substituer une « structure stable de paix » à l'interventionnisme tous azimuts jusqu'alors en vigueur, le Vietnam ayant montré que cet interventionnisme a conduit les États-Unis dans le conflit plus qu'il n'a protégé les intérêts du pays[1]. Il faut donc garantir la suprématie des États-Unis tout en évitant de projeter des forces à tout-va. La doctrine Nixon tend à réduire l'engagement de l'Amérique aux côtés de ses alliés mais prône des formes moins directes de contribution à leur défense et à leur essor militaire. L'administration républicaine s'ouvre ainsi sur l'idée que Washington doit reconnaître davantage les intérêts européens, même si cela ne va pas sans poser de problèmes : alors que les États-Unis traversent une crise financière, politique et morale, l'Europe communautaire semble afficher une santé insolente ; les Européens de l'Ouest cherchent en outre à réaffirmer leur rôle sur la scène internationale et à reprendre les rênes de leur destin en matière de défense et de coopération économique, à la fois entre eux et avec le bloc de l'Est. Cela aboutit en 1973 à une intense crise transatlantique qui porte à la fois sur les questions de sécurité et de coopération. Le choc pétrolier et l'accumulation des crises sur le flanc méridional du continent viennent cependant rebattre les cartes des rapports euro-américains, obligeant les Alliés à reprendre le chemin d'une coopération apaisée pour faire face aux nouvelles menaces énergétiques, terroristes et neutralistes qui caractérisent le milieu des années 1970.

Les dissensions n'épargnent pas l'Est du rideau de fer, où les satellites de Moscou partagent de moins en moins les préoccupations sécuritaires de l'URSS brejnévienne et forgent leurs propres priorités, à l'heure où la société polonaise entre dans une phase de contestation lancinante. À Bucarest et à Belgrade, c'est bien le souci d'éviter une intervention soviétique qui guide les politiques de sécurité et enjoint les dirigeants à redoubler d'efforts à la CSCE et dans leurs rapports avec les pays de l'OTAN pour obtenir des garanties de protection.

En d'autres termes, c'est à l'érosion progressive du monolithisme des blocs que l'on assiste au cours de la décennie 1970. Un nouveau régime de relations internationales, fondé sur l'émergence de nouveaux acteurs et de nouveaux risques, vient se superposer à l'ordre de guerre froide, sans pour autant s'y

1. Mélandri Pierre, *Histoire des États-Unis contemporains*, Bruxelles, André Versaille éditeur, 2008, p. 531.

substituer. Il tend à déplacer vers le sud les enjeux de la sécurité européenne, de plus en plus liés aux problématiques économiques.

Du « *linkage* » entre économie et sécurité au « *condominium* » soviéto-américain : le malentendu transatlantique

Au tournant des années 1960 et 1970, alors que la détente Est-Ouest connaît son apogée, les difficultés auxquelles sont confrontés les États-Unis au Vietnam se répercutent de plein fouet sur les rapports transatlantiques et, partant, sur la sécurité de l'Europe occidentale. Soucieux de faire en sorte que l'Amérique puisse profiter de la santé économique du Vieux Continent pour dépasser la crise monétaire et commerciale qui la frappe, Henry Kissinger décide d'établir un lien clair entre les questions économiques et les questions de sécurité. Avec cette politique du *linkage*, Washington tente d'imposer son agenda et sa vision à des alliés européens désireux de faire entendre leur voix sur la scène internationale.

Le « partage du fardeau »

Le « partage du fardeau » est l'expression consacrée pour désigner la volonté des États-Unis de mieux répartir, avec leurs alliés, la charge financière que représente la défense de l'Europe au sein de l'Alliance atlantique. La formule connaît un certain succès dans les années 1970, dans le contexte d'effondrement du système dit de Bretton Woods, dont le but originel était d'éviter une répétition de la crise économique des années 1930. Depuis 1944 en effet, le système monétaire international reposait sur les principes définis dans cette localité du New Hampshire : sous l'égide de John Maynard Keynes, quarante-quatre États avaient rétabli un *Gold Exchange Standard* qui se fondait sur des taux de change fixes entre les monnaies et sur une monnaie-pivot – la seule convertible en or –, le dollar. La crise que celui-ci traverse à la fin des années 1960, en raison de la plus grande circulation de monnaie américaine en dehors des États-Unis plutôt qu'à l'intérieur, aboutit à dissoudre une partie des principes de 1944 et à laisser flotter la valeur des monnaies sur les marchés des changes. Pour la Maison-Blanche, ce déséquilibre est dû notamment au fait qu'elle investit massivement dans la défense de ses alliés et partenaires sur tous les continents, notamment en Europe et en Asie. Il faut donc que les protégés de l'Amérique mettent à leur tour la main au portefeuille, ce qui pose la question d'un accès facilité des États-Unis au marché commun.

Il est à noter que, dès 1959, l'administration Eisenhower, qui avait donné son aval à la création de la CEE alors qu'elle contrevenait aux principes de

Bretton Woods, avait commencé à s'alarmer du déficit de la balance commerciale américaine face aux Européens et aux Japonais. Cette inquiétude avait encouragé Kennedy à négocier avec eux des accords préférentiels – le *Kennedy Round* – dans le cadre du GATT. L'argument avancé par le président démocrate pour justifier le déficit de son pays était que l'Amérique dépensait énormément pour ses alliés sans qu'eux ne fassent vraiment d'efforts (en 1960, les États-Unis assumaient 74 % des dépenses totales de l'OTAN). On assistait donc déjà au début du *linkage* entre la dimension économique et la dimension militaire des rapports transatlantiques.

La guerre du Vietnam n'a fait qu'aggraver le déséquilibre : les dépenses américaines atteignent des sommets dans la deuxième moitié de la décennie 1960 et le Deutsche Mark prend le pas sur le dollar dans le paiement des échanges commerciaux. En 1970, la balance commerciale des États-Unis devient carrément négative et leur économie entre en « stagflation » (stagnation de la croissance et inflation). Par conséquent, en août 1971, Nixon décide la suspension de la convertibilité du dollar, surtaxe les importations et instaure le contrôle des prix aux États-Unis, violant complètement le système de Bretton Woods. Il jette le blâme sur les Européens : tout cela est de leur faute ; ce sont de mauvais partenaires commerciaux.

L'attitude américaine, très mal perçue par les Européens, conduit ces derniers à réfléchir à un moyen de ne plus être dépendants du dollar : avec le plan Werner de 1971, ils posent les bases de l'Union économique et monétaire (UEM), destinée à terme à donner naissance à une monnaie commune pouvant concurrencer le dollar. En attendant, ils élaborent un système monétaire européen chargé d'éviter les fluctuations entre les monnaies européennes et de favoriser la convergence monétaire.

L'unilatéralisme de Washington les convainc par ailleurs d'élaborer un système politique leur permettant de s'affirmer sur la scène internationale de manière indépendante. Dans ce domaine, l'année 1970 voit se mettre en place la Coopération politique européenne (CPE) proposée par le comité des directeurs politiques présidé par le Belge Étienne Davignon. Il s'agit, pour les Six puis les Neuf, de s'informer et de se consulter sur les questions de politique étrangère. L'objectif est de rapprocher les points de vue et, si possible, d'arriver à des positions communes. Cette coopération doit se faire par des rencontres semestrielles des ministres des Affaires étrangères et des réunions trimestrielles des directeurs politiques. Certes, ce n'est là qu'une coopération gouvernementale, mais la CPE est l'un des grands succès de la construction européenne dans les années 1970 : sur certains sujets (la CSCE en particulier), l'Europe parvient à parler d'une seule voix. Ce besoin soudain de se faire entendre tient en grande partie au fait que les Européens de la CEE supportent de moins en moins bien la propension des Américains à négocier en tête à tête avec les Soviétiques pour tout ce qui concerne la sécurité européenne, sans se préoccuper de l'avis de leurs alliés. Ce « *condominium* soviéto-américain » s'incarne dans plusieurs accords bilatéraux, dont les SALT et l'accord sur la prévention de la guerre nucléaire constituent les éléments principaux. Ces discussions font malgré tout prendre conscience aux pays de la CE qu'ils ont intérêt à mieux partager le fardeau s'ils ne veulent pas voir les États-Unis diminuer trop fortement leur présence en Europe.

ABM, SALT et MBFR : le temps de l'*arms control*

Dans le dialogue avec l'URSS, les Américains privilégient la détente militaire, au contraire des Européens qui favorisent, tout autant sinon plus, la détente politique, par le biais notamment de la CSCE. La priorité de Washington, au seuil des années 1970, est de négocier une limitation des armements stratégiques avec Moscou qui lui permettrait de se concentrer sur les armements conventionnels nécessaires à l'armée américaine au Vietnam. C'est tout l'enjeu des accords ABM (*Anti-Ballistic Missile)* et SALT signés à Moscou en mai 1972 par Brejnev et Nixon. L'accord ABM plafonne les missiles de défense antibalistique ; l'accord SALT contingente les armements nucléaires offensifs.

Les Soviétiques donnent la priorité à l'accord ABM, dans la mesure où le savoir-faire américain dans la technologie antibalistique est supérieur au leur et où l'URSS produit en revanche plus d'armes offensives (elle en possède plus de mille cinq cents en 1972, contre mille cinquante-quatre pour les Américains). Moscou souhaite par conséquent éviter que ses efforts en faveur des missiles intercontinentaux (ICBM, de plus de cinq mille cinq cents kilomètres de portée) soient annihilés par le dispositif antimissiles des États-Unis. À Washington, au contraire, la conclusion d'un accord SALT passe avant tout : elle doit permettre de ralentir la production des ICBM soviétiques[2]. L'objectif de ces deux accords est de garantir la parité nucléaire. Le sommet de Moscou et les SALT incarnent ainsi la volonté des États-Unis de négocier directement avec l'URSS, sans s'embarrasser de la présence des Britanniques et des Français qui avaient l'habitude de prendre part à ces rencontres au sommet durant les années 1950 et 1960.

L'accord ABM, révisable tous les cinq ans, prévoit que les superpuissances n'auront le droit d'installer que deux bases ABM sur leur territoire, l'une pour protéger la capitale, l'autre un site d'ICBM. L'accord intérimaire SALT, valable pour cinq ans, gèle les niveaux existants d'ICBM et de missiles lancés depuis des sous-marins (SLBM), sachant que ce sont les lanceurs qui sont comptabilisés (sous-marins, silos) et non les engins en tant que tels, dont le nombre est impossible à contrôler par la partie adverse dans un système où chacun vérifie par ses propres moyens si les engagements de l'autre sont respectés. L'accord

2. Soutou George-Henri, *La guerre de cinquante ans, op. cit.*, pp. 539-540.

SALT n'empêche pas l'URSS de se lancer dans une modernisation forcenée de son arsenal : Moscou expérimente avec succès des engins à têtes multiples (MIRV) et met au point un missile de portée intermédiaire (quatre mille à cinq mille kilomètres) échappant aux limitations de l'accord SALT, le SS-20, qui peut atteindre toute l'Europe occidentale et dont le premier essai a lieu en 1975.

La deuxième série de négociations relatives à l'*arms control* est celle des MBFR (*Mutual and Balanced Forces Reductions*), entamée en 1973 à Vienne. Elle vise à réduire le niveau des forces conventionnelles de l'OTAN et du pacte de Varsovie stationnées en Europe centrale, c'est-à-dire de part et d'autre du rideau de fer (RFA, RDA, Tchécoslovaquie). Pour l'équipe brejnévienne, les MBFR ont pour double avantage de permettre des économies sur les armes conventionnelles et de favoriser la neutralisation de l'Allemagne de l'Ouest, ce qui pourrait accélérer le découplage euro-américain. La RFA est l'un des pays de l'OTAN les plus favorables aux MBFR : Willy Brandt et son conseiller Egon Bahr considèrent qu'une réduction mutuelle et équilibrée des forces retirerait aux deux Allemagne un facteur majeur de tension et favoriserait leur rapprochement ; une moindre présence militaire faciliterait la vie de leurs habitants tout en prévenant, côté RFA, les plans américains de retrait unilatéral des troupes. Précisément, vues de la Maison-Blanche, les MBFR se situent dans la logique de « partage de fardeau ». En s'engageant dans ces négociations, Washington cherche à répondre aux souhaits du Congrès et de l'opinion publique de réduire le coût de l'engagement militaire en Europe. Cette conception militaire de la détente est en totale opposition avec l'idée de détente politique défendue par la France, seul pays de l'Alliance atlantique à ne pas prendre part à ces négociations, ce qui donne lieu à quelques crispations avec Washington et avec Bonn.

Pour Georges Pompidou, le dispositif militaire en Europe centrale n'est pas en lui-même la cause de la tension entre l'Est et l'Ouest ; il n'en est au contraire qu'un effet. Faire précéder la détente politique par une réduction des forces, même mutuelle et équilibrée, équivaudrait à créer au centre du continent une zone démilitarisée et neutralisée qui, en cas de tensions Est-Ouest, pourrait faire l'objet d'une nouvelle course aux territoires susceptible de dégénérer en conflit. Même sans cela, la neutralisation de cet espace empêcherait toute réunification allemande puisque les deux Allemagne auraient un statut militaire similaire. Le président français rappelle plusieurs fois à ses interlocuteurs de la RFA que de telles discussions ne sont que la récupération du plan Rapacki de 1954, à l'époque rejeté par toutes les puissances de l'Ouest. Les arguments français à l'encontre des MBFR restent ainsi les mêmes depuis les premières propositions polonaises des années 1950, Pompidou arguant que la situation militaire existante en Europe constitue un facteur de stabilisation qui doit être maintenu tant que la division Est-Ouest perdure. La France juge d'autant plus indispensable le maintien massif de forces américaines conventionnelles en

Europe que les SALT et la doctrine de la riposte graduée amenuisent la protection du parapluie nucléaire des États-Unis. Il lui paraît donc nécessaire de fournir un effort en matière de partage du fardeau, ce que les crises du flanc sud de l'OTAN, nous le verrons, lui donnent l'occasion de mettre en œuvre.

Les négociations MBFR n'aboutissent pas, les deux camps étant incapables de s'entendre sur le niveau de diminution des armements à opérer en Europe centrale. Surtout, l'installation de missiles SS-20 dans cette zone à partir de 1977 discrédite l'engagement soviétique en faveur de la réduction des forces. Ces discussions montrent en outre à quel point, au sein même du bloc occidental, ce sont deux visions de la sécurité européenne et de la détente qui s'affrontent dans la première moitié des années 1970. Et de ce point de vue, l'opposition atteint son paroxysme avec la proposition de Kissinger sur « l'année de l'Europe ».

« L'année de l'Europe »

Si, en 1972, la France est le pays d'Europe occidentale le plus critique vis-à-vis de la tendance des Américains à s'entendre bilatéralement avec l'URSS sur le sort du Vieux Continent, le mépris à l'encontre du « *condominium* » se généralise à l'Ouest en 1973 en raison de la tentative des États-Unis de réaffirmer leur domination sur l'Alliance atlantique. Dans un discours qu'il prononce le 23 avril 1973 à l'hôtel Waldorf-Astoria de New York, Henry Kissinger suggère de faire de 1973 « l'année de l'Europe ». Dans l'esprit du conseiller à la sécurité nationale, la détente menace l'unité occidentale ; il juge donc indispensable de prévenir cela en consolidant le *leadership* américain et en prolongeant la sécurité militaire transatlantique aux domaines politique et économique. Kissinger propose ainsi la signature, par les membres de l'OTAN, d'une nouvelle Charte de l'Atlantique qui réaffirmerait la prééminence américaine à l'Ouest, instaurerait un meilleur « partage du fardeau » en matière de dépenses militaires et ferait bénéficier les États-Unis des avantages tarifaires du marché commun. L'objectif consiste à mieux profiter de la prospérité de la CEE à un moment où le dollar est en crise et à mettre un terme aux velléités européennes de parler au nom de l'Occident ailleurs dans le monde, notamment au Moyen-Orient via la CPE.

« L'année de l'Europe » suscite une véritable levée de boucliers chez les partenaires européens des États-Unis, à l'instar de Georges Pompidou et de son ministre des Affaires étrangères Michel Jobert qui voient dans ce projet un « nouveau Yalta », une tentative de Washington de féodaliser l'Europe et de s'en servir pour conjurer ses démons – le Vietnam, la crise monétaire, l'affaire du Watergate. À Londres, à Bonn, à Bruxelles, à Rome, les dirigeants pointent du doigt le fait que la Charte envisagée insiste sur les seules responsabilités régionales des Européens, alors que les Américains assumeraient, eux, des responsabilités internationales. La signature de l'accord Nixon-Brejnev sur la prévention de la guerre nucléaire le 22 juin 1973 vient ajouter de l'huile sur le feu. Tandis que l'article 4 de cet accord spécifie qu'en cas de risque de guerre atomique, « les États-Unis et l'Union soviétique entameront immédiatement des consultations urgentes entre eux et déploieront tous leurs efforts pour conjurer ce risque », les Français et, dans une moindre mesure, les Britanniques considèrent que cette déclaration pose un défi direct au rôle nucléaire de la France et du Royaume-Uni, à l'autonomie de l'Europe occidentale et à la crédibilité du Conseil de sécurité des Nations unies, dans la mesure où l'appareil consultatif soviéto-américain pourrait prendre le pas sur l'ONU.

De façon paradoxale, le projet d'« année de l'Europe » est très vite récupéré par les Neuf, qui en font l'un des principaux champs de mise en œuvre de la CPE. Mal préparé à affronter les arcanes de la coopération européenne, Kissinger provoque l'effet inverse de ce qu'il espérait : l'affirmation d'une identité européenne au sein de l'Alliance. Imposant leur propre version de la Charte, les Neuf proclament l'égalité politique entre la CE et les États-Unis et repoussent un quelconque lien entre sécurité et questions économiques. La guerre du Kippour d'octobre 1973 vient cependant bouleverser la donne et rappeler à l'Europe sa dépendance vis-à-vis de l'Amérique. Certes, dans un premier temps, la crise au Proche-Orient semble renforcer la volonté des Neuf de réaffirmer leur indépendance : cela fait quelques temps qu'ils mettent en garde la Maison-Blanche contre le danger d'une guerre au Proche-Orient ; ils condamnent l'indifférence américaine à l'égard d'une crise économique provoquée par l'arme pétrolière. Toutefois, nous y reviendrons plus loin, le quadruplement des prix du pétrole en décembre confirme le rôle dominant des États-Unis et la vulnérabilité des Européens. Dès la conférence de Washington de février 1974, le Vieux Continent s'aligne sur son grand partenaire d'outre-Atlantique : à l'exception de la France, l'ensemble des membres de la CE avalisent la proposition de Kissinger destinée à réunir une conférence permanente des pays consommateurs de pétrole qui poserait les bases d'une politique énergétique commune. L'unité européenne sur les relations transatlantiques qui semblait peu à peu se développer s'affaiblit considérablement en ce mois de février 1974. Pompidou et Jobert, qui ne dissimulent alors pas leur scepticisme vis-à-vis de l'avenir de la construction européenne, se retrouvent seuls face au désir américain de créer un cartel des consommateurs. À la veille de la mort de Georges Pompidou – le 2 avril 1974 –, les rapports franco-américains sont exécrables, rappelant les épisodes les plus tendus de la présidence du général de Gaulle.

Pour autant, au milieu des années 1970, le modèle de détente politique défendu par la France atteint son apogée grâce à la CSCE, rendue en partie possible par l'*Ostpolitik* de Willy Brandt. Les conditions d'un dépassement de la bipolarité et d'une convergence paneuropéenne semblent posées, renouvelant le débat et les outils relatifs à la sécurité de l'Europe.

L'apogée de la détente politique et l'essor de la sécurité coopérative

L'*Ostpolitik* constitue un jalon essentiel du processus d'érosion du bloc soviétique et de la dynamique de renouvellement des paramètres de la sécurité européenne : elle discrédite le discours et la politique de l'URSS fondés sur l'idée que sa domination sur l'Europe centrale et orientale s'explique par la nécessité de protéger cette partie du continent contre le revanchisme allemand.

L'*Ostpolitik*

Le moment-phare de l'*Ostpolitik* correspond aux années durant lesquelles Willy Brandt est chancelier de RFA, de 1969 à 1974. « Le changement par le rapprochement » : c'est ainsi qu'il en résume les principes dans sa déclaration d'investiture du 28 octobre 1969. Il part d'un constat simple : la doctrine Hallstein ne fonctionne pas. Elle n'est jamais parvenue à exercer suffisamment de pression sur l'URSS pour l'amener à renégocier le sort de l'Allemagne en vue de sa réunification ; au contraire, elle a surtout eu tendance à braquer les Soviétiques. Car telle demeure l'obsession des Allemands au début des années 1970 : parvenir à la réunification du pays avant qu'une division trop durable n'entraîne une rupture psychologique et culturelle irréversible entre les peuples des deux Allemagnes. Pour ce faire, Brandt estime que la première décision à prendre pour se donner suffisamment de chances de dépasser la division est de tout simplement la reconnaître.

Il faut rappeler qu'à la fin des années 1960, la propagande anti-allemande bat son plein dans le bloc de l'Est : pour l'URSS, l'attitude ouest-allemande de non-reconnaissance des frontières prouve que la RFA reste une menace, d'où la nécessité d'un bloc fortement adossé à Moscou pour protéger l'Europe centrale et orientale. Aux yeux de Brandt, la priorité est de désarmer la méfiance des Soviétiques à l'égard des Allemands en leur disant ce qu'ils veulent entendre : l'Allemagne est prête à signer un traité de non-recours à la force et à admettre les frontières de 1945, mais pour mieux les dépasser (De Gaulle ne disait pas autre chose).

L'*Ostpolitik* est donc un vrai changement : Brandt entame un dialogue avec les Soviétiques, les Allemands de l'Est, les Polonais et les Tchécoslovaques. L'équipe brejnévienne est évidemment favorable à la reconnaissance par la RFA des « réalités de 1945 », que Moscou ne cesse de réclamer depuis 1955, mais elle refuse toujours la réunification. Si les Soviétiques acceptent de parler avec Brandt, alors qu'ils refusaient de discuter avec ses prédécesseurs, c'est parce qu'il est le premier chancelier ouest-allemand à n'avoir aucun lien avec le nazisme. Brandt ayant fui l'Allemagne pour la Norvège le 31 mars 1933, il peut adopter une attitude décomplexée vis-à-vis de ses partenaires internationaux à propos du passé totalitaire de son pays : ancien résistant à Hitler, il dit incarner une RFA de gauche, reconstruite, prospère, et pas coupable du nazisme. Cela se traduit par une forme d'indépendance envers les États-Unis, dont la politique d'intervention en Asie est à la fois mal vue et mal vécue par son parti, le SPD.

La première préoccupation de Brandt lorsqu'il arrive à la chancellerie consiste à améliorer la situation à Berlin-Ouest, dont il a été le bourgmestre-gouverneur de 1957 à 1966. Il fait même de cette amélioration la condition *sine qua non* à toute embellie des relations entre la RFA et le bloc de l'Est et à la signature d'un accord de non-recours à la force avec l'URSS. À ses yeux, il est temps que Berlin-Ouest, toujours officiellement occupée par les troupes américaines, britanniques et françaises, soit reconnue par les Soviétiques comme appartenant au système juridique et économique de la République fédérale et que soient facilités les accès civils à la ville depuis la RFA. Cela suppose que des négociations soient entamées entre les quatre puissances disposant de droits et de responsabilités sur l'Allemagne et Berlin – elles s'ouvrent le 26 mars 1970. L'enjeu est de taille puisqu'il s'agit de renforcer les liens entre la RFA et la partie occidentale de l'ancienne capitale du Reich, sans attenter aux droits quadripartites issus de Potsdam, que Washington, Londres, Paris et Moscou n'entendent pas affaiblir. Après un an et demi de discussions, l'accord final, signé le 3 septembre 1971, parvient à réaliser un compromis qui satisfait toutes les parties et qui montre à quel point la détente peut déboucher sur des améliorations concrètes de la situation européenne : si l'accord réaffirme bel et bien les droits des Quatre, l'URSS s'engage à faciliter les communications entre les deux côtés de Berlin ainsi qu'entre la RFA et Berlin-Ouest. Les secteurs occidentaux de l'ancienne capitale continuent cependant « de ne pas être un élément constitutif de la RFA et de ne pas être gouvernés par elle ».

L'ouverture des négociations sur Berlin au printemps 1970 permet à l'*Ostpolitik* d'aboutir à plusieurs grands accords, à commencer par le traité germano-soviétique de Moscou, signé le 12 août 1970. Brandt a bien compris que s'il souhaite parvenir à des résultats tangibles, sa politique doit respecter l'ordre de préséance établi au sein du bloc de l'Est : il doit commencer par négocier directement avec l'URSS. Rien qu'en faisant cela, il admet la prééminence soviétique en Europe centrale et orientale, une réalité incontestable de l'ordre européen post-1945. Prise en charge côté ouest-allemand par Egon Bahr, véritable concepteur pratique de l'*Ostpolitik*, et, côté soviétique, par le conseiller de Brejnev pour la sécurité, Viktor Alexandrov, ainsi que par l'expert des affaires allemandes au ministère des Affaires étrangères, Valentin Faline, l'élaboration du traité de Moscou conduit à fixer un certain nombre de principes qui seront repris dans les traités signés ultérieurement entre la RFA et les autres pays du bloc oriental. Ne remettant nullement en cause le traité de Potsdam et le quadripartisme qui en découle, le traité proclame la nécessité de normaliser « la situation en Europe en partant de la situation réelle ». Comme le désire l'URSS, au nom de la lutte contre toute velléité de revanche de la part des Allemands, les signataires renoncent officiellement au recours à la force ou à la menace d'emploi de la violence. Il s'agit là d'une étape essentielle dans l'affaiblissement du discours anti-allemand du Kremlin : Brandt franchit un pas que ses prédécesseurs n'ont jamais voulu faire. Dans le même temps, il parvient à faire accepter aux Soviétiques le fait que les frontières européennes soient déclarées « inviolables » et non « intangibles », comme le voulait Moscou : cette concession a une portée lourde de sens, elle signifie que l'URSS accepte le principe de modification des frontières par voie pacifique, ouvrant la voie aux changements de 1990. Pour y parvenir, la RFA reconnaît la RDA (ce qui entraîne un geste similaire de la part des autres pays occidentaux), mais pas de manière pleine et entière, afin de souligner l'idée que les deux Allemagnes sont destinées à former un jour un seul et même pays : Bonn se dit disposé à développer avec le « régime de Pankow » des « relations de type international usuel » (traité fondamental interallemand du 21 décembre 1972), qui permet leur entrée conjointe à l'ONU en 1973. Il est en outre prévu dans le texte d'août 1970 que le traité à venir entre la RFA et la Tchécoslovaquie (11 décembre 1973) admette la nullité des accords de Munich de 1938, qui avaient autorisé l'annexion des Sudètes par Hitler.

Quant au traité signé avec la Pologne le 7 décembre 1970, il reconnaît les frontières fixées à Potsdam, définies comme « inviolables » elles aussi. La RFA et la Pologne se reconnaissent l'une l'autre et renoncent au recours à la force. Durant sa visite à Varsovie pour signer le traité, Brandt effectue un geste puissant qui, couplé à l'ensemble de l'*Ostpolitik*, lui vaut le prix Nobel de la paix en 1971 : il s'agenouille au pied du monument érigé en mémoire des victimes du ghetto de Varsovie. Il affaiblit de la sorte l'ensemble du bloc de l'Est, en particulier la RDA, où les dirigeants, tel le premier secrétaire du parti Walter Ulbricht (d'ailleurs limogé de cette fonction en mai 1971 en raison de ses réticences à l'égard de Brandt), comprennent bien le risque qu'une telle ouverture fait courir à l'existence même de leur pays : la RFA n'apparaît plus « revancharde » et, par conséquent, la « protection » soviétique sur l'Europe centrale se justifie beaucoup moins. S'ajoute à cela le fait que le développement de relations entre les deux Allemagne provoque un afflux de biens de consommation de la RFA vers la RDA, qui discrédite un peu plus le modèle économique est-allemand. Mais Brejnev souhaite tout de même aller de l'avant, au nom de la reconnaissance des réalités de 1945, et parce qu'il estime qu'un approfondissement des liens interallemands peut conduire à la neutralisation de la RFA.

C'est précisément ce dernier point que certains redoutent à l'Ouest. Ces inquiétudes viennent principalement de Paris et se concentrent sur la personne d'Egon Bahr, dont on juge qu'il passe trop de temps à Moscou sans que l'on sache réellement ce qu'il y fait. Si Pompidou soutient ouvertement l'*Ostpolitik* – comment pourrait-il en être autrement, dans la mesure où De Gaulle ne cessait d'en appeler à un rapprochement germano-soviétique permettant de consacrer la détente –, il déplore cependant que la méthode de Bahr aille à l'encontre des principes du quadripartisme selon lequel le destin de l'Allemagne dépend d'un accord entre les Quatre. Dans l'esprit des Français revient l'appréhension d'un « nouveau Rapallo », du nom de la rencontre de 1922 qui avait aidé l'URSS et l'Allemagne à entamer leur retour sur la scène internationale à la suite de la Grande Guerre et de la révolution bolchévique. Pompidou craint surtout que Bahr en vienne à échanger la réunification de l'Allemagne contre sa neutralisation. Cela aboutirait à la création d'un immense espace allemand au cœur de l'Europe, qui ne serait plus attaché à l'OTAN. La France, le Royaume-Uni et les États-Unis perdraient alors leurs droits et responsabilités sur l'Allemagne et n'auraient plus aucun moyen de peser sur les affaires allemandes. C'est donc bien la neutralisation, et non la réunification, qui est redoutée, en raison notamment du soutien de Bahr aux MBFR. Voilà pourquoi, afin de conférer un cadre multilatéral à l'*Ostpolitik*, les Européens de la CE se disent désormais en faveur de la CSCE, dont une partie de l'ordre du jour reprend les thèmes négociés bilatéralement par les Allemands et les Soviétiques.

La CSCE, du projet soviétique au processus diplomatique

La Conférence sur la sécurité et la coopération en Europe, connue également sous l'expression de « processus d'Helsinki », est l'un des principaux fruits de la détente Est-Ouest. Nous l'avons vu, la proposition de conférence paneuropéenne sur la sécurité, avancée à plusieurs reprises et dans des variantes différentes par les autorités de l'URSS et de la Pologne dans les années 1950 et 1960 dans le but d'obtenir la reconnaissance, par les Occidentaux, du *statu quo* politique et territorial européen et d'éroder les liens entre les États-Unis et les pays d'Europe de l'Ouest, ne retient que progressivement l'attention de ces derniers, peu désireux de pérenniser le rideau de fer.

Les événements des années 1968-1969 bouleversent la donne, même si, dès 1967, le Royaume-Uni et l'Italie figurent parmi les premiers pays de l'OTAN à manifester de l'intérêt pour le projet soviétique. La répression du printemps de Prague fait prendre conscience aux diplomaties occidentales de l'avantage que l'Ouest pourrait tirer d'une conférence qui traiterait de la sécurité en lui adjoignant un aspect coopératif large, c'est-à-dire non limité aux questions économiques, mais s'étendant aux thèmes des droits de l'homme et aux échanges humains et culturels : elle pourrait aider à empêcher une nouvelle intervention armée soviétique dans l'un des satellites de Moscou.

Très vite, les pays du nord de l'Europe – à savoir le Danemark, l'Islande, la Norvège, la Suède et, surtout, la Finlande –, où le sentiment de vulnérabilité vis-à-vis de l'URSS est resté vif depuis le début de la guerre froide, saisissent l'occasion pour se poser en intermédiaires entre l'Est et l'Ouest, conscients de l'opportunité que peut offrir, pour leur propre sécurité, une conférence paneuropéenne. Sous l'égide du président Urho Kekkonen, la Finlande développe une diplomatie particulièrement intense en faveur de la sécurité en général, et de ce projet en particulier. Le succès de cette neutralité active tient en partie aux critiques que subissent les deux Grands en raison de leur politique interventionniste, au Vietnam pour les uns, à Prague pour les autres. Le neutralisme connaît un certain essor en Europe, notamment dans la jeunesse, au grand dam de la plupart des dirigeants occidentaux, qui ont tendance à voir la main de Moscou derrière les initiatives finlandaises. Le terme de « finlandisation » acquiert chez ces mêmes dirigeants une connotation péjorative désignant le fait de subir une influence étrangère en dépit d'une neutralité affichée.

Il n'empêche que Kekkonen parvient à jouer un rôle-clé dans l'ouverture du dialogue multilatéral et paneuropéen sur la sécurité et la coopération. En avril 1969, le gouvernement finlandais transmet un mémorandum à trente-deux pays européens – dont la RFA et la RDA –, à l'URSS, aux États-Unis, au Canada et au secrétariat des Nations unies, dans lequel il propose d'organiser sur son territoire la future conférence : en mettant la Finlande et l'Europe nordique sous les feux des projecteurs grâce à une rencontre internationale de premier plan, on peut se prémunir de toute intervention soviétique. Précisément, si la majeure partie des pays de l'Ouest finit par se rallier au projet – les Américains sont les plus réticents –, c'est parce qu'elle estime qu'elle peut contribuer à la protection des pays les plus menacés par une ingérence soviétique violente du fait de leur positionnement politique et géographique, à l'instar de la Finlande, de la Roumanie et de la Yougoslavie.

Les Européens de l'OTAN et les neutres comprennent qu'en poussant suffisamment loin le lien entre sécurité et coopération et en cherchant à faire prévaloir des conceptions non restrictives de principes comme le respect de la souveraineté des États, l'inviolabilité des frontières, la non-intervention dans les affaires intérieures (les Soviétiques voulaient à l'origine que cela ne s'applique pas aux pays de même obédience idéologique) ou l'autodétermination des peuples, on préviendrait toute nouvelle tentative soviétique de remise au pas à l'Est, on rendrait caduque la doctrine Brejnev sur la souveraineté limitée et on donnerait aux opposants du bloc de l'Est les moyens de mieux se faire entendre.

Après des mois de négociations multilatérales au cours desquelles plusieurs centaines de diplomates mettent au point l'ordre du jour de la conférence, la CSCE débute au mois de juillet 1973 par une rencontre des ministres des Affaires étrangères à Helsinki et se poursuit à Genève à partir de septembre 1973, réunissant là encore un très grand nombre de diplomates. Elle s'achève deux ans plus tard avec l'adoption de l'Acte final d'Helsinki par les trente-cinq pays participants.

L'unanimité prévaut dans l'adoption des dispositions : chaque pays doit pouvoir s'exprimer indépendamment de l'alliance à laquelle il appartient. Si, au sein du pacte de Varsovie, seule la Roumanie tend à s'écarter des positions de Moscou, côté occidental, ce sont les pays de la Communauté européenne qui mènent la danse dans le cadre de la CPE. Jusqu'en 1974 et l'arrivée de Gerald Ford à la Maison-Blanche, les États-Unis demeurent en retrait des négociations de la CSCE, leur préférant la discussion bilatérale avec le Kremlin. Quant aux pays neutres, ils partagent les positions ouest-européennes sur la plupart des sujets abordés. Ce sont ainsi deux conceptions de la sécurité et de la coopération qui s'affrontent pendant des mois : tandis que les Soviétiques et leurs alliés ne cherchent qu'à consacrer le *statu quo* européen afin d'assurer leurs arrières en cas de conflit avec une Chine populaire de plus en plus hostile à l'URSS, les Occidentaux entendent conférer un caractère dynamique au document final de la conférence. L'essentiel pour eux est de se baser sur une réalité, celle de l'Europe divisée et de ceux qui la peuplent, qu'il s'agit d'améliorer. Cet « esprit d'Helsinki » englobe la nécessité de privilégier la négociation, de prendre en compte les intérêts des individus, d'améliorer la connaissance mutuelle des sociétés, de favoriser l'interpénétration culturelle et scientifique, d'encourager les contacts entre les personnes, d'éviter les malentendus, de ne pas se limiter aux seules relations entre États, d'approfondir la coopération économique, industrielle et commerciale.

L'Acte final d'Helsinki, un modèle de sécurité coopérative

L'Acte final d'Helsinki, qui devient le document de référence de la CSCE, comprend plusieurs sections, dont les principales sont connues sous le vocable de « corbeilles ». C'est la complémentarité entre ces corbeilles qui fonde le concept de « sécurité coopérative » et qui fait l'originalité de la CSCE.

1re corbeille : Sécurité	2e corbeille : Coopération économique, scientifique et technique	3e corbeille : Circulation des idées, des hommes et des informations
Non-recours à la force	Développement des échanges commerciaux	Contacts humains facilités
Inviolabilité des frontières	Abaissement des tarifs douaniers	Réunion des familles
Non-intervention dans les affaires intérieures	Grands projets industriels paneuropéens	Vente de journaux et de livres étrangers
Respect des droits de l'homme	Échanges de savoir-faire technique et industriel	Ouverture de bibliothèques et de cinémas
Autodétermination des peuples	Transparence économique	Facilités accordées aux journalistes

1re corbeille : Sécurité	2e corbeille : Coopération économique, scientifique et technique	3e corbeille : Circulation des idées, des hommes et des informations
Coopération entre États	Facilités de déplacement pour les hommes d'affaires	Coopération entre chercheurs et enseignants
Souveraineté et intégrité des États	Coopération énergétique	Libre accès à la culture

La première corbeille contient en particulier la liste des dix principes – le « décalogue » – censés présider aux relations entre États participants. C'est elle qui, pour Moscou, doit être l'instrument de la consécration du *statu quo*, grâce aux principes de l'inviolabilité des frontières, du non-recours à la force et de la non-intervention dans les affaires intérieures. Les Occidentaux en font au contraire un outil du dépassement de la guerre froide, en y insérant notamment le respect des droits de l'homme et l'autodétermination des peuples et en conférant une dimension évolutive aux principes portés par les Soviétiques. La première corbeille comporte également une série de mesures de confiance (MDC) destinées à éviter les malentendus en cas de manœuvres militaires ou de mouvements de troupes ; là aussi, le souvenir de Prague est patent. Les MDC consistent, pour chaque pays européen, à notifier ses manœuvres militaires vingt et un jours à l'avance, à partir du moment où elles mobilisent au moins vingt-cinq mille soldats et où elles se situent à moins de deux cent cinquante kilomètres d'une frontière. Des échanges d'observateurs sont par ailleurs prévus. Ces mesures contribuent à mieux appréhender le comportement des autres pays, peuvent prévenir d'une attaque surprise et restreindre la pression militaire des superpuissances sur les petits États. Cependant, à l'exception de la notification des manœuvres d'envergure, elles n'ont rien de contraignant, d'où le fait que, dans les années qui suivent la signature de l'Acte final, les neutres s'efforcent d'obtenir un renforcement conséquent des MDC.

La deuxième corbeille, consacrée à l'amélioration des échanges économiques, technologiques et industriels comporte moins d'enjeux politiques : si elle renferme surtout des principes généraux sur la nécessité d'améliorer les échanges commerciaux Est-Ouest ainsi que la coopération industrielle en Europe, sa mise au point est surtout l'occasion d'un formidable débat sur la réciprocité des avantages économiques entre les deux blocs, l'URSS souhaitant que l'ensemble des pays de la CSCE s'accordent mutuellement le bénéfice de la clause de la nation la plus favorisée. Moscou espérait de la sorte affaiblir le marché commun.

La troisième corbeille est celle qui fait l'objet des discussions les plus épineuses entre l'Est et l'Ouest, dans un contexte marqué par la médiatisation grandissante des dissidents soviétiques, dont Alexandre Soljenitsyne et Andreï Sakharov sont les figures de proue. Elle résulte de la volonté des États de la CE d'améliorer les échanges culturels et humains de part et d'autre du rideau de fer. Ardemment combattues par les pays du pacte de Varsovie, ses dispositions sont réparties entre quatre sous-chapitres : les contacts entre les personnes, la circulation de l'information, les échanges culturels, et la coopération en matière d'éducation. Immédiatement, le Kremlin, à l'instar du chef du KGB Youri Andropov, considère que ces thèmes appartiennent à une « anticulture » bourgeoise, dont le but est de dépraver les populations du bloc socialiste, de les dévier de la lutte des classes et de les empêcher de travailler à l'édification de l'idéal communiste. L'affrontement entre deux conceptions du monde apparaît dès les premiers jours de la négociation, même si certains diplomates occidentaux font tout pour tenter de développer une approche moins offensive. Au total, la troisième corbeille est un tournant dans le temps long de la guerre froide, du fait même que des États communistes admettent l'idée que les relations entre les peuples – et par conséquent le comportement des gouvernements envers leurs citoyens – soient un sujet de négociation multilatérale.

Le fait que les pays de la Communauté européenne se soient mobilisés pour lier la sécurité européenne au principe des droits de l'homme et à ses applications concrètes en matière de contacts, d'idées, de culture et d'information peut être analysé comme une forme de remise en cause du pacte westphalien qui présidait aux rapports entre États européens depuis la fin des guerres de religion et qui était fondé sur la souveraineté des États et la non-intervention dans les affaires intérieures d'un autre pays. Autrement dit, l'un des principaux apports de la CSCE est de focaliser davantage les relations internationales pendant la détente sur la sécurité des hommes et les droits des peuples plutôt que sur les prérogatives des États. Alors que, jusque-là, la rivalité Est-Ouest permettait à de nombreux gouvernements de chacun des deux camps de justifier la violation de certains droits humains par l'impératif de sécurité nationale, la récupération du thème des droits de l'homme par les pays de l'Ouest fournit un moyen supplémentaire à ces derniers pour discréditer le régime soviétique aux yeux du monde entier. Plus largement, en abordant des sujets aussi divers que l'inviolabilité des frontières, les mesures de confiance, la réunion des familles, les mariages, les conditions de travail des journalistes, les échanges culturels, etc., et en prévoyant un système de suivi des applications de l'Acte final, la CSCE installe un cadre fixe de négociation et de coopération, engendrant un dialogue Est-Ouest continu dans tous ces domaines, y compris lorsque les tensions réapparaissent dans la deuxième moitié des années 1970.

Pourtant, si le Kremlin finit par accepter la plupart des propositions et principes occidentaux, c'est parce qu'il est convaincu d'avoir obtenu l'essentiel, à savoir le gel de la situation politique et territoriale européenne. Le KGB se charge, lui, de faire en sorte que la troisième corbeille ne soit pas appliquée. Or, non seulement l'Acte final prévoit que les frontières européennes puissent être modifiées par voie pacifique, mais les opinions publiques des pays de l'Est se saisissent à leur tour des dispositions d'Helsinki pour en réclamer une application rapide, en dépit de la menace que représentent les services de sécurité. Par exemple, est créé en mai 1976 à Moscou, sous la houlette du physicien et dissident Youri Orlov, un « Groupe pour contribuer à la mise en œuvre des accords d'Helsinki en URSS », aussitôt déclaré illégal par le KGB. Des groupes semblables naissent ailleurs en URSS ainsi que dans les pays satellites, à l'instar de celui des signataires de la Charte 77 en Tchécoslovaquie qui rassemble artistes, intellectuels et personnalités politiques – comme Vaclav Havel – en lutte contre les mesures répressives du gouvernement de Prague.

Surpris par l'ampleur et l'écho de ces mouvements, le Kremlin organise une campagne de propagande destinée à expliquer comment l'Acte final doit être compris : « La détente ne signifie pas que l'URSS s'est engagée à accepter le *statu quo* social dans le monde ; la lutte idéologique continue de guider les relations internationales ; l'Ouest a tort de penser que l'URSS lui "doit" quelque chose, en particulier sur l'application de la troisième corbeille, en échange de son acceptation des frontières européennes[3]. » Ce discours se double d'un effort de mise en œuvre de certaines mesures de la troisième corbeille, afin de démontrer que Moscou tient parole : des journaux de l'Ouest sont mis en vente dans les hôtels soviétiques ; les modalités de voyage des journalistes occidentaux dans le bloc de l'Est sont facilitées ; les taxes sur les visas de sortie d'URSS sont réduites. En d'autres termes, même si l'Acte final est très loin de libéraliser le camp communiste, les autorités n'ont pas d'autre choix que d'apporter quelques changements s'ils veulent demeurer crédibles dans les négociations internationales, ce qui constitue une victoire pour les neutres et pour les pays de l'Ouest, notamment pour ceux de la CE. Les réunions de suivi des dispositions de la CSCE, dont la première a lieu à Belgrade en 1977, permettent de maintenir les projecteurs braqués sur la situation des peuples d'Europe centrale et orientale, même si, au milieu des années 1970, la partie méridionale du continent est de plus en plus au cœur des enjeux de sécurité internationaux.

La déstabilisation du flanc méridional

Si la détente Est-Ouest atteint son paroxysme dans la première moitié des années 1970, l'Europe n'en reste pas moins exposée à de nouveaux risques de déstabilisation, dus aux nombreuses évolutions politiques et géopolitiques qui touchent son flanc méridional. C'est à un véritable glissement vers le sud des enjeux de sécurité européenne auquel assistent les contemporains. Ce n'est ainsi pas pour rien que, dès 1971, l'Espagne, l'Italie, Malte et la Yougoslavie appuient la demande de l'Algérie et de la Tunisie de faire en sorte que la CSCE inclue un volet consacré aux questions de sécurité et de coopération en Méditerranée :

3. Savranskaya Svetla, « Unintended Consequences: Soviet Interests, Expectations and Reactions to the Helsinki Final Act », *in* Bange Oliver et Niedhart Gottfried (dir.), *Helsinki 1975 and the Transformation of Europe*, New York, Berghahn Books, 2008, pp. 175-190.

cela permettrait d'éviter que la détente en Europe centrale et du Nord ne reporte au sud les tensions de la guerre froide. De multiples facteurs expliquent cette situation et justifient un effort d'adaptation des outils de la sécurité européenne.

Militarisation, neutralisme et terrorisme : la vulnérabilité accrue de l'Europe méditerranéenne

La vulnérabilité à laquelle est soumis le flanc méridional de l'Europe à partir de la fin des années 1960 tient d'abord au niveau inégalé de bipolarisation et de militarisation que connaît le Proche-Orient à l'issue de la guerre des Six Jours. Le conflit de 1967 accentue en effet de façon considérable la présence navale des deux Grands en Méditerranée et leur appui à leurs clients régionaux respectifs. Tandis que le soutien américain à l'État hébreu devient massif dans le cadre de la guerre d'usure à laquelle se livrent Israéliens et Égyptiens dans la zone du canal de Suez, Moscou profite de l'humiliation subie par les Arabes pour s'installer un peu plus en Égypte, en Syrie mais aussi en Algérie. Dans le cadre du développement de la « fonction externe » de l'Armée rouge, l'URSS cherche à obtenir des bases militaires pouvant accueillir des installations de stockage et de maintenance pour la marine soviétique, des aérodromes et des missiles. En 1969, ce sont ainsi dix mille militaires qui sont envoyés en Égypte pour suppléer aux deux mille à quatre mille « conseillers » déjà présents. Les sous-marins d'attaque de l'*Eskadra* de Méditerranée sont désormais déployés en permanence. L'objectif du Kremlin, dans la droite ligne de la politique suivie par les tsars aux XVIIIe et XIXe siècles, reste celui de sécuriser un espace considéré comme le prolongement naturel de l'aire d'influence russe, à savoir la Méditerranée orientale et le Moyen-Orient.

Du côté des Occidentaux, l'omniprésence des Soviétiques dans un espace maritime seulement ouvert sur la mer Noire et sur l'océan Atlantique en raison de la fermeture du canal de Suez entre 1967 et 1975 accroît l'importance stratégique de l'Espagne, de la Grèce et de la Turquie. Alors que le détroit de Gibraltar se pose plus que jamais en verrou de la Méditerranée, les États-Unis font en sorte d'amarrer davantage l'Espagne au système de défense occidental : à partir de 1971, la mise en service du FOSIF (*Fleet Ocean Surveillance Information Facility*) à Rota, près de Cadix, offre à la Sixième Flotte et aux alliés un renseignement tactique sophistiqué sur la circulation des navires dans la Grande bleue et dans l'Atlantique. Sur le Bosphore, les États-Unis disposent d'un vaste réseau d'observateurs qui permet une surveillance permanente des passages entre la mer Noire et la mer de Marmara. L'établissement à Naples, en 1968, du commandement OTAN de surveillance aéromaritime de la Méditerranée permet de centraliser les informations collectées par les puissances méditerranéennes de l'Alliance atlantique, France comprise. Les Occidentaux multiplient les exercices navals d'envergure, dont certains, comme *Dawn Patrol*, sont organisés chaque année à l'échelle du bassin.

La crise du flanc méridional

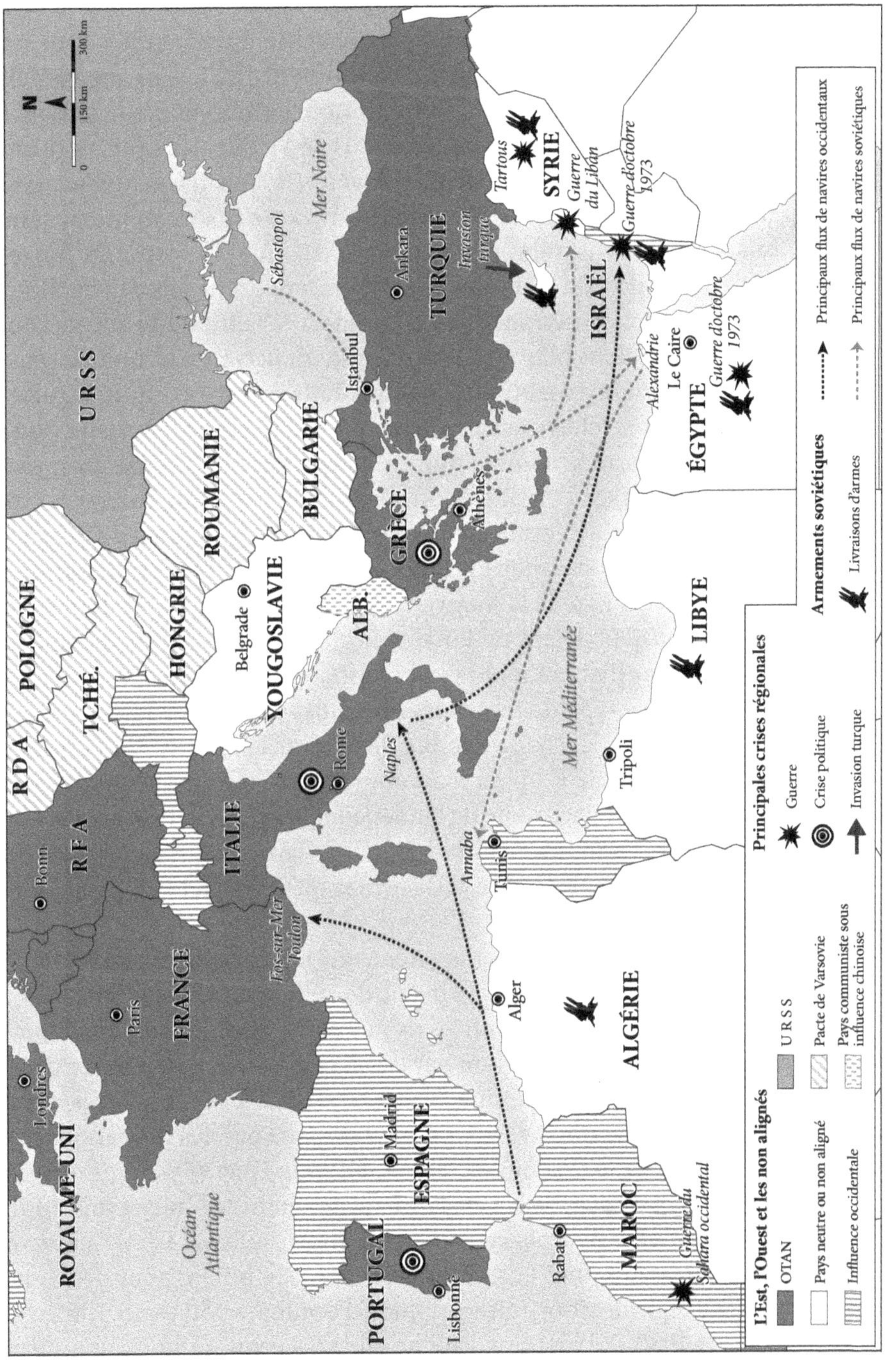

La militarisation de la Méditerranée et la crainte d'un accrochage entre les forces de l'OTAN et de l'URSS dans la région expliquent l'essor sans précédent du neutralisme en Europe méridionale – et dans le monde arabe – au seuil des années 1970. À l'instar d'une partie des communistes italiens, du maréchal Tito ou encore du dirigeant maltais Dom Mintoff, nombreux sont ceux qui en appellent au départ des flottes des deux Grands de Méditerranée et à la neutralisation du bassin méditerranéen. Parti d'Algérie, le slogan « la Méditerranée aux Méditerranéens » se diffuse au fur et à mesure que la mondialisation naissante accroît le sentiment des peuples d'Afrique du Nord, du Moyen-Orient et d'Europe du Sud d'être les pions d'un rapport de force géopolitique qui les dépasse. Le choc pétrolier de l'automne 1973 et les difficultés économiques qui en découlent pour le Vieux Continent accentuent un peu plus le développement de mouvements régionalistes et nationalistes qui apparaissent comme autant de nouvelles menaces pour la stabilité européenne en ce qu'ils privilégient la lutte armée comme moyen d'expression. C'est par exemple le cas au Pays basque avec l'organisation séparatiste ETA qui, bien que créée en 1959, multiplie les attentats envers les autorités franquistes à partir de la fin des années 1960 surtout. En France, le Front de libération nationale corse, né en 1976, est issu de la mouvance contestataire soixante-huitarde et adopte une rhétorique mêlant nationalisme, marxisme et agrarisme. Il organise plusieurs séries d'attentats dès sa création, principalement en Corse et à Paris. L'essor de ce type de mouvements soulève une question essentielle, celle du trafic d'armes légères, véritable fléau pour la sécurité du continent. La Libye de Mouammar Kadhafi, parvenu au pouvoir en 1969 et lui aussi adepte d'une conception extrême de l'indépendantisme, est ainsi soupçonnée de redistribuer vers les mouvements identitaires européens – comme l'Armée républicaine irlandaise provisoire – les armes qu'elle achète à l'URSS et à la Tchécoslovaquie.

Ce terrorisme identitaire vient s'ajouter à une lutte armée davantage ancrée dans le modèle de guerre froide, à l'instar de celle qui frappe l'Italie tout au long de la décennie 1970. Les « années de plomb » italiennes correspondent à une vague d'attentats perpétrés tant par des groupuscules radicaux d'extrême droite qui s'inscrivent dans l'héritage fasciste – *Ordine Nuovo*, *Avanguardia Nazionale*, les Noyaux armés révolutionnaires – que par des formations d'extrême gauche – les Brigades rouges, *Lotta Continua*, *Potere Operaio* – qui souhaitent revenir aux sources de la pensée marxiste-léniniste. Entre 1969 et 1980, les attentats font plus de trois cent soixante morts. Quand l'extrême-droite cherche avant tout à semer la terreur dans l'espace public pour provoquer le retour à un régime autoritaire – Piazza Fontana à Milan en 1969, gare de Bologne en 1980 –, l'extrême gauche cible les représentants du pouvoir économique, politique, militaire et judiciaire (chefs d'entreprise, juges, syndicalistes, etc., jusqu'à l'enlèvement et à l'assassinat d'Aldo Moro en 1978).

Bien qu'éloignée des rives méditerranéennes, l'Allemagne fédérale connaît un schéma similaire, avec le groupe Baader-Meinhof, ou Fraction armée rouge, le Mouvement du 2 juin ou encore les Cellules révolutionnaires, et, à l'autre extrémité de l'échiquier politique, le groupe paramilitaire néonazi Hoffmann. La question reste posée de la réalité du soutien des services de sécurité des deux blocs à ces groupes : si plusieurs membres de la Fraction armée rouge se réfugient en RDA, il semblerait que la sécurité d'État tchécoslovaque soutienne les Brigades rouges. De même, la « stratégie de la tension » mise en œuvre par l'extrême-droite italienne dériverait d'une opération secrète de l'OTAN qui aurait dérapé : fatigués d'espérer une invasion étrangère, les réseaux *Gladio* (ou *Stay-behind*) auraient voulu susciter le terrorisme d'extrême gauche pour obtenir la mise en place d'une politique farouchement anticommuniste. En Italie comme en RFA, la population approuve l'instauration de mesures d'exception destinées à lutter contre le terrorisme, à l'instar des lois ouest-allemandes de 1974-1978 (restriction des droits des inculpés, loi sur l'incitation au terrorisme, loi contre la formation d'associations terroristes, loi sur la simplification des enquêtes policières, etc.).

Dans la vague de violences que connaît alors l'Europe, l'attentat perpétré par le commando palestinien Septembre noir contre la délégation olympique israélienne lors des Jeux de Munich le 5 septembre 1972 occupe une place particulière. Il vient prouver aux Européens que la sécurité de leur continent est de plus en plus liée à la situation au Moyen-Orient et qu'ils ont intérêt à s'impliquer plus avant dans les affaires de cette région s'ils veulent répondre de manière efficace à l'instabilité que suscite le terrorisme palestinien. Cette prise de conscience est d'autant plus importante qu'elle s'inscrit dans un contexte de crise énergétique, où la dépendance aux flux d'hydrocarbures provenant du Golfe ne cesse de croître, où l'économie mondiale se financiarise, à l'aide notamment des « pétrodollars », et où les États et les structures régionales telles que la CEE rivalisent pour capter les investissements.

Le dialogue euro-arabe, ou les difficultés de la réponse politique européenne

La réponse européenne à apporter à ces défis sécuritaires suscite de longs débats parmi les pays de la Communauté européenne, sur la base d'une proposition italienne datée de mai 1971 qui vise à définir des priorités communes aux six membres de la CEE – neuf à partir du 1er janvier 1973 –, à harmoniser les politiques étrangères et à s'accorder sur des actions communes à prendre dans le cadre de la CPE. Pour le président du Conseil italien, le démocrate-chrétien Emilio Colombo, la sécurité européenne est tributaire de la stabilité des pays arabes modérés ; il faut donc faciliter la solution de leurs problèmes économiques et sociaux en leur fournissant une aide financière, économique et technique. Grâce aux accords économiques et à la force d'attraction de la CEE, Rome veut renforcer les relations avec les pays du Maghreb, y compris les relations militaires, réduire l'influence des pays d'Europe de l'Est en Libye, et aider Anouar el-Sadate, qui a pris la tête de l'Égypte après la disparition de Nasser en 1970.

Tandis que la RFA de Willy Brandt approuve pleinement les propositions italiennes et que les pays du Benelux émettent une réserve sur le risque que cela ne fasse doublon avec les missions de l'OTAN en Méditerranée, Georges Pompidou apparaît le plus réticent : il est hors de question pour la France que la CPE s'occupe des questions militaires, car ce n'est pas dans son mandat. Les Français estiment qu'en tant que principale puissance militaire riveraine de la Méditerranée, c'est à la France, et non à l'Europe des Six ou des Neuf, de se charger de ces problématiques. Paris aurait préféré commencer par des échanges bilatéraux franco-italiens sur les enjeux de la région avant de soumettre un quelconque projet aux autres membres de la CEE, ce qui lui aurait permis de mieux défendre ses intérêts. Pompidou s'efforce donc, en 1971-1972, de réorienter les propositions italiennes en fonction des priorités de la France. Laissant aux instances communautaires – la Commission européenne en premier lieu – le soin de développer une politique méditerranéenne globale destinée à devenir le cadre principal des accords commerciaux et de l'assistance technique et financière vers les pays de la Méditerranée, le président français promeut le principe d'un dialogue euro-arabe. Ce dernier s'adresse à tous les pays arabes, y compris et surtout ceux du Golfe, et mêle questions politiques et énergétiques. L'objectif, formulé lors du sommet européen de Paris en octobre 1972, est de parvenir à une relation triangulaire Europe/Méditerranée/Golfe dans laquelle les pays non pétroliers pourraient utiliser les capitaux des pays producteurs pour importer les produits, la technologie et le savoir-faire des pays européens. L'ensemble est complété au lendemain du choc pétrolier, lors du sommet européen de Copenhague en décembre 1973, à un moment où le besoin de négocier les prix du pétrole avec les Arabes devient urgent. Si le dialogue euro-arabe devient effectif le 4 mars 1974, il suscite une virulente réaction de l'administration Nixon, qui craint que ce processus ne vienne saper les efforts de paix déployés par Henry Kissinger au Moyen-Orient. Le risque, pour Washington, est que la forte bipolarisation de la région ne conduise à une crise majeure entre les deux Grands – comme cela a failli être le cas pendant la guerre du Kippour – et ne se répercute sur la détente globale, et donc sur la sécurité de l'Occident.

Pour faire pression sur ses alliés de l'OTAN, non seulement Richard Nixon reporte le voyage qu'il avait prévu de faire en Europe, mais, surtout, dans un discours qu'il prononce à Chicago le 17 mars 1974, il menace de retirer les troupes américaines du continent européen si les Neuf de la CEE ne laissent pas aux États-Unis le monopole occidental des négociations sur le

Moyen-Orient. L'effet est immédiat : la RFA, dont la sécurité est garantie par la présence militaire américaine sur son sol, tente de freiner l'enthousiasme français pour le dialogue euro-arabe ; elle y est aidée par la Grande-Bretagne d'Harold Wilson, eurosceptique convaincu qui revient au pouvoir en 1974 et demande aussitôt la renégociation du traité d'adhésion du Royaume-Uni au marché commun, à peine plus d'un an après l'avoir intégré. Dans ce contexte, le nouveau ministre britannique des Affaires étrangères, James Callaghan, promet à Kissinger que les entretiens euro-arabes ne toucheront qu'à des sujets économiques et techniques et qu'ils n'interfèreront pas avec les négociations politiques menées par les États-Unis. Le secrétaire d'État américain comprend parfaitement qu'en tout état de cause, les Neuf obéissent à la volonté de la France, qui conduit le dialogue euro-arabe dans son seul intérêt.

Quoi qu'il en soit, du fait de la désolidarisation de la RFA et du Royaume-Uni d'avec la France au sujet du Moyen-Orient, la politique de coopération des Neuf à l'égard du Moyen-Orient est mise en difficulté dès le printemps 1974. À la veille de sa mort – le 2 avril 1974 –, Georges Pompidou éprouve à l'égard de ses partenaires européens et des États-Unis un ressentiment immense. Valéry Giscard d'Estaing, qui lui succède, décide de se montrer plus conciliant car, avec la crise économique qui commence et marque la fin des Trente Glorieuses, la France a plus que jamais besoin de ses alliés. Le quadruplement des prix du pétrole confirme le rôle dominant des États-Unis – les seuls vraiment capables de négocier les tarifs pétroliers avec les pays arabes – et la vulnérabilité de l'Europe.

Avec l'accord Gymnich de juin 1974, les pays de la Communauté s'engagent à améliorer leur concertation commune avec Washington ; en réalité, les Neuf reconnaissent l'impossibilité de mener une politique unique vis-à-vis des États-Unis. Cela se traduit par un retour de la pratique des consultations individuelles avec Washington. Ainsi, tous les États membres de la CEE acceptent l'idée de Kissinger visant à réunir une conférence permanente des pays consommateurs de pétrole qui poserait les bases d'une politique énergétique commune. De la sorte, les Américains neutralisent la CPE à leur profit. Seule la France refuse de prendre part à cette conférence, qu'elle considère comme un nouveau bloc occidental[4].

Pourtant, c'est bel et bien dans le cadre de l'OTAN que se construit la réponse aux crises que connaît le flanc méridional de l'Europe au milieu des années 1970. D'une manière qui pourrait sembler paradoxale, la France joue un rôle majeur dans ce processus, dans lequel les enjeux militaires sont de première importance.

4. Möckli Daniel, *European Foreign Policy during the Cold War. Heath, Brandt, Pompidou and the Dream of Political Unity*, Londres, I.B. Tauris, 2008, pp. 184-248.

De Chypre au Portugal : les crises du flanc sud

La vulnérabilité de l'Europe du Sud et les risques qu'elle fait peser sur la stabilité européenne atteignent leur paroxysme entre 1974 et 1976. En quelques mois, une succession de crises convainc les Occidentaux, à commencer par les Américains, que la partie méridionale du Vieux Continent constitue le maillon faible du système de défense otanien. Au Portugal, la « révolution des œillets » conduite par le Mouvement des forces armées (MFA), une organisation de jeunes officiers en rébellion contre le régime salazariste et contre son entêtement à vouloir conserver ses colonies africaines (Angola, Cap-Vert, Guinée-Bissau, Mozambique, Sao Tomé-et-Principe), fait tomber le dirigeant Marcello Caetano. Mais l'ancrage communiste à peine voilé du MFA et la radicalisation de la révolution à la suite des deux coups d'État ratés du général Spinola contre le MFA (18 septembre 1974 et 11 mars 1975) suscitent deux années de profondes incertitudes. En avril 1975, le MFA impose un pacte constitutionnel qui confère une réelle prépondérance au parti communiste portugais, jusqu'à ce que la résistance des socialistes et des démocrates populaires ne finisse par mettre ce dernier en échec à l'automne 1975.

À Washington, la crainte d'une neutralisation du Portugal – via une remise en question de son appartenance atlantique – est d'autant plus grande chez Henry Kissinger que le communisme européen semble connaître un renouveau à l'heure où le choc pétrolier, les difficultés monétaires, l'échec de l'intervention américaine au Vietnam et l'affaire du Watergate donnent l'impression d'une crise généralisée de l'Occident. En effet, en 1973, le secrétaire général du parti communiste italien, Enrico Berlinguer, pose les bases de ce qui devient l'eurocommunisme en proposant à la Démocratie chrétienne (DC), qui gouverne la péninsule sans discontinuer depuis 1946, de passer un « compromis historique » permettant d'associer le PCI au pouvoir. Pour Berlinguer, le recul progressif de la classe ouvrière au profit d'une classe moyenne dominante en Occident suppose que les partis communistes s'allient avec les formations centristes s'ils veulent prendre part aux affaires gouvernementales. En digne héritier d'Antonio Gramsci, l'un des pères fondateurs du PCI, selon lequel tout processus révolutionnaire, pour réussir, devait prendre en considération les évolutions culturelles, Berlinguer estime que le rapprochement avec la DC suppose d'admettre les bienfaits de la construction européenne afin d'être en mesure d'y participer. Si cette vision des choses est virulemment combattue par Moscou, qui y voit une altération de l'idéologie marxiste-léniniste, elle fait des émules en France et en Espagne, avec Georges Marchais et Santiago Carrillo. L'Union de la gauche entre le parti socialiste de François Mitterrand et le PCF peut ainsi être perçue comme une mise œuvre de l'eurocommunisme à la française. En Espagne, la mort de Franco en novembre 1975 ouvre la voie à la légalisation du PCE, effective en 1977, et à la participation de celui-ci à la vie politique du pays. Or, pour Kissinger, la participation des communistes à plusieurs gouvernements de l'OTAN ou de pays, comme l'Espagne, proches de l'intégrer, condamnerait forcément l'Alliance atlantique, puisque les coalitions au pouvoir demanderaient un départ des troupes américaines : la « finlandisation » de l'Europe méridionale entraînerait l'affaiblissement définitif de l'OTAN. Les Soviétiques emporteraient une victoire significative puisque l'Europe serait découplée des États-Unis.

Si, à l'exception du Portugal, les prévisions de Kissinger surestiment largement le poids des communistes dans les coalitions envisagées et sous-estiment celui de l'atlantisme chez les démocrates-chrétiens italiens ou chez les socialistes français, l'inquiétude d'un délitement de l'Alliance est bien réelle à Washington. Elle monte encore d'un cran à l'été 1974 avec l'invasion de la partie septentrionale de Chypre par l'armée turque, qu'Ankara justifie par la nécessité de protéger la minorité turque de l'île face à la volonté d'*Enosis* (« union ») des colonels grecs. Tandis que l'intervention entraîne la chute du régime des colonels, l'aval donné par Kissinger à l'opération de la Turquie provoque l'ire du nouveau premier ministre grec Constantin Caramanlis, qui décide de sortir la Grèce du commandement intégré de l'OTAN et de remettre en question les facilités accordées à la Sixième Flotte. La situation devient particulièrement critique pour les Américains à partir du moment où le puissant lobby grec du Congrès des États-Unis obtient le vote d'un embargo sur les armes à destination de la Turquie en février 1975 et qu'en guise de rétorsion, le gouvernement de Bülent Ecevit fait fermer cinq bases américaines sur son territoire. Le crédit de Washington semble alors entamé tant auprès d'Athènes que d'Ankara, soit les deux alliés du flanc sud-est de l'OTAN. Non seulement l'URSS en profite pour tenter une médiation au nom de la protection des intérêts de Chypre, pays officiellement non aligné, mais la crise donne un prétexte à Moscou pour déployer durablement sa flotte dans la zone afin d'assurer la protection de ses navires de commerce. Alors que la Méditerranée orientale est stratégique pour l'approvisionnement de l'Europe occidentale en hydrocarbures, le système de défense otanien entre les Balkans et le sud de la Crète se retrouve affaibli.

L'administration Ford – qui prend place après la démission de Richard Nixon en août 1974 – n'a alors pas d'autre choix que de faire appel à ses alliés européens pour compenser les faiblesses américaines. Ce n'est ainsi pas pour rien si c'est à cette période que le groupe dit « des Quatre » acquiert une importance considérable en matière de gestion des affaires occidentales, tant sur les questions économiques que sécuritaires. Un véritable partage des tâches est instauré : le Royaume-Uni dirigé par Harold Wilson puis par James Callaghan devient – avec la France – l'un des principaux fournisseurs d'armes de la Yougoslavie pour l'aider à faire face à une éventuelle agression soviétique ; la RFA d'Helmut Schmidt assiste financièrement, et de façon conséquente, le Portugal en vue de sa stabilisation, tout comme elle le fait avec la Turquie ; la France de Valéry Giscard d'Estaing, après la victoire de ce dernier face à Mitterrand, se pose en principal interlocuteur occidental de la Grèce. Tous exercent une réelle pression sur les démocrates-chrétiens italiens (lors du G7 de Porto Rico en juin 1976 notamment) pour qu'ils refusent le « compromis historique », sans que le succès ne soit totalement au rendez-vous puisque le gouvernement de Giulio Andreotti, formé en juillet 1976, reçoit l'assentiment passif du PCI.

Avec le retrait grec du commandement intégré de l'OTAN, Paris a l'occasion de prouver à ses alliés que le modèle de coopération français participe aussi bien de la sécurité occidentale que le modèle classique d'intégration. Giscard d'Estaing prône ainsi la complémentarité entre détente Est-Ouest, construction européenne et coopération atlantique pour faire en sorte que l'Europe du Sud demeure ancrée à l'Alliance. Ce savant dosage passe par la CSCE, l'accord en faveur d'une intégration rapide de la Grèce à la CEE, le dialogue avec la Turquie, l'approfondissement de la coopération avec l'OTAN et la livraison d'armes aux Grecs, avec lesquels sont passés d'importants contrats d'armement – sur les avions *Mirage*, les blindés, les patrouilleurs, les hélicoptères *Alouette*, les missiles antichars –, qui font de la Grèce le deuxième client de la France en la matière.

Ces années 1974-1976 correspondent par ailleurs à un approfondissement de la coopération militaire entre la France et les États-Unis et à une plus grande participation française à la dissuasion de l'Alliance atlantique. Le fait que la force de frappe nucléaire française soit désormais pleinement opérationnelle favorise cette évolution : le premier Groupement de missiles stratégiques (GMS), créé en 1968, fonctionne à partir du moment où sont mis en service, en août 1971, les neuf premiers missiles SSBS (Sol-Sol Balistique Stratégique) du plateau d'Albion, en Provence ; en décembre 1971, le premier sous-marin nucléaire lanceur d'engins (SNLE) français, *Le Redoutable*, entre en service, inaugurant la force océanique stratégique de la France ; quant aux forces aériennes stratégiques, elles sont opérationnelles depuis 1966. Les forces conventionnelles ne sont pas négligées pour autant, comme le prouve le redéploiement du porte-avions Clemenceau vers Toulon en septembre 1975, qui doit notamment participer à la sécurisation des voies d'approvisionnement en hydrocarbures. L'idée, émise par le premier ministre Jacques Chirac en 1975 puis par le général Méry, chef d'état-major des armées, en juin 1976, est de substituer la notion de « sanctuarisation élargie » à celle de « sanctuarisation nationale » : les forces françaises doivent être capables de mener un combat conventionnel en dehors des frontières nationales, dans un espace euro-méditerranéen considéré comme vital pour la sécurité du pays. Cela implique une solidarité immédiate avec les Alliés et une adaptation de l'utilisation de l'arme atomique, facilitée par le développement de l'arme nucléaire tactique (ANT). Un accord est ainsi signé au printemps 1974 entre le commandement français de la Méditerranée et le commandement des forces navales alliées en Europe du Sud. Il prévoit qu'en cas de crise ou de guerre mettant en jeu l'OTAN, des liaisons soient établies entre l'Organisation du contrôle naval français et son équivalent allié avant toute prise de position française sur un engagement militaire commun. Un système commun de chiffrement est mis en place, de même qu'est étendu l'échange de renseignements sur les mouvements de forces. En juillet 1974, les accords Valentin-Ferber élargissent la coopération entre la France et l'OTAN à toute la 1re armée française. Cela ne remet cependant pas en question l'autonomie de décision française, ni le fait que la France reste en dehors de l'organisation intégrée. En réalité, le haut degré de partage des tâches élaboré à la faveur des crises du flanc méridional apparaît comme la mise en œuvre tardive du mémorandum que De Gaulle avait proposé en 1958 dans le but de réformer l'OTAN : la France participe pleinement à la sécurité de l'Occident tout en suivant ses propres préceptes stratégiques. Dans la deuxième moitié de la décennie 1970, elle devient le seul pays à parvenir au seuil d'augmentation de 3 % par an de ses dépenses militaires, comme le prévoit le plan de défense conventionnelle de l'Alliance atlantique. Cela dit, plus généralement, le « fardeau » paraît mieux partagé après 1975 : les membres européens de l'Alliance équivalent à 75 % des armées de l'air de l'OTAN, à 80 % des forces de la marine et à 90 % des armées de terre. L'insistance de Washington a payé, bien que la question de la répartition des charges ne cesse de revenir désormais dans les rapports transatlantiques.

Au total, les années 1969-1976 posent les bases d'un renouveau sécuritaire européen : avec l'*Ostpolitik* et la CSCE débute une phase de convergence Est-Ouest que la dernière période de crise de la guerre froide ne parvient pas à stopper, voire qu'elle accélère. Alors qu'au sud de l'Europe, la répartition des tâches entre les Alliés et la mobilisation des outils de sécurité et de coopération que sont la CEE, l'OTAN et la CSCE permettent un ancrage définitif de la péninsule ibérique et de la Grèce aux instances occidentales – qui sera consacré par leur adhésion au marché commun en 1981 puis 1986 –, l'émergence ou la réémergence des sentiments identitaires et religieux dans un contexte de crise économique et de globalisation contribue au développement d'un nouveau régime de relations internationales qui s'émancipe progressivement du cadre de la guerre froide.

Discours de Willy Brandt devant le Bundestag, 28 octobre 1969

[...] Notre gouvernement part du principe que les questions qui se sont posées au peuple allemand à la suite de la Seconde Guerre mondiale et de la trahison nationale perpétrée par le régime hitlérien ne peuvent trouver de réponse qu'au sein d'un ordre de paix européen. Cependant personne ne nous fera croire que les Allemands sont privés du droit à l'autodétermination dont jouissent les autres peuples.

Au cours des années à venir, la politique pratique aura pour tâche de sauvegarder l'unité nationale en dénouant les crispations qui marquent à l'heure actuelle les relations entre les deux parties de l'Allemagne. Les Allemands ne sont pas seulement liés par la langue et par l'histoire – avec ses splendeurs et ses misères. Nous sommes tous chez nous en Allemagne. Et nous avons des devoirs communs et une responsabilité commune, à savoir la paix – entre nous et en Europe.

Vingt ans après la création de la République fédérale d'Allemagne et de la République démocratique allemande, nous devons éviter que la nation allemande ne continue à vivre dans la division. Autrement dit, nous devons essayer, par le biais d'une coexistence réglementée, de réussir à vivre ensemble.

L'Allemagne ne sera pas la seule à y trouver son intérêt, la paix en Europe et les relations Est-Ouest sont également concernées. La conception que nous et nos amis avons des relations internationales de la RDA dépend notamment de l'attitude de Berlin-Est. Par ailleurs, nous ne voulons pas amoindrir aux yeux de nos compatriotes les avantages du commerce international et des échanges culturels.

Dans la continuité de la politique engagée en décembre 1966 par le chancelier Kiesinger et son gouvernement, le gouvernement fédéral réitère au Conseil des ministres de la RDA sa proposition d'instaurer à l'échelon gouvernemental des discussions bilatérales non partisanes en vue d'aboutir à une collaboration contractuelle. Le gouvernement fédéral ne peut envisager de reconnaître l'existence de la RDA au plan international. Même s'il existe deux États en Allemagne, ceux-ci ne constituent pas l'un pour l'autre des nations étrangères ; leurs relations ne peuvent être que d'une nature particulière.

À l'instar de son prédécesseur, le gouvernement fédéral déclare que son souhait de signer avec d'autres pays des accords mutuels excluant le recours ou la menace de recours à la force s'adresse aussi à la RDA.

Le gouvernement fédéral va recommander aux États-Unis, à la Grande-Bretagne et à la France de poursuivre avec énergie les discussions engagées avec l'Union soviétique en vue d'améliorer la situation de Berlin. Le statut de la ville de Berlin, placée sous la responsabilité spécifique des quatre puissances, doit être préservé. Ce qui ne nous empêche nullement de chercher à faciliter la circulation à l'intérieur et en direction de Berlin.

Nous continuerons d'assurer la viabilité de Berlin. Berlin-Ouest doit avoir la possibilité de contribuer à améliorer les relations politiques, économiques et culturelles entre les deux parties de l'Allemagne.

Nous saluons la reprise du commerce interallemand. Les facilités entrées en vigueur grâce à l'accord du 6 décembre 1968 y ont contribué. Le gouvernement fédéral juge souhaitable que ces relations commerciales entre voisins continuent à se développer. [...]

Dans ce contexte, je le dis avec force : le peuple allemand a également besoin de la paix, au plein sens du terme, avec les peuples de l'Union soviétique et tous ceux de l'Europe de l'Est. Nous sommes prêts à engager de réels efforts de rapprochement afin que les conséquences du désastre provoqué en Europe par une bande de criminels puissent être surmontées.

Cependant, nous ne nourrissons pas d'espoirs trompeurs : intérêts, rapports de force et disparités sociales ne se résoudront pas par la dialectique et ne doivent pas non plus être dissimulés. Mais il faut que nos interlocuteurs le sachent : le droit à l'autodétermination, tel qu'il figure dans la Charte des Nations unies, s'applique également au peuple allemand. Ce droit et la volonté de l'affirmer ne sont pas négociables.

Il serait illusoire de croire que le travail de réconciliation est une tâche facile ou qu'on puisse le mener rapidement à bien. Il s'agit d'un processus ; mais le moment est venu de lui donner une impulsion.

Comme son prédécesseur, le gouvernement actuel souhaite conclure des accords mutuels de renoncement à la force ou à la menace de recours à la force. Ce désir s'adresse aussi - je le répète - à la RDA. Je dirai tout aussi clairement qu'en ce qui concerne la Tchécoslovaquie, notre voisine immédiate, nous sommes disposés à trouver les arrangements qui permettront de surmonter le passé.

Le gouvernement fédéral est fermement convaincu que la politique de renoncement à l'usage de la force, qui respecte l'intégrité territoriale du partenaire considéré, peut contribuer de manière décisive à apaiser les tensions en Europe.

L'engagement de ne pas recourir à la force créerait une atmosphère qui rendrait possibles d'autres pas en avant. [...] ■

Source : Labiausse Kévin, *Les grands discours politiques de 1900 à nos jours*, Paris, Bréal, 2011, pp. 136-139.

Chapitre 5

L'Europe à l'heure de la « guerre fraîche », 1976-1985

Forgée par Leonid Brejnev lui-même, l'expression de « guerre fraîche » qualifie généralement la période de renouveau des tensions Est-Ouest qui s'étend entre la fin des années 1970 et la première moitié des années 1980. L'historiographie a cependant montré que le degré de dangerosité des relations internationales est loin d'être uniforme au cours de cette décennie : tandis que le moment 1976-1979 correspond plutôt à une « crise de la détente », durant laquelle les rapports Est-Ouest se tendent sans pour autant que le dialogue ne soit véritablement entravé, la période qui suit l'intervention soviétique en Afghanistan, en décembre 1979, est résolument critique. L'Europe se retrouve alors au cœur de l'une des crises les plus aiguës de l'histoire de la guerre froide, où, là encore, les enjeux nucléaires occupent une place centrale. Cependant, la globalisation alors en plein essor, en même temps qu'elle facilite l'expansion et la régularité des échanges internationaux, mondialise également les enjeux géopolitiques, exposant toujours plus le Vieux Continent à des menaces auxquelles il n'était pas préparé. L'invasion de l'Afghanistan, la révolution iranienne et leurs effets sur l'ensemble du Moyen-Orient conduisent progressivement les Occidentaux, et dans une moindre mesure les Soviétiques, à voir dans l'islamisme radical un facteur de déstabilisation des rapports Nord-Sud qui vient percuter les perceptions traditionnelles de la sécurité et démontrer que l'affirmation des identités nationales et religieuses, qui passe par une aspiration à la démocratie et à la liberté en Europe centrale et orientale, peut prendre d'autres formes ailleurs dans le monde.

Cette superposition des menaces est paradoxale car, tout en continuant à laisser apparaître les États-Unis et l'URSS comme les protagonistes des relations internationales, elle met aussi en évidence leur difficulté à peser sur les évolutions en cours. Côté américain, jusqu'à l'élection de Ronald Reagan en 1980, le doute quant à la capacité de l'Amérique à redevenir un modèle à la fois protecteur et crédible demeure palpable, tant aux États-Unis mêmes que chez leurs alliés européens, et ce alors que les rapports transatlantiques avaient connu une embellie avec l'arrivée de Gerald Ford à la Maison-Blanche en 1974. L'apparence confuse que donne la politique de son successeur Jimmy Carter incarne ce moment d'incertitude. Avec le choc pétrolier de 1979, beaucoup plus grave que celui de 1973, on assiste à un phénomène de récrimination mutuelle entre les Américains et l'Europe. Les Européens imputent ainsi la chute du chah d'Iran aux États-Unis et leur reprochent de ne pas avoir su maintenir une paix durable au Moyen-Orient malgré les accords de Camp David. Quant à l'offensive soviétique en matière d'armements en Europe, les fameux « euromissiles », elle est vécue comme une période de faiblesse des États-Unis, à un moment où la sécurité du Vieux Continent est de nouveau menacée, un sentiment partagé par une large part de l'opinion américaine. Cela explique le tournant reaganien, qui est l'aboutissement de ce processus de remise en cause de la politique de détente commencée par Kissinger.

À l'Est aussi, l'hésitation est de mise. Alors que l'état de santé de Brejnev ne cesse de se dégrader et le rend de moins en moins capable de prendre des décisions, la politique de détente et de limitation des armements est mal acceptée par une partie du Politburo et des cadres de l'Armée rouge, qui entendent profiter de la crise que connaît alors l'Occident pour réaffirmer l'influence de Moscou dans le monde, notamment en Afrique. Pour des hommes, comme le maréchal Oustinov, ministre de la Défense à partir d'avril 1976, ou Leonid Smirnov, chef de la Commission militaro-industrielle, les accords SALT vont à l'encontre de la nature intrinsèque de l'URSS, dont la puissance est bâtie, depuis les origines, sur le complexe militaro-industriel et une politique continue d'armement. Le déploiement des missiles SS-20 en Europe de l'Est remet donc au goût du jour la course aux armements et pose de nouveau la question de la vulnérabilité européenne face à la compétition entre les superpuissances. Très vite cependant, l'embourbement de l'Armée rouge en Afghanistan, la réaction américaine aux euromissiles et le soulèvement des ouvriers polonais conduisent le Kremlin à revoir ses choix, conscient qu'il n'a plus guère de prise sur ses clients du tiers-monde et que la cohésion du bloc soviétique est fragile.

Il s'agit donc de voir dans ce chapitre en quoi la reprise des tensions Est-Ouest à partir de 1976 affecte la stabilité de l'Europe et de quelle manière les Européens de part et d'autre du rideau de fer font en sorte de ne plus se laisser dicter les paramètres de leur propre sécurité depuis Moscou ou Washington.

Les nouveaux enjeux de sécurité en Europe centrale

Le déploiement des SS-20

Au cours des mois qui suivent la signature de l'Acte final d'Helsinki, les relations entre l'URSS et les pays d'Europe occidentale demeurent globalement bonnes, voire excellentes, du moins jusqu'à la fin de l'année 1977 et au début de 1978. Le chancelier Helmut Schmidt, qui poursuit l'*Ostpolitik* de son prédécesseur en faisant le choix de la recentrer sur la coopération économique, passe ainsi avec le Kremlin un accord, valable pour vingt-cinq ans, destiné à faciliter l'échange de technologie ouest-allemande contre des matières premières soviétiques. Il s'agit, dans la droite ligne de la deuxième corbeille de la CSCE, de favoriser l'émergence d'un espace économique paneuropéen, qui, dans l'esprit de Brejnev, peut éventuellement participer du découplage euro-américain.

Cette obsession du découplage joue un rôle essentiel dans l'érosion de la détente. Tandis que l'accord SALT structure l'équilibre nucléaire stratégique entre les États-Unis et l'URSS, le déploiement, par cette dernière, de missiles mobiles à moyenne portée et têtes multiples en Europe de l'Est crée un nouveau déséquilibre stratégique européen. En effet, ces « forces nucléaires intermédiaires », qui peuvent être munies aussi bien de têtes nucléaires utilisables sur un champ de bataille que de charges conventionnelles, menacent directement l'Europe occidentale et n'entrent ni dans le spectre des SALT – leur portée est inférieure à cinq mille cinq cents kilomètres – ni dans celui des MBFR – qui concernent les armements uniquement conventionnels –, à savoir les deux instances de négociation soviéto-américaines. Cela signifie qu'avec les SS-20, la supériorité de l'URSS en termes d'armes nucléaires tactiques est indéniable sur le sol européen. Helmut Schmidt est le premier à soulever ce problème dans un discours qu'il prononce à Londres le 28 octobre 1977. À ses yeux, il est impératif de rétablir l'équilibre soit en incluant les SS-20 dans les négociations SALT II, soit en déployant à l'Ouest des armements équivalents, capables de frapper le territoire soviétique à partir de l'Europe occidentale.

Cependant, côté soviétique, le déploiement des SS-20 est déjà considéré comme une réponse à un déséquilibre stratégique. En visite à Bonn en mai 1978, Brejnev se fait le relais des responsables de l'armée et du complexe industriel soviétiques lorsqu'il justifie l'installation des missiles par la volonté d'atteindre la parité militaire avec l'Ouest au niveau global, et pas seulement européen. L'URSS fait ainsi entrer dans ses calculs les armements nucléaires avancés américains – les missiles de croisière SLCM (*Submarine-launched Cruise Missile*) et ALCM (*Air-launched Cruise Missile*) – fraîchement déployés, qui n'entrent pas non plus dans les SALT. Étant donné que ces armes équipent les sous-marins et les avions nucléaires basés sur les porte-avions de l'US Navy, Moscou considère qu'elles contribuent à l'encerclement du territoire soviétique, du fait de leur présence en Méditerranée, dans l'océan Indien et dans l'océan Pacifique. De fait, en même temps que l'URSS déploie ses missiles en Europe, Brejnev réclame l'extension des négociations sur les mesures de confiance et sur la limitation des armements aux espaces maritimes que sont la Méditerranée et l'océan Indien. Mais ne se faisant guère d'illusions sur la réponse à espérer de Washington, qui a massivement investi sur ses bases avancées réparties à travers les mers et les océans dans le cadre de la riposte graduée, le Kremlin sait qu'en maintenant la pression sur les Européens, il oblige l'OTAN à poursuivre le dialogue stratégique. L'installation des SS-20 est aussi un moyen, pour les cadres de l'Armée rouge, de réaffirmer la puissance militaire de l'URSS, mise à mal par les négociations de limitation des armements.

En 1977-1978, de tous les dirigeants d'Europe de l'Ouest, Schmidt est clairement le plus inquiet du déploiement de ces missiles. À l'inverse, Valéry Giscard d'Estaing prête une attention limitée à l'affaire, estimant que l'Armée rouge a de toute façon depuis longtemps les moyens de détruire l'Europe occidentale ; qu'elle le fasse avec des SS-20 ou autre chose ne change rien au résultat. Pire, en incitant les Occidentaux à entamer une négociation sur le nucléaire tactique en échange d'un renoncement aux SS-20 – ce que réclame Schmidt –, l'URSS pourrait entraîner la dénucléarisation de l'OTAN et provoquer le découplage euro-américain du fait de la suppression du parapluie nucléaire des États-Unis. Jimmy Carter, qui a pris ses fonctions de président en janvier 1977, est lui aussi sceptique : l'Amérique possède suffisamment d'armes pour dissuader l'URSS de toute attaque. Mais son entourage, à commencer par le conseiller à la sécurité nationale Zbigniew Brzeziński, l'encourage à aller de l'avant. Dans un premier temps, Carter décide d'accélérer la production de la bombe à rayonnement renforcé, ou bombe à neutrons, sur laquelle des recherches ont été entamées au début des années 1960. Cette arme thermonucléaire tactique a pour caractéristique première un effet de souffle réduit en cas d'utilisation, et donc des effets collatéraux moindres par rapport à une bombe tactique classique. Grâce à son rayonnement neutronique concentré, elle peut supprimer les équipages des chars soviétiques – qui constituent la principale force d'attaque de l'URSS en Europe – en limitant les pertes civiles. Côté européen, hormis Schmidt, seul le premier ministre britannique James Callaghan se montre très favorable à cette arme. L'idée américaine est de proposer aux dirigeants de Moscou de retirer les SS-20 en échange d'un renoncement à la bombe à neutrons. Mais c'est sans compter le poids des opinions publiques occidentales, aux Pays-Bas, en RFA, au Royaume-Uni notamment, où les mouvements antinucléaires sont capables d'organiser de gigantesques manifestations pour s'opposer au développement de la bombe, avec le soutien discret mais réel du KGB. Face à ces mouvements, Carter, qui avait fait de la limitation des armements un argument-phare de sa campagne électorale, finit par renoncer à la bombe à neutrons en avril 1978. Il provoque la colère de Schmidt, qui s'aperçoit alors qu'il ne peut plus compter sur le soutien américain. Les relations entre Washington et Bonn – et plus largement entre les États-Unis et leurs alliés européens – entrent dès lors dans une nouvelle période compliquée, jusqu'en 1981[1].

De la CSCE de Belgrade à la « double décision » de l'OTAN

La première réunion sur les suites de la CSCE, destinée à vérifier la mise en œuvre de l'Acte final d'Helsinki et à prévoir de nouvelles mesures, est l'un des théâtres majeurs de la divergence euro-américaine quant à la tactique à suivre vis-à-vis de Moscou. Organisée à Belgrade, dans le but de dissuader les Soviétiques de rétablir leur influence sur la Yougoslavie d'un Tito vieillissant, la réunion est l'occasion pour la délégation américaine – dirigée par le juge Arthur J. Goldberg – de mettre en scène la diplomatie des droits de l'homme, ou *moralpolitik*, que Carter appelle de ses vœux depuis son élection. Les États-Unis ne demandent rien de moins à l'URSS que d'appliquer immédiatement l'intégralité de l'Acte final et de se libéraliser. Aux yeux des dirigeants et diplomates ouest-européens, Carter n'a rien compris à la CSCE et au système de sécurité coopérative qu'elle tend à instaurer : c'est par la mise en œuvre progressive des dispositions d'Helsinki et par la négociation permanente que l'on pourra conduire les pays du bloc de l'Est à évoluer vers la liberté et la démocratie sans susciter une réaction soviétique qui pourrait provoquer une nouvelle crise. Les États de la CEE considèrent alors que la Maison-Blanche ne tient pas suffisamment compte de leur position de vulnérabilité à l'égard de Moscou : les Américains restant protégés de l'URSS du fait de leur éloignement, toute crise directe avec le Kremlin est dangereuse pour la sécurité de l'Europe. À Belgrade, l'affrontement verbal entre Américains et Soviétiques est tel que la réunion se termine en mars 1978 sur un constat d'échec.

Vue d'Europe, la politique de Carter donne l'impression que les Américains ne savent plus où ils vont en matière de relations Est-Ouest, ce qui, avec le recul, doit être nuancé : d'un côté, persuadés que le modèle occidental de démocratie et d'économie de marché est supérieur en tous points au système soviétique, dont Washington conteste désormais la légitimité même, les dirigeants américains sont toujours plus exigeants sur les droits de l'homme – soutien aux dissidents et accroissement des moyens dévolus aux « radios de Munich » qui diffusent des programmes occidentaux, patriotiques et religieux vers le bloc de l'Est – ; de l'autre, ils continuent de prôner la détente et la négociation avec Moscou sur l'aspect le plus dangereux de la guerre froide, à savoir la course aux armements (cette volonté de dialogue est notamment incarnée par le secrétaire d'État Cyrus Vance). Ainsi, le 18 juin 1979, Carter signe avec Brejnev, à Vienne, le traité

1. Soutou Georges-Henri, *La guerre de cinquante ans, op.cit.*, pp. 597-599.

SALT II censé établir un équilibre stratégique entre les États-Unis et l'URSS. Mais dans un contexte marqué par les euromissiles, par l'interventionnisme des Soviétiques dans le tiers-monde, par l'envoi des troupes vietnamiennes au Cambodge et par l'instauration du régime islamiste en Iran (bien que les ayatollahs soient farouchement hostiles au communisme et à l'URSS), nombreux sont les élus du Congrès qui, à Washington, considèrent ce traité comme trop dangereux pour la sécurité de l'Occident et qui estiment qu'il ne faut pas baisser la garde face à l'arsenal nucléaire de l'URSS. Le Sénat des États-Unis décide de ne pas ratifier le texte, renforçant un peu plus la tension entre les deux Grands.

Pour Brzeziński, il est temps de reprendre la main sur la course aux armements en envoyant un signal fort aux Soviétiques à propos des euromissiles, et en réaffirmant le *leadership* américain auprès des Alliés. Déjà, en janvier 1979 en Guadeloupe, Carter, Giscard d'Estaing, Callaghan et Schmidt s'accordent sur le déploiement d'armes nucléaires tactiques en Europe – cent huit fusées *Pershing II* et quatre cent soixante-quatre missiles de croisière pouvant atteindre le sol soviétique – associé à des discussions avec l'URSS. En décembre suivant, l'OTAN officialise ce principe de la « double décision » : les missiles *Pershing II* et *Cruise* ne seront pas déployés si Moscou accepte de démanteler ses SS-20 à l'issue des négociations. Alors qu'au nom de la lutte antiblocs Giscard d'Estaing ne s'associe pas officiellement à la double décision mais en soutient le principe en privé, la Belgique, le Danemark, la Norvège et les Pays-Bas se montrent réticents à l'égard de ce qu'ils voient comme un pas de plus vers la guerre nucléaire. Au final, seuls l'Italie, la RFA et le Royaume-Uni acceptent pour le moment de recevoir des euromissiles sur leur territoire si jamais un déploiement est inévitable. Pour la Maison-Blanche, l'objectif semble atteint : dans la droite ligne du rapport Harmel de 1967, la double décision confère un vrai rôle à l'Alliance en matière de détente et de négociations sur le désarmement, en même temps qu'elle fait apparaître l'OTAN comme la principale garantie de sécurité au cas où la crise autour des euromissiles s'aggraverait. Cela est d'autant plus vrai qu'au même moment, Carter envoie trente-cinq mille soldats américains supplémentaires en Europe et accroît leur stock d'équipement. De fait, dès avant l'invasion soviétique de l'Afghanistan, l'administration démocrate durcit son attitude envers Moscou.

Au Kremlin, l'objectif premier en termes de sécurité européenne est désormais d'empêcher l'installation des *Pershing II* sans pour autant renoncer aux SS-20, afin que les États-Unis ne reprennent pas l'avantage au niveau stratégique et que l'OTAN soit affaiblie : un maintien des SS-20 couplé à un non-déploiement des *Pershing II* nuirait considérablement aux relations germano-américaines et favoriserait la neutralisation de l'Allemagne. Pour atteindre ces objectifs, la diplomatie soviétique profite des failles de la double décision : elle multiplie les propositions les plus inacceptables par les Occidentaux afin de faire retomber sur ces derniers l'échec des négociations. Tout au long de l'année

1979, les Européens de l'Ouest, inquiets de la versatilité américaine et des effets de la crise des euromissiles sur la sécurité européenne, font en sorte de ménager le Kremlin. Ainsi, Schmidt augmente encore les échanges économiques avec la RDA et se dit favorable à un système de sécurité paneuropéen pouvant favoriser la réunification allemande ; Giscard d'Estaing, lui aussi déçu par Carter, reprend le dialogue avec Moscou, prônant l'organisation d'une conférence sur le désarmement en Europe qui permettrait d'étendre les MBFR aux trente-cinq pays de la CSCE – au lieu de les appliquer seulement à l'Europe centrale – et les MDC jusqu'à l'Oural. L'Est et l'Ouest se trouvent ainsi dans une double logique de confrontation et de dialogue en 1979, jusqu'à ce que l'invasion de l'Afghanistan et la crise en Pologne aient définitivement raison de la détente.

L'intervention soviétique en Afghanistan et la crise polonaise

L'invasion soviétique de l'Afghanistan à la fin du mois de décembre 1979 constitue un véritablement basculement : d'une part, elle fait entrer les relations Est-Ouest dans leur ultime phase de tension aiguë ; d'autre part, elle joue un rôle essentiel dans l'approfondissement de la crise structurelle de l'URSS, puis dans son effondrement. La décision d'intervenir dans ce pays d'Asie centrale procède, pour le Kremlin, d'un impératif de sécurité. Selon l'historien Vladislav Zubok, les Soviétiques réagissent à l'impression accrue d'encerclement créée par le ralliement de la RFA, le 6 décembre 1979, à la double décision de l'OTAN qui ouvre la voie au déploiement des missiles *Pershing II*. Cela conduit Youri Andropov à alerter Brejnev sur « les dangers aux frontières méridionales de l'URSS et la possibilité que des missiles à courte portée américains soient déployés en Afghanistan et visent les sites stratégiques au Kazakhstan, en Sibérie et ailleurs[2] ». Le 12 décembre, le jour où l'OTAN décide que ses missiles seront installés en Europe occidentale, le Politburo approuve le plan Oustinov-Andropov visant à « sauver » l'Afghanistan et à relever du pouvoir Hafizullah Amin, qui a fait assassiner le chef du gouvernement pro-soviétique Nour Mohammad Taraki. Preuve du caractère global de la guerre froide, Moscou pense l'Est-Ouest en fonction du Nord-Sud : la doctrine Brejnev sur la souveraineté limitée s'applique à l'Afghanistan, où le gouvernement communiste est menacé. L'intervention de l'Armée rouge entraîne une dure réaction des États-Unis. Le 4 janvier 1980, Carter annonce des sanctions économiques contre l'URSS, notamment un embargo sur les céréales qui a de graves conséquences sur le ravitaillement soviétique. Le 20 janvier, il appelle au boycott des Jeux olympiques de Moscou de 1980, provoquant un séisme médiatique. La détente n'est clairement plus d'actualité.

2. Zubok Vladislav, « Soviet foreign policy from détente to Gorbachev, 1975-1985 », *in* Leffler Melvyn , Westad Odd Arne (dir.), *The Cambridge History of the Cold War*, vol. III, Cambridge, Cambridge University Press, 2010, pp. 102-103.

En Europe, seule la très conservatrice Margaret Thatcher, arrivée au 10 Downing Street en mai 1979, soutient pleinement Carter dans sa politique de durcissement. Certes, les autres dirigeants d'Europe de l'Ouest condamnent fermement l'intervention soviétique, mais ils estiment nécessaire de ne pas rompre le dialogue avec Moscou, au nom de la préservation de la sécurité européenne. Valéry Giscard d'Estaing s'oppose ainsi à la proposition américaine d'organiser un sommet de l'OTAN dans les semaines qui suivent l'invasion de l'Afghanistan, arguant que cela fait des années que la France appelle les États-Unis à être plus réactifs vis-à-vis de l'influence croissante de l'URSS dans le monde musulman. Au lieu de cela, Washington a préféré prendre le Kremlin de front sur les droits de l'homme, ce qui a été contreproductif. En acceptant un sommet atlantique, Paris donnerait l'impression de se jeter dans les bras des Américains au moment où ils se réveillent enfin. Pour les Français, il est inutile de s'opposer de manière virulente aux Soviétiques sur l'Afghanistan, dans la mesure où l'intervention à Kaboul les discrédite de toute façon auprès du tiers-monde et, de ce fait, leur fait perdre leur aura et leur influence dans les pays du Sud, notamment en Afrique du Nord et au Moyen-Orient. C'est du moins ce que prouve le vote de l'Assemblée générale des Nations unies en janvier 1980 en faveur d'un retrait soviétique. Dans ce contexte, Giscard d'Estaing considère qu'il est inutile de geler les négociations sur le désarmement et les euromissiles, comme le souhaitent les États-Unis, car cela conférerait un aspect Est-Ouest à la crise afghane : autant laisser la logique Nord-Sud s'acharner sur Moscou. L'avantage est qu'avec la dégradation des positions soviétiques en Méditerranée à partir de 1980, un facteur d'insécurité semble se dissiper sur le flanc méridional de l'Europe. Ce n'est ainsi pas pour rien qu'au printemps 1980, les pays de la CEE adoptent la déclaration de Venise, qui s'engage en faveur de la reconnaissance des droits des Palestiniens à l'autonomie gouvernementale. Il s'agit de profiter du vide laissé par le Kremlin dans la région, et en même temps de ne pas abandonner aux Américains le monopole des négociations au Moyen-Orient, quelques mois après le second choc pétrolier.

Cependant, en dépit de leur volonté de préserver le dialogue avec l'URSS, les Européens de l'Ouest n'ont pas d'autre choix que de durcir à leur tour leur attitude vis-à-vis de Moscou à partir de l'automne 1980, en raison de la crise qui se noue en Pologne. Rappelons que ce pays est l'une des pièces maîtresses du dispositif soviétique de sécurité en Europe centrale et orientale : il occupe une place centrale dans la zone tampon qui, depuis la fin de la Seconde Guerre mondiale, est censée protéger l'URSS du revanchisme allemand. Or, on l'a vu, l'*Ostpolitik* de la RFA a largement fait tomber cet argument, longtemps utilisé auprès des peuples est- et centre-européens pour justifier la mainmise soviétique sur la région. En outre, alors que la situation économique de la Pologne n'a cessé de s'aggraver depuis le début des années 1970, provoquant des émeutes ouvrières à Gdansk en 1970, la signature et la diffusion de l'Acte final d'Helsinki ont encouragé les opposants à faire entendre leur voix, relayée, à partir de 1978, par le pape polonais Jean-Paul II. Tandis que l'État n'arrive plus à maintenir les prix subventionnés, la décision en juillet 1980 d'augmenter les tarifs de la viande met le feu aux poudres. Au fil de l'été, les grèves se multiplient, s'étendent à tout le littoral de la Baltique – sur le chantier naval Lénine de Gdansk, Lech Wałęsa s'impose à la tête du mouvement –, puis à tout le pays. Les comités de grève se retrouvent dans un mouvement unique, Solidarnosc (Solidarité). Devant l'aggravation de la crise, le premier secrétaire du parti ouvrier unifié (POUP), Edward Gierek, fait le choix d'autoriser la formation de syndicats libres. Ces accords de Gdansk, par lesquels, en échange, les grévistes admettent le rôle dominant du POUP, sont soutenus par l'Église catholique mais provoquent l'ire de Moscou et de l'essentiel des dirigeants polonais. Si Gierek est remplacé par Stanisław Kania le 5 septembre 1980, ce dernier doit malgré tout se résoudre à admettre l'existence officielle du syndicat Solidarnosc. Le Kremlin décide donc de durcir un peu plus le ton en faisant nommer président du Conseil des ministres le général pro-soviétique Wojciech Jaruzelski en février 1981. Tandis que Solidarnosc demande un référendum sur l'autogestion des usines ainsi que l'organisation d'élections libres, Jaruzelski proclame la loi martiale le 13 décembre 1981 et fait arrêter de nombreux grévistes.

Ce coup d'État provoque une onde de choc en Europe. D'un côté, il montre que l'équipe brejnévienne n'est toujours pas décidée à laisser les satellites s'émanciper de la tutelle de Moscou et à mettre en œuvre toutes les dispositions de l'Acte final d'Helsinki ; de l'autre, il dévoile au grand jour les faiblesses de l'URSS : contrairement à ce qui s'était passé à Budapest en 1956 ou à Prague en 1968, les troupes soviétiques n'interviennent pas. Cela s'explique non seulement par le fait que l'Armée rouge est déjà embourbée en Afghanistan et ne peut se permettre d'ouvrir un autre front, mais aussi par la réaction virulente de la Maison-Blanche – Jimmy Carter puis Ronald Reagan –, qui prévient que les États-Unis ne toléreraient pas une intervention militaire en Pologne. En outre, intervenir pour réprimer un mouvement ouvrier ne signifierait-il pas reconnaître l'échec du communisme, dont l'origine même repose sur la défense de la cause prolétarienne ?

Les événements polonais se produisent alors que les trente-cinq membres de la CSCE sont réunis à Madrid dans le cadre de la deuxième réunion sur les suites du processus d'Helsinki (1980-1983). Tandis que la capitale de l'Espagne a été choisie comme lieu de la rencontre pour démontrer aux pays de l'Est à quel point la libéralisation et la démocratisation d'un pays peuvent entraîner son retour éclatant sur la scène internationale, la loi martiale en Pologne met en évidence le contre-modèle qui domine de l'autre côté du rideau de fer. Contrairement à ce qui s'était produit lors de la conférence de Belgrade en 1977-1978, cette fois, les Occidentaux font bloc derrière les Américains face aux Soviétiques : ils obtiennent la suspension des négociations madrilènes sur la sécurité et la coopération en Europe. À leurs yeux, le Kremlin ne peut pas d'un côté discuter des mesures de confiance et des droits humains, et de l'autre durcir la répression en Pologne. Or, pour Moscou, il est impératif de maintenir le dialogue avec l'Ouest, ne serait-ce que pour négocier des accords économiques ou pour parvenir, via le désarmement, à la neutralisation de certains espaces, tels que l'Europe centrale, les Balkans ou la Méditerranée. De fait, l'URSS et Jaruzelski font quelques concessions, libérant Lech Wałęsa en 1982 ou entamant des pourparlers avec l'Église. Mais si cela permet aux négociations de Madrid de reprendre, la situation ne se calme pas pour autant en Pologne, où la population ne tolère désormais plus ni la mainmise soviétique ni le régime socialiste, si tant est que cela ait été le cas un jour.

L'Europe entre dernier pic de tension Est-Ouest et vulnérabilité au terrorisme moyen-oriental

La réaffirmation occidentale

Si la première moitié des années 1980 est marquée par l'ultime phase de tension de la guerre froide, elle voit aussi s'inverser le rapport de force Est-Ouest. Alors qu'à la fin de la décennie 1970, les dirigeants soviétiques avaient renoué avec une politique d'influence et d'armement qui semblait profiter de la crise de confiance que le choc pétrolier et la fin des Trente Glorieuses avaient provoquée en Occident, le doute bascule dans le camp de l'Est à partir de 1980. En quelques mois, le Kremlin voit échouer tous les projets qu'il avait fomentés pour renforcer la sécurité du bloc soviétique : l'Armée rouge s'empêtre en Afghanistan, provoquant le discrédit de l'URSS dans son espace proche moyen-oriental ; la rébellion des Polonais affiche au grand jour l'échec du modèle soviétique en Europe centrale et orientale ; la reprise de la CSCE de Madrid se traduit par un revers pour la politique de maîtrise des armements telle qu'elle est pratiquée à Moscou. En effet, tandis que l'un des objectifs de la CSCE madrilène est de définir le mandat de la future conférence sur le désarmement conventionnel en Europe – proposée par la France en 1978 –, la délégation soviétique, dirigée par le général Mikhaïlov, a du mal à faire accepter aux Occidentaux une prise en compte des bases avancées américaines de Méditerranée dans les négociations de désarmement, ainsi qu'une extension des MDC à l'ensemble du bassin méditerranéen, ce qui aurait permis d'atténuer l'impression d'encerclement du bloc soviétique par le sud. Si les Européens de l'Ouest acceptent que les manœuvres en Méditerranée soient notifiées, c'est à condition qu'elles soient liées à des exercices terrestres ; l'URSS doit, en échange, admettre que la diminution globale des armements conventionnels s'appliquera au territoire soviétique, mais pas aux espaces maritimes qui bordent l'Europe. Les bases avancées des États-Unis sont donc épargnées : la sécurité ouest-européenne peut par conséquent continuer à dépendre de la présence des porte-avions américains.

Ces déboires soviétiques sont en grande partie permis par la spectaculaire réaffirmation de la solidarité occidentale au début des années 1980, à la suite d'une série de changements de dirigeants. La « révolution conservatrice » qui touche le Royaume-Uni et les États-Unis amène au pouvoir deux personnalités qui ravivent le caractère idéologique de la guerre froide. À Londres à partir de mai 1979 et à Washington après novembre 1980, Margaret Thatcher et Ronald Reagan se lancent dans une lutte effrénée contre l'État-providence et en faveur de la libéralisation et de la dérégulation de l'économie. L'affaiblissement de l'État protecteur doit permettre de mieux répondre aux défis des chocs pétroliers, afin d'apporter plus de souplesse et d'efficacité dans la conduite des affaires. En d'autres termes, c'est toute une tradition keynésienne développée depuis les années 1930 qui est balayée. Le mouvement conservateur, qui se retrouve dans une moindre mesure en RFA à partir d'octobre 1982 avec l'accession au pouvoir d'Helmut Kohl, a pour conséquence un durcissement de la lutte contre le communisme au niveau international : le libéralisme, qu'il soit économique ou politique, doit l'emporter sur ce que Reagan définit en 1983 comme étant « l'empire du mal ». En d'autres termes, il est désormais temps pour l'Occident de gagner la guerre froide.

Pour ce faire, le président américain ne lésine ni sur la stratégie ni sur les moyens : le budget des armées est doublé et de nouveaux programmes – tel celui sur le missile ICBM mirvé *Peacekeeper*, ou MX – sont mis sur les rails dans le but de reprendre l'avantage sur l'URSS en matière d'armements et, à terme, de l'écraser sous le poids de l'innovation technologique. Le sort de l'Europe centrale et orientale redevient une priorité pour Washington, qui décide d'y soutenir plus fermement les opposants au communisme par tous les moyens appropriés. La NSDD 32 (*National Security Decision Directive*) signée par Reagan au printemps 1982 va clairement dans ce sens. Elle prévoit notamment la mise sur pied d'opérations secrètes destinées à appuyer les dissidents et les opposants politiques là où, depuis les années 1950, les peuples ont ouvertement clamé leur envie de liberté, à savoir la Hongrie, la Pologne et la Tchécoslovaquie. On considère à la Maison-Blanche que plus un pays accomplit des progrès en matière de respect des droits de l'homme, plus il doit être financièrement soutenu. En Pologne, les États-Unis font livrer quantité d'ordinateurs, de matériel de reprographie et d'argent via la CIA et les prêtres, pour aider Solidarnosc à diffuser efficacement ses idées par le biais de publications clandestines. De même, les « radios de Munich » – *Voice of America, Radio Free Europe, Radio Liberty* – bénéficient de plus de moyens.

Dans ce processus de durcissement vis-à-vis de l'URSS, Reagan peut compter sur la plupart de ses alliés du Vieux Continent, et ce alors que les figures du socialisme sud-européen accèdent au pouvoir dans leurs pays respectifs en l'espace de quelques mois. Si la Maison-Blanche est dans un premier temps inquiète que la gauche parvienne aux responsabilités dans une zone jusqu'alors vulnérable à la pression soviétique et au neutralisme, elle est rapidement rassurée par l'engagement atlantique des nouveaux leaders que sont le président français François Mitterrand (à partir de mai 1981), le premier ministre grec Andréas Papandréou (à partir d'octobre 1981), le premier ministre espagnol Felipe González (décembre 1982) et le président du Conseil italien Bettino Craxi (août 1983). En Espagne, après avoir été un opposant actif à l'intégration de son pays dans l'OTAN, qui a lieu le 30 mai 1982, González s'en fait finalement l'avocat une fois arrivé au pouvoir. Les Espagnols confirment leur maintien dans l'Alliance lors d'un référendum en mars 1986. On considère alors à Madrid qu'une appartenance à l'organisation doit permettre de sécuriser le flanc sud du pays, face aux risques d'instabilité que font courir d'une part les ambitions du Maroc sur les villes espagnoles d'Afrique du Nord Ceuta et Melilla, d'autre part l'attitude dangereuse de l'Algérie et de la Libye. Les excellentes relations entre Felipe González et Helmut Kohl finissent d'ancrer l'Espagne à l'Europe, avant même qu'elle ne rejoigne la CEE en 1986. González joue en outre un rôle-clé dans l'obtention du compromis qui permet de conclure la CSCE de Madrid.

En Italie, Craxi se donne pour objectif de renforcer le poids de Rome dans l'OTAN, surtout après l'humiliation qu'a été la non-participation italienne au processus d'élaboration de la « double décision » en 1979. Dès avant son accession aux affaires, Craxi se dit favorable au déploiement de missiles *Pershing II* dans la péninsule, et ce au grand soulagement des Allemands qui ne souhaitaient pas être les seuls, sur le continent européen, à en recevoir. En résulte pour l'Italie une plus importante coopération militaire et politique avec les grandes puissances de l'Alliance atlantique, favorisée également par la mort du maréchal Tito en 1980, qui fait peser la menace d'une reprise en main de la Yougoslavie – peu plausible en réalité – par les Soviétiques, et donc d'un accès facilité de ces derniers à l'Adriatique. Preuve du haut degré d'implication de Rome dans la sécurité de l'Europe occidentale : les troupes italiennes se projettent désormais à l'extérieur et interviennent au Liban à l'été 1982, aux côtés des États-Unis et de la France, dans le cadre de la Force multilatérale d'interposition.

Pour ce qui est de la Grèce, où Andreas Papandréou suscite quelque inquiétude à Washington en raison de la réhabilitation des communistes grecs exilés dans le bloc de l'Est après la guerre civile, elle finit par mener une politique atlantiste, un an après le retour du pays dans le commandement intégré de l'OTAN (octobre 1980), qu'Athènes avait quitté en 1974.

Quant à François Mitterrand, il apparaît très vite comme l'un des alliés les plus fiables de l'Amérique dans sa stratégie de lutte contre l'URSS, en dépit de la participation de ministres communistes au gouvernement de Pierre Mauroy en 1981. Depuis longtemps fasciné par les États-Unis, Mitterrand joue pleinement le jeu de la coopération transatlantique, condamnant fermement l'intervention soviétique en Afghanistan et la loi martiale en Pologne, et autorisant la participation des services secrets français aux opérations de la CIA en Europe de l'Est. La transmission par Mitterrand à Reagan d'une partie des informations récoltées par la DST (Direction de la surveillance du territoire) via l'agent du KGB Vladimir Vetrov, sur l'espionnage technologique de l'URSS en Europe de l'Ouest et aux États-Unis contribue à instaurer un climat de confiance entre Paris et Washington. Le fait que la France accueille en 1983 une réunion ministérielle de l'Alliance atlantique – la première depuis 1966 – témoigne de l'atmosphère de bonne entente qui règne alors. À la grande satisfaction des Américains, Mitterrand soutient la double décision de l'OTAN et, tout en maintenant la priorité aux armes nucléaires, continue l'effort de modernisation des forces conventionnelles, ce qui se traduit en 1983 par la création de la Force d'action rapide. La France ne s'aligne pas pour autant sur les États-Unis et, à l'instar de la plupart des dirigeants ouest-européens, elle ne goûte guère à la tonalité toujours menaçante de Reagan à l'égard des Soviétiques. Car si les Européens font preuve de fermeté, ils veulent poursuivre la coopération avec l'URSS, ce qui ne va pas sans provoquer de crise, en particulier lorsqu'il s'agit d'importer les hydrocarbures soviétiques.

Tandis que la sécurité énergétique est devenue une préoccupation majeure des Européens au fil des Trente Glorieuses, et davantage encore avec les deux chocs pétroliers, Reagan n'admet pas qu'en 1981 des contrats de livraison de gaz soviétique soient conclus entre le fournisseur soviétique Soyouz Gaz et des entités européennes telles que Gaz de France ou Ruhr Gaz, puis avec des entreprises autrichiennes et italiennes. En effet, les livraisons devant commencer en 1984 – il s'agit de fournitures de l'ordre de trente à trente-cinq milliards de mètres cubes de gaz par an pendant vingt-cinq ans –, est prévue la construction d'un gazoduc de quatre mille cinq cents kilomètres entre la Sibérie et la frontière tchécoslovaque, financée par les Européens de l'Ouest et l'URSS. Pour les Américains, pareille infrastructure placerait leurs alliés d'Europe en situation de dépendance énergétique vis-à-vis de l'URSS, ce qui est inacceptable pour la sécurité occidentale. Le refus de Reagan crée, en 1982, une réelle tension entre les États-Unis et leurs partenaires, y compris britanniques, à propos de la souveraineté européenne, ce d'autant plus que la politique économique ultralibérale de l'administration républicaine relance la compétition commerciale euro-américaine, du fait notamment de la forte baisse de la fiscalité d'outre-Atlantique. Au total, si les Alliés sont d'accord sur la nécessité d'en finir avec la guerre froide, ils ne partagent pas forcément l'objectif reaganien d'en terminer avec l'URSS. En dépit d'une réelle affirmation de la solidarité occidentale face à l'attitude soviétique, les désaccords persistent sur les buts à atteindre à long terme, y compris lorsque la tension Est-Ouest atteint son dernier pic avec la crise des euromissiles.

La crise des euromissiles et l'Initiative de Défense stratégique

Sur la question des euromissiles, on assiste au début des années 1980 à un relèvement du camp occidental, même si cela ne coulait pas de source. En effet, en raison de la double décision de l'OTAN qui envisage le déploiement de missiles équivalents aux SS-20 au cas où les négociations avec l'URSS sur le retrait des engins soviétiques échoueraient, Moscou multiplie les manipulations tendant à faire retomber sur les Occidentaux la responsabilité de l'échec. Non seulement le Kremlin continue à éviter des discussions sérieuses avec les Américains, mais son soutien aux campagnes antinucléaires et pacifistes dans les pays supposés accueillir les *Pershing II* – Belgique, Italie, Pays-Bas, RFA, Royaume-Uni –, via les milieux de gauche et ses contacts avec l'Internationale socialiste, redouble de vigueur entre 1981 et 1983, ce qui donne lieu à une véritable bataille d'influence.

En RFA, la campagne soviétique anti-Pershing est une réussite, comme en témoigne la gigantesque manifestation pacifiste organisée à Bonn en octobre 1981 : une partie des citoyens ouest-allemands, en particulier la SPD dirigée par Willy Brandt, ne veut pas que les missiles américains soient installés sur le territoire de la République fédérale. Cette situation contribue au renversement d'Helmut Schmidt par le Parlement un an plus tard, du fait du ralliement du parti libéral-démocrate du ministre des Affaires étrangères Hans-Dietrich Genscher – jusque-là allié de la SPD mais favorable à l'installation des *Pershing II* – à la CDU d'Helmut Kohl : Schmidt, qui soutient la double décision de 1979, est victime de l'incapacité des Américains et des Soviétiques à dégager un compromis acceptable pour la SPD au cours des négociations sur les euromissiles qui ont lieu à Genève à partir de novembre 1981. Ce n'est pourtant pas faute d'essayer : en juillet 1982, l'ancien secrétaire adjoint à la Défense de Lyndon Johnson, Paul Nitze, qui mène les discussions au nom des États-Unis, propose à son homologue soviétique, le diplomate Juli Kvitsinky, le déploiement d'un plafond de deux cent vingt-cinq systèmes à portée intermédiaire de part et d'autre du rideau de fer. Les Soviétiques garderaient soixante-quinze SS-20 ; les Américains, plutôt que des *Pershing II* qui déplaisent tant à Moscou, installeraient soixante-quinze missiles de croisière, le reste des deux cent vingt-cinq systèmes étant des avions.

Alors que le compromis est extrêmement favorable à l'URSS et provoque la colère de Reagan, qui juge que Nitze va trop loin, le Kremlin fait le choix de le refuser, estimant qu'aucun nouveau missile américain, de quelque modèle que ce soit, ne doit être implanté en Europe. Moscou commet une grosse erreur en pensant que les pacifistes auront raison des missiles eurostratégiques occidentaux et qu'il vaut mieux rester implacable : en novembre 1983, le Bundestag vote finalement l'installation des *Pershing II*, après que Mitterrand, par un célèbre discours à la gloire de la coopération franco-allemande, a contribué à convaincre les députés ouest-allemands d'agir en ce sens au nom de la sécurité européenne. La crise des euromissiles atteint alors son paroxysme, et ce au moment où, après

La crise des euromissiles

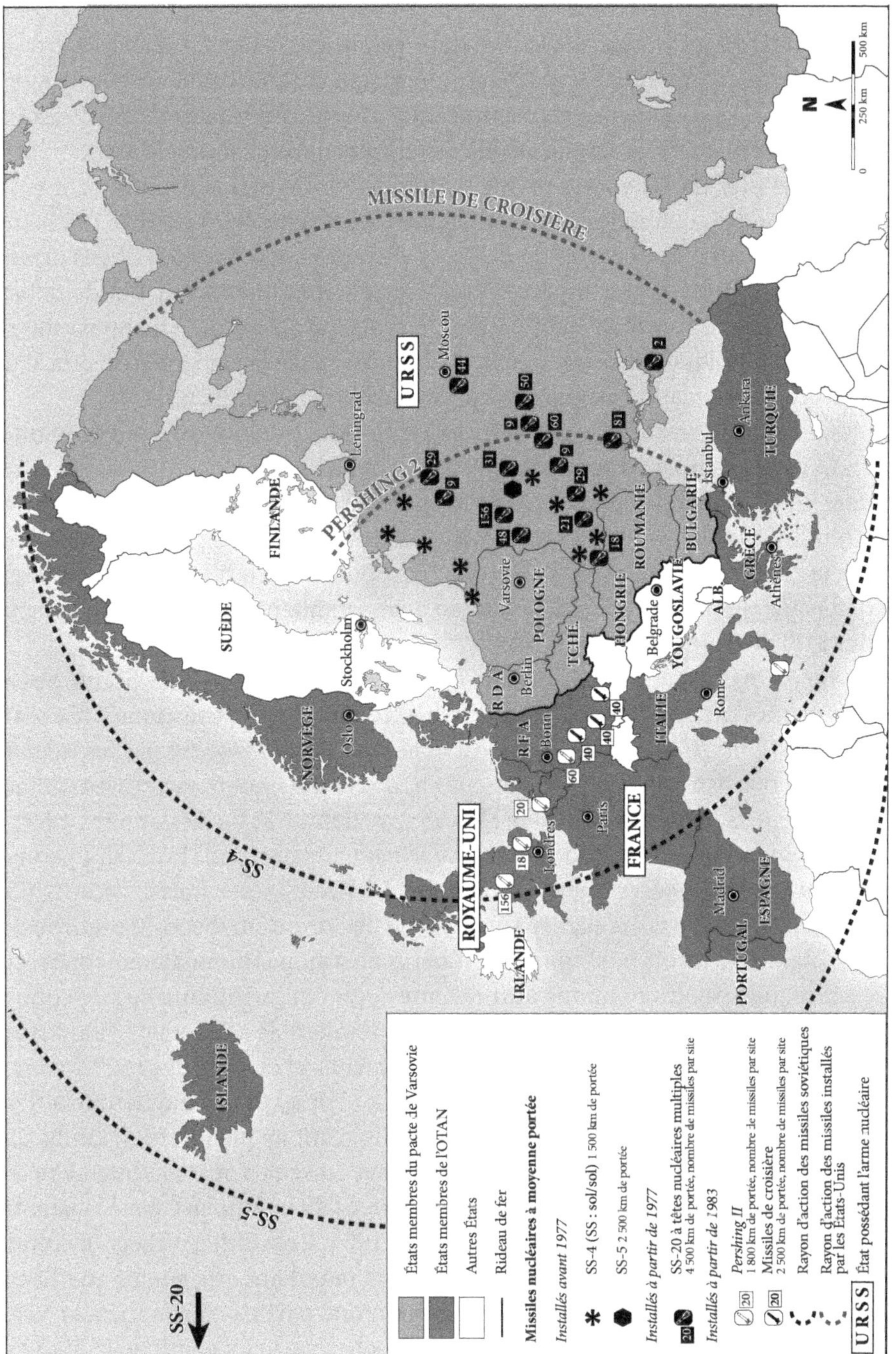

qu'un avion de ligne sud-coréen a été abattu au-dessus de l'URSS, la Maison-Blanche se montre plus offensive que jamais vis-à-vis de Moscou. Les Soviétiques quittent les négociations de Genève sur un constat d'échec : le découplage transatlantique, et notamment germano-américain, auquel devaient faire aboutir les SS-20 n'a pas eu lieu. Cela n'empêche pas les manifestations anti-Pershing de se poursuivre. En Belgique, où le gouvernement de coalition Martens-Gol se dirige vers l'acceptation des missiles sur le territoire national, entre cent vingt mille et quatre cent mille personnes défilent à Bruxelles le 23 octobre 1983 pour protester contre la décision de l'OTAN d'un déploiement effectif des armes. Aux Pays-Bas, tandis que le premier ministre chrétien-démocrate Ruud Lubbers consent à l'établissement de missiles de croisière américains, l'opposition de l'opinion publique est si vive – une pétition recueille la signature de près d'un quart de la population du pays – que l'installation n'a pas lieu.

Ce sont pourtant bien cinq cent soixante-douze engins qui sont implantés en Europe au milieu des années 1980 et qui marquent la victoire occidentale dans ce qui est la dernière crise de la guerre froide. On craint maintenant au Kremlin que l'arrivée des nouveaux missiles ne soit le signal annonciateur d'une guerre nucléaire contre l'URSS. C'est pourtant en faveur d'une stratégie défensive qui coupe court à la course aux armements que s'engage Reagan, dès le printemps 1983.

Le 23 mars, il annonce l'initiative de défense stratégique (IDS), un réseau de satellites capable de repérer et de détruire tout missile balistique tiré contre les États-Unis. Ce système, surnommé le *Star Wars Program* par les médias, rendrait obsolètes les armes soviétiques ICBM et forcerait Moscou à les démanteler. Le défi est immense pour l'URSS qui, depuis la fin des années 1940, a massivement investi dans la course aux armements puis dans le développement des missiles nucléaires intercontinentaux. Le Kremlin perdrait la compétition s'il ne parvenait pas à s'aligner sur l'IDS en élaborant un dispositif équivalent. Ces objectifs à la fois politiques et militaires ne sont pas immédiatement perçus comme tels par les opinions européennes, qui craignent au contraire que le projet de Reagan – pourtant techniquement irréalisable à l'époque – aboutisse à relancer une fois de plus la course aux armements, et ce alors que les *Pershing II* commencent à être déployés. Or, à Moscou, c'est à la fois l'inquiétude et l'indécision qui dominent au sein d'un cercle dirigeant en pleine crise : tandis que Brejnev meurt le 10 novembre 1982, son successeur Youri Andropov ne lui survit que quelques mois ; il s'éteint en février 1984, remplacé par Konstantin Tchernenko, qui décède à son tour en mars 1985. Il est difficile, dans ces conditions, de tenir tête à un Ronald Reagan plus populaire que jamais aux États-Unis, malgré les craintes que l'IDS inspire à une partie des Américains. C'est pourtant bel et bien le désarmement que recherche le locataire de la Maison-Blanche, dont la croyance sans cesse affichée aux valeurs chrétiennes explique en partie son souci d'éviter l'Armageddon nucléaire. Ainsi, en même temps que l'installation des nouveaux engins stratégiques, Reagan propose aux Soviétiques l'ouverture des plus ambitieuses négociations de désarmement qui aient été menées depuis le début de la guerre froide : il s'agit tout simplement de privilégier l'« option zéro », en supprimant à la fois les *Pershing II* et les SS-20. L'arrivée de Mikhaïl Gorbatchev à la tête de l'URSS permet d'orienter le rapport de force soviéto-américain dans cette direction, le nouveau secrétaire général du PCUS étant bien décidé à dégager un accord de désarmement favorable aux intérêts de son pays, même si cela implique de ne plus chercher systématiquement à prendre l'ascendant nucléaire sur les États-Unis.

La « guerre des étoiles » n'a pas seulement un impact sur les relations entre les deux Grands. Elle a aussi de profondes conséquences sur les logiques transatlantiques et ouest-européennes. François Mitterrand, notamment, craint que le bouclier antimissiles américain rende inutile la force de frappe française et, qui plus est, que Washington se lance de manière unilatérale dans la construction du système de défense, sans associer ses alliés du Vieux Continent, ou du moins en les cantonnant à la marge du chantier. La France ambitionne par conséquent de s'appuyer sur la relance de la construction européenne – qui se fait à partir du sommet de Fontainebleau de 1984 et ouvre la voic à l'Acte unique européen et au traité de Maastricht – pour répondre au défi technologique de l'IDS. En juillet 1985, la détermination françaisc aboutit au lancement, par dix-sept pays, du programme Eureka visant à consolider la compétitivité de l'industrie européenne. Via des appels à projets émis par une agence centrale, les entreprises et les laboratoires de recherche des États membres peuvent soumettre, en s'alliant avec d'autres partenaires européens, des plans de coopération pour élaborer des produits, procédés ou services destinés à être commercialisés. Une fois évalués par les instances d'Eureka, les projets obtiennent une labellisation qui leur permet de bénéficier de soutiens financiers selon des procédures inhérentes aux pays impliqués. L'électronique et l'informatique européennes tirent largement leur épingle du jeu en termes de financement au cours des années et décennies qui suivent.

De fait, les difficultés avec les États-Unis sont autant de motifs supplémentaires pour rechercher une plus grande cohésion européenne et franco-allemande. Les années 1985-1986 sont marquées par un effort de rapprochement entre Paris et Bonn sur les grandes questions stratégiques. Cet effort aboutit notamment, début 1986, à l'engagement du président français de consulter le chancelier Kohl en cas de recours à l'arme nucléaire stratégique dans l'hypothèse d'un conflit en Allemagne. De la sorte, Mitterrand tente d'éliminer une vieille suspicion allemande selon laquelle la bombe atomique française aurait été construite non pas pour dissuader une attaque de l'URSS mais pour, un jour, pouvoir se défendre face au revanchisme allemand...

C'est ainsi qu'à la faveur de la dernière crise de la guerre froide, les années 1984-1985 voient s'enclencher une double dynamique de coopération ouest-européenne et de discussion Est-Ouest, dont les résultats se manifestent avec éclat au cours des années suivantes. Reconduit à la Maison-Blanche en novembre 1984, Reagan adopte une tout autre tonalité à l'égard du Kremlin : après avoir épuisé l'URSS dans la course aux armements, l'objectif désormais est de l'amener à se désarmer et, à terme, de supprimer les armes nucléaires. La menace soviétique disparaîtrait, la guerre froide serait dépassée, les États-Unis en seraient les vainqueurs incontestés. La rupture avec les précédentes administrations républicaines – Nixon et Ford – est totale : il ne s'agit plus de parvenir à un équilibre stratégique entre les deux Grands par la limitation des forces, mais à une domination de l'Amérique par l'affaiblissement de l'adversaire et par le désarmement. Les *Strategic Arms Limitation Talks* (SALT) deviennent les *Strategic Arms Reduction Talks* (START). Cette ferme volonté ne va cependant pas sans susciter d'inquiétude chez les Européens de l'Ouest, qui craignent que cela n'entraîne la fin du parapluie nucléaire américain, la diminution de la garantie de protection offerte par Washington et, partant, le découplage transatlantique. Revient ainsi le dilemme européen des années de détente, où le souci de dépasser la guerre froide va de pair avec le besoin de maintenir un haut degré d'assurance de la part des États-Unis en faveur de la sécurité du Vieux Continent. La fin de la décennie 1980 et le début des années 1990 portent cette ambivalence à son paroxysme, et ce alors que la période qui se clôt avec l'arrivée de Gorbatchev au pouvoir et le lancement de la *perestroïka* (« reconstruction ») voit le développement d'une menace d'une autre nature, le terrorisme proche-oriental.

La première vague de terrorisme proche-oriental

Si l'Europe a déjà été confrontée au terrorisme proche-oriental dans les années 1970, notamment avec l'attentat de Munich en 1972, la violence devient récurrente au cours de la décennie suivante, touchant en premier lieu la France et, dans une moindre mesure, l'Italie (attentat contre la synagogue de Rome en octobre 1982 ; prise d'otages des passagers et de l'équipage d'un navire de croisière italien au large de l'Égypte par quatre membres de l'OLP – l'Organisation de libération de la Palestine – le 7 octobre 1985). En effet, la révolution iranienne de février 1979, en donnant naissance au régime islamiste des ayatollahs, rebat les cartes de l'équilibre moyen-oriental et affecte directement les intérêts des puissances occidentales politiquement, stratégiquement et économiquement engagées dans la région. C'est le cas des États-Unis, bien sûr, qui, avec la chute du chah, perdent l'un des piliers de leur système de sécurité régional, mais c'est aussi le cas de la France. Depuis le milieu des années 1970, elle est devenue, sous l'impulsion du premier ministre Jacques Chirac (1974-1976), l'un des principaux fournisseurs d'armes à l'Irak de Saddam Hussein. De fait, lorsqu'en septembre 1980 le dictateur irakien, désireux de contrer l'influence de Téhéran dans le monde musulman, attaque l'Iran et que s'engage un conflit de haute intensité entre les deux pays voisins, Paris a bien du mal à cacher sa préférence et son soutien à Bagdad, dans un contexte de confessionnalisation accrue du Moyen-Orient. Dans le même temps, les relations entre François Mitterrand et le régime syrien d'Hafez el-Assad, client et protégé de l'Iran islamiste, se dégradent dès le moment où le socialiste parvient à l'Élysée. Ne faisant pas mystère de son admiration pour Israël, puis, par la suite, choisissant de soutenir l'OLP mise en difficulté durant la guerre au Liban, Mitterrand fait l'unanimité contre lui à Téhéran et à Damas, si bien que la France devient la cible d'une vague d'attentats commandités par les autorités de ces deux pays, dès 1981-1982. Après des attaques à Beyrouth contre le siège d'Air France, la Fransabank et la Banque libano-française, l'ambassadeur français au Liban, Louis Delamare, est assassiné par un commando de miliciens au service de la Syrie. En mars et avril 1982, la mission commerciale de l'ambassade d'Israël à Paris et le siège parisien du quotidien libanais *al-Watan al-Arabi* sont visés. Par la suite, entre 1983 et 1986, plus d'une trentaine d'attentats sont organisés sur le territoire métropolitain français, faisant plus de quatre cents victimes, dont plusieurs dizaines de morts. Si une partie de ces attaques est perpétrée par des organisations ancrées dans un modèle de lutte idéologique extrême qui correspond au schéma classique de la guerre froide – Action directe, Alliance révolutionnaire Caraïbe, Armée secrète arménienne de libération de l'Arménie, Carlos –, la menace dominante est désormais l'islam radical, chiite d'abord, via des acteurs plus ou moins affiliés à Téhéran, telle l'Organisation du Jihad islamique qui, le 7 février 1984, assassine à Paris Gholam Ali Oveissi, dernier général en chef de l'armée impériale d'Iran. À cela s'ajoute un terrorisme palestinien soucieux de se démarquer de la ligne officielle de l'OLP en prônant le recours systématique à la violence, comme en témoigne l'attentat antisémite de la rue des Rosiers, à Paris, le 9 août 1982, perpétré par le groupe Fatah-Conseil révolutionnaire (FCR), qui fait six morts et vingt-deux blessés.

Par conséquent, la France de la première moitié des années 1980 oriente sa politique de sécurité en fonction des nouvelles menaces. Cela passe par une réforme en profondeur des services de renseignement, en première ligne dans le combat antiterroriste. La Sécurité militaire fait place, en 1981, à la Direction de la protection et de la sécurité de la défense, qui réunit fonctionnaires et militaires. Le SDECE (Service de documentation extérieure et de contre-espionnage), créé en 1945, est renommé DGSE (Direction générale de la sécurité extérieure) le 2 avril 1982 et largement modernisé, avec un effort porté sur l'évaluation approfondie des événements internationaux, l'intelligence économique et l'informatisation. Outre la cellule antiterroriste de l'Élysée créée en 1982 – avec à sa tête Christian Prouteau, père du Groupe d'intervention de la gendarmerie nationale (GIGN) en 1973 –, est instaurée en 1984 l'Unité de coordination de la lutte antiterroriste (UCLAT). Pour la première fois en Europe, une unité est chargée de coordonner l'ensemble des services d'un pays destinés à lutter contre le terrorisme (police, gendarmerie, DGSE, DGSI). La coopération internationale s'organise elle aussi, avec, depuis 1977, le groupe Kilowatt, qui réunit des experts du combat antiterroriste provenant de Belgique, du Danemark, de France, d'Irlande, d'Italie, du Luxembourg, de Norvège, des Pays-Bas, de RFA, du Royaume-Uni, de Suède et de Suisse, mais aussi des États-Unis, du Canada et d'Israël. Ce groupe, qui se concentre en priorité sur l'échange d'informations ayant trait aux terroristes moyen-orientaux, vient s'ajouter au TREVI (Terrorisme, radicalisme, extrémisme, violence internationale), qui, dès 1975, coordonne la lutte entre pays du marché commun. Il fonctionne sur la base de réunions régulières entre ministres de l'Intérieur et ministres de la Justice des États membres.

Se dessine ainsi une coopération progressivement pensée comme l'un des piliers de la relance européenne de la décennie 1980 et qui figurera en bonne place dans le traité de Maastricht. Cet embryon de coordination prouve que les Européens de l'Ouest prennent conscience de la superposition des régimes internationaux à l'œuvre : les risques inhérents à la guerre froide que sont la prolifération des armes, la course à l'influence politique et idéologique et la subversion communiste cohabitent avec une menace plus difficile à appréhender car plus autonome et plus insidieuse, capable de frapper n'importe où et n'importe quand, sans que la diplomatie classique ne puisse véritablement permettre d'éviter les drames. Ce constat d'un terrorisme indépendant du contexte de guerre froide ne fait cependant pas l'unanimité parmi les Occidentaux et provoque notamment de profonds désaccords entre une partie des responsables américains, qui estiment que l'URSS exerce une influence sur les mouvements radicaux du monde arabe – la Syrie en particulier –, et les décideurs français, selon lesquels Moscou ne joue plus aucun rôle au Moyen-Orient et n'a rien à voir avec la vague d'attentats. La vision mitterrandienne ne peut toutefois pas l'emporter face à des certitudes reaganiennes nourries par l'impérieuse nécessité de justifier l'effort budgétaire considérable consenti par la Maison-Blanche en faveur de la défense des États-Unis et de leurs alliés, les dépenses militaires s'élevant à 6 % du PIB américain en 1986.

La conception globaliste des rapports Est-Ouest défendue par Washington continue par conséquent de dicter la conduite générale de la politique de sécurité occidentale, en dépit des doutes européens : l'Ouest ne se sentira définitivement en sécurité qu'une fois débarrassé de la menace soviétique. Cette éventualité est pourtant loin d'être à l'ordre du jour lorsque Mikhaïl Gorbatchev parvient au pouvoir en 1985. Malgré ses faiblesses, l'URSS apparaît toujours comme une superpuissance et comme l'un des protagonistes des relations internationales. Cette conviction unanimement partagée par les leaders politiques du Vieux Continent explique la surprise que constitue, pour les Européens, l'enchaînement d'événements qui caractérise la deuxième moitié des années 1980.

Discours de Margaret Thatcher à la conférence du parti conservateur, 14 octobre 1983, Winter Garden, Blackpool (Royaume-Uni)

[...] Le soi-disant mouvement pacifiste peut prétendre faire campagne pour la paix, mais ce sont l'OTAN et l'Alliance occidentale qui assurent la paix en Europe depuis plus de trente ans. La paix ne vient pas en chantant le mot comme une incantation mystique. Elle vient de cette vigilance incessante que les Alliés occidentaux entretiennent depuis près de deux générations. La paix est un travail difficile et nous ne devons pas laisser les gens l'oublier.

Le défi soviétique demeure. Dire cela, ce n'est pas s'en féliciter et encore moins s'en réjouir. Mais si nous voulons nous défendre correctement, nous devons d'abord faire une évaluation réaliste de la menace à laquelle nous sommes confrontés. Personne ne peut oublier l'histoire de l'utilisation de la force par les Soviétiques dans l'après-guerre, ni effacer le sombre calendrier de la suppression soviétique de la liberté. Vous connaissez le calendrier presque aussi bien que moi : 1953 Allemagne de l'Est, 1956 Hongrie, 1961 mur de Berlin, 1968 Tchécoslovaquie, 1979 Afghanistan, 1981 Pologne, 1983 avion civil sud-coréen.

Il est peu probable que l'Union soviétique change beaucoup ou rapidement. Les difficultés internes n'adouciront pas nécessairement son attitude. Il ne faut pas non plus surestimer l'influence de l'Occident sur ce vaste et soupçonneux pays. Ses dirigeants resteront probablement méfiants et hostiles à l'Occident et impitoyables dans leurs actions internationales. Économiquement, bien sûr, me direz-vous, nous n'avons rien à craindre. Quelles que soient les difficultés, les économies qui fleurissent le font sous la bannière du marché et non de Marx.

Dans la bataille des idées, l'Union soviétique bat en retraite alors que de plus en plus de peuples d'Afrique et d'Asie découvrent ce que l'Europe a déjà découvert : le vide cruel du marxisme. Et, vous savez, les dirigeants russes le savent. Sinon, pourquoi empêchent-ils leur peuple de voyager librement ? Sinon, pourquoi brouillent-ils les émissions occidentales ? Sinon, pourquoi détournent-ils le regard de leurs concitoyens qui ont l'audace de demander à l'Union soviétique de respecter les engagements qu'elle a pris à Helsinki ?

Mais quoi que nous pensions de l'Union soviétique, le communisme soviétique ne peut être désinventé. Nous devons vivre ensemble sur la même planète et c'est pourquoi, lorsque les circonstances sont favorables, nous devons être prêts à parler aux dirigeants soviétiques. C'est pourquoi nous devons saisir toutes les opportunités réelles de dialogue et maintenir ce dialogue dans l'intérêt de l'Est comme de l'Ouest. Mais de tels échanges doivent être réalistes. Nous ne voulons pas que le mot « dialogue » devienne suspect comme le mot « détente » l'est aujourd'hui. Et un élément majeur de ce dialogue doit être la maîtrise des armements. En effet, nous, Occidentaux, souhaitons une réduction des armements, à condition toujours que l'équilibre soit maintenu et que les engagements de réduction ou de destruction des armements puissent être vérifiés. [...]

Je pense qu'il est important que nous comprenions exactement quel genre de négociations se déroule à Genève. Nous négocions sur deux classes d'armes nucléaires : les armes intermédiaires et les missiles stratégiques à longue portée. Deux séries de négociations.

Parlons d'abord des armes intermédiaires. Il y a environ six ans, l'Union soviétique a commencé à remplacer les siens par des SS-20 plus précis qui ont trois fois plus d'ogives. Nous n'avions rien de comparable, alors l'OTAN a décidé en 1979 de moderniser nos armes intermédiaires avec des missiles *Cruise* et *Pershing II* afin de rétablir l'équilibre. Mais en même temps, nous avons essayé de persuader l'Union soviétique de réduire le nombre de SS-20. Il n'y a pas eu de réponse.

Ensuite, nous avons proposé d'éliminer nos missiles s'ils éliminaient les leurs. S'ils acceptaient, aucun missile *Cruise* ou *Pershing II* ne serait déployé. C'est l'option zéro du président Reagan. Il n'y a toujours pas eu de réponse positive de la part de l'Union soviétique et tout indique qu'il n'y en aura pas. Dans ce cas, les premiers missiles *Cruise* et *Pershing II* seront déployés à la fin de cette année.

Néanmoins, à Genève, nous persisterons dans nos efforts pour parvenir à un accord afin de maintenir les effectifs aussi bas que possible de part et d'autre. L'absence d'armes serait meilleure que quelques armes, mais peu d'armes vaudraient mieux que plus d'armes.

Pendant ce temps, toute la situation a été délibérément obscurcie et rendue confuse par la tentative de propagande soviétique de suggérer que notre arme stratégique, *Polaris*, devrait être incluse dans les pourparlers sur les armes intermédiaires. Actuellement, *Polaris* est notre dissuasion de dernier recours. Nous la possédions bien avant les SS-20 et, maintenant, nous en avons besoin au cas où nous serions menacés par le grand arsenal d'armes stratégiques de la Russie. Et quelle que soit la manière dont vous la mesurez, notre force stratégique ne représente que 2,5 % de la leur ; une seule de nos armes en représente quarante chez eux.

Mais il y a des pourparlers séparés à Genève concernant les armes stratégiques. L'Union soviétique et les États-Unis possèdent chacun quelque neuf mille ogives. En 1981, le président Reagan a suggéré que, dans un premier temps, les ogives des missiles soient coupées d'un tiers des deux côtés. Encore une fois, il n'y a pas eu de réponse positive de l'Union soviétique. Mais si jamais cet énorme arsenal stratégique était considérablement réduit, alors, bien sûr, nous devrions envisager comment nous, en Grande-Bretagne, pourrions contribuer au processus de contrôle des armements.

Comme vous le savez personnellement, Monsieur le Président, l'Occident a multiplié les propositions de réduction des armements, et le jour où les dirigeants de l'Union soviétique décideront véritablement qu'ils veulent, par le biais d'accords de maîtrise des armements, rendre ce monde plus sûr, ils trouveront notre porte ouverte. Jusque-là, notre triple politique sera la même : évaluer de manière réaliste l'agresseur potentiel, maintenir fermement notre capacité de défense et de dissuasion et être toujours prêt à parler.

Comme vous le comprendrez, j'en suis sûre, personne n'est plus soucieux d'un véritable désarmement que celui qui porte la responsabilité ultime de la dissuasion nucléaire dans son pays. Je voulais vous dire cela. Vous comprendrez à quel point il est important pour moi que nous essayions de faire aboutir ces pourparlers sur la réduction des armements. [...] ■

Source : Margaret Thatcher Foundation

Chapitre 6

La fin de la guerre froide : ruptures et continuités de l'ordre sécuritaire européen, 1985-1992

Si les années 1985-1992 bouleversent en profondeur les conditions de la sécurité en Europe en raison du changement radical d'attitude de l'URSS puis de l'effondrement de la superpuissance soviétique, écrire l'histoire de cette période continue de poser un défi aux historiens : comment analyser les dernières années de la guerre froide sans songer au résultat final, celui de la disparition de l'un de ses protagonistes et de la réunification de l'Europe sous la bannière de l'OTAN et de la construction européenne ? Comment lire les décisions prises au tournant des décennies 1980 et 1990 sans verser dans une vision téléologique qui conduirait inévitablement au « retour de la Russie » dans les années 2000 et 2010 ? L'ouverture des archives de ce moment-clé de l'histoire européenne et les nombreux travaux qu'elles ont suscités apportent un début de réponse à ces questionnements méthodologiques, en ce qu'ils ont permis d'aboutir à plusieurs constats. Premièrement, quand Gorbatchev prend les rênes du pouvoir en 1985, personne en Occident n'imagine qu'il va remettre en cause les fondements du marxisme-léninisme ; l'idée qui domine à l'époque est plutôt celle d'un renouveau du *leadership* soviétique dans les affaires européennes. Or, la volonté d'ouverture du nouveau secrétaire du PCUS affecte considérablement les perceptions occidentales en matière de sécurité européenne : l'URSS semble ne plus être une menace et se montre particulièrement désireuse d'approfondir la coopération Est-Ouest.

Deuxièmement, à partir du moment où, en 1988-1989, la fin de la guerre froide devient inéluctable, les Occidentaux cherchent à éviter l'humiliation de l'URSS et de ses dirigeants, en se gardant de tout triomphalisme, ce d'autant plus que personne ne sait vraiment à quoi ressemblera le monde d'après.

Troisièmement, le dépassement de l'antagonisme Est-Ouest n'entraîne pas une révolution institutionnelle : les organes de la sécurité européenne qui ont fait leurs preuves pendant la guerre froide demeurent ; ils font l'objet d'adaptations ou, dans le cas de la CSCE, d'institutionnalisation, mais ils ne laissent en aucun cas la place à de nouvelles instances paneuropéennes, en dépit de plusieurs projets en ce sens. C'est peut-être là que le bât blesse : en ne procédant pas à une revue en profondeur des instruments de la sécurité européenne et en faisant en sorte d'élargir simplement les outils de sa victoire, l'Ouest maintient la porte ouverte à d'éventuelles contestations quant à l'occidentalisation à outrance de l'ordre international.

Les années 1985-1992 correspondent, par conséquent, autant à un immense bouleversement géopolitique qu'à un moment d'incertitude, où les acteurs de la sécurité européenne cherchent à se raccrocher à ce qu'ils connaissent et à ménager leurs interlocuteurs. Cela explique aussi pourquoi la fin de la guerre froide reste un processus pacifique qui, en Europe, aboutit à une architecture de sécurité issue davantage des constructions transatlantiques de l'immédiat après-guerre et des aménagements des années 1970-1980 que de véritables innovations.

La « nouvelle pensée » soviétique et ses conséquences

Comment, après quarante ans de guerre froide, l'URSS parvient-elle à ne plus apparaître comme une menace existentielle pour l'Europe et à entraîner une profonde mutation des conceptions sécuritaires à travers le Vieux Continent ? La réponse à cette question se situe en premier lieu dans la prise de conscience générale, chez les dirigeants soviétiques, de l'état de crise dans lequel se situe leur pays. À leurs yeux, une réforme du système est nécessaire. C'est pour mener cette réforme que Gorbatchev est choisi comme premier secrétaire du PCUS.

La crise de la Défense soviétique et les nouvelles conceptions du Kremlin

Si le taux de croissance économique de l'URSS ralentit dès le milieu des années 1960, passant de 4,1 % en 1965-1970 à 1 % en 1975-1980, le contre-choc pétrolier de 1984 aggrave un peu plus les conséquences de la stagnation du fait de la baisse drastique des entrées de devise. La crise, déjà structurelle, donne alors l'impression de s'installer durablement, plus de dix ans après le premier choc pétrolier, qui avait laissé penser à l'équipe brejnévienne que la fin des Trente Glorieuses en Occident pourrait conduire Moscou à gagner la guerre froide.

Conjuguée au souci de reprendre la main sur la course aux armements après la signature des accords SALT I et II, cette hypothèse avait convaincu les dirigeants soviétiques de s'engager plus avant dans le tiers-monde. Au mitan de la décennie 1980, l'embourbement de l'Armée rouge en Afghanistan suffit à prouver que cette politique n'est plus viable. Si l'on ajoute à cela le déploiement des *Pershing II*, la crise polonaise et le projet IDS, on comprend que les responsables du Kremlin éprouvent un cruel sentiment d'échec sur le plan militaire. Gorbatchev et ses proches collaborateurs – Egor Ligatchev, secrétaire du Comité central du PCUS, et Alexandre Iakovlev, nouvel homme fort du Politburo, à la fois réformiste et influent – savent que la crise économique ne permet plus de maintenir le pays au niveau des États-Unis dans la course à la modernisation des armements. L'URSS doit cesser de consacrer entre 20 % et 40 % de son PNB aux dépenses militaires.

En outre, deux événements viennent prouver au monde entier que l'URSS n'est plus en mesure d'assurer sa propre sécurité. Le plus grave est l'explosion de la centrale nucléaire de Tchernobyl le 26 avril 1986. La catastrophe contamine une zone de plus de cent quarante-cinq mille kilomètres carrés, soit 23 % du territoire biélorusse, 7 % du territoire ukrainien et 0,5 % du territoire russe, un espace où vivent plus de quatre millions de personnes. Tchernobyl apparaît très vite à la fois comme le symbole et le résultat de l'état de délabrement dans lequel se trouve le système soviétique. La nécessité de dénucléariser les relations internationales semble alors d'autant plus urgente pour les autorités de Moscou que, dès le mois de mai suivant, le monde prend conscience des conséquences néfastes de l'explosion sur la santé des Européens. Le Kremlin ne peut pas cacher le drame, révélé après que la Suède a constaté une hausse générale de la radioactivité en Scandinavie ; il opte finalement pour une politique de transparence. Avec cette « *glasnost* », l'URSS renonce à un fondement essentiel de sa culture politique, le secret[1].

Un an plus tard, le 28 mai 1987, un petit avion monomoteur piloté par un jeune Allemand se pose sur la place Rouge, sous les murs du Kremlin, sans que les radars soviétiques n'aient repéré son périple de huit cents kilomètres depuis la Finlande. L'humiliation qui en résulte pour l'Armée rouge conduit au limogeage du ministre de la Défense Sergueï Sokolov et du chef de la défense aérienne, tous deux représentants du courant « dur » du régime et opposés à la *perestroïka*. Dès lors, les responsables militaires soviétiques, sous la houlette du nouveau ministre Dmitri Iazov, perçoivent l'urgence de réformer le système : renouer avec la puissance suppose de relever l'économie. Or, au cours de ces deux premières années au pouvoir, Gorbatchev ne songe qu'à rénover de l'intérieur le modèle soviétique, sans entamer un véritable processus de réforme. Il estime qu'il suffit de sortir de la léthargie de l'ère brejnévienne pour permettre de repartir sur de bonnes bases. Il mise notamment sur la

1. Soutou Georges-Henri, *La guerre de cinquante ans*, *op.cit.*, pp. 665-667.

moralisation de la société et des dirigeants – avec en particulier la prohibition de l'alcool – et sur de grands investissements. Si cette politique produit des résultats en entraînant la hausse de l'espérance de vie masculine et de la productivité, elle a pour contrecoup l'augmentation de la criminalité et du marché noir, ainsi que le mécontentement de la population. L'accumulation des difficultés économiques et sociales persuade l'entourage de Gorbatchev que le Parti, perçu d'abord comme le levier du changement, constitue en réalité le principal obstacle à son succès.

En parallèle, fort du constat selon lequel la politique de confrontation avec l'Ouest est un échec et qu'elle a conduit à ressouder le camp occidental tout en ruinant l'URSS, Gorbatchev entend instaurer une vraie détente, qui puisse donner le temps au pays de se relever et permettre d'accroître les échanges avec les États-Unis et les États de la CEE afin de bénéficier de leurs crédits et de leur technologie. Présentée lors du XVIIe congrès du PCUS en février 1986 puis dans l'ouvrage *Perestroïka* en 1987, cette « nouvelle pensée » ne signifie pas une rupture sur les buts à atteindre, mais plutôt sur la stratégie à suivre : le secrétaire général du parti garde une foi inébranlable dans le marxisme-léninisme, qui finira par s'imposer sur le capitalisme. Pour ce faire, l'URSS doit pouvoir se moderniser et restructurer son modèle, en admettant qu'un certain nombre de problématiques ne relèvent pas de la lutte des classes et, de fait, dépassent la logique d'opposition Est-Ouest ; elles constituent des objectifs communs à toute l'humanité et doivent faire l'objet d'une solide coopération. Gorbatchev songe notamment à la préservation de l'environnement et des ressources naturelles, aux droits humains, à la culture et, surtout, au risque de guerre nucléaire. Ce nouveau discours a des conséquences fondamentales en termes de sécurité européenne : en insistant sur le danger de conflit atomique, il crée une rupture historique avec l'idée léniniste qu'une guerre entraînerait la chute du capitalisme et la victoire de la révolution mondiale ; il montre par conséquent que le Kremlin est désormais pleinement disposé à s'engager dans des négociations de désarmement et à jouer le jeu de la sécurité coopérative en privilégiant des thématiques jusqu'alors considérées comme « bourgeoises ». Certes, Gorbatchev entrevoit derrière cette coopération la possibilité de dissoudre les alliances militaires et de découpler l'Europe occidentale des États-Unis – les buts traditionnels de l'URSS –, mais cela n'empêche pas le dialogue Est-Ouest de connaître à partir de 1986 un dynamisme sans précédent, dont les conséquences dépassement largement les intentions initiales du nouveau dirigeant soviétique.

Le sommet de Reykjavik, le traité INF et la conférence MDCS de Stockholm

Entre 1985 et 1988, la priorité de Gorbatchev en matière de politique extérieure et de sécurité reste la discussion avec les États-Unis, inévitable pour terminer la course aux armements. Une première rencontre avec Ronald Reagan a lieu à Genève en novembre 1985, sur l'invitation de ce dernier. Si elle n'aboutit à aucun résultat significatif, elle a pour avantage de permettre aux deux hommes de se connaître et de clore officiellement la période de tensions entamée à la fin des années 1970. Reagan et Gorbatchev ont l'occasion de faire un tour d'horizon des principaux domaines de la compétition stratégique auquel se livrent les deux superpuissances et sur lesquels la négociation est nécessaire (euromissiles, ICBM, systèmes antibalistiques, IDS). À l'issue de ce sommet, l'impression qu'il va être possible de discuter avec Gorbatchev est réelle à Washington, tout comme elle l'est chez les dirigeants ouest-européens qui, de François Mitterrand à Felipe González, s'empressent de recevoir ou d'aller visiter le locataire du Kremlin, dont la jeunesse et la vivacité d'esprit tranchent singulièrement avec la passivité de ses prédécesseurs. Preuve du changement d'atmosphère à l'œuvre, Margaret Thatcher, qu'on ne peut soupçonner de complaisance envers Moscou, reconnaît en Gorbatchev « un homme avec qui on peut traiter ».

L'année 1986 voit les négociations Est-Ouest prendre un tour concret. Soucieux de stopper au plus vite la « guerre des étoiles », le secrétaire général du PCUS propose à Reagan un sommet bilatéral, qui se tient en octobre en Islande, à mi-chemin entre Washington et Moscou, dans la périphérie de Reykjavik. Gorbatchev y fait des propositions radicales auxquelles le président américain ne s'attendait pas : il se dit prêt à réduire de moitié ses forces stratégiques et à éliminer ses missiles de portée intermédiaire, les SS-20, comme le souhaitent les États-Unis depuis des mois. En échange, il réclame l'abandon de l'IDS. Pour Reagan, qui a fait du projet *Star Wars* une affaire quasiment personnelle depuis 1983, le choc est rude : alors que le président républicain souhaite profondément la suppression des armes nucléaires – une technologie que le Pentagone envisage de remplacer par des armes de nouvelle génération dites « intelligentes » –, un tel abandon risquerait de lui faire perdre la face aux yeux de son opinion publique. Cela, Gorbatchev l'a bien compris : avec ce coup de poker, qui repose sur une acceptation préalable de toutes les propositions faites par les Américains en matière de désarmement, le maître du Kremlin piège son interlocuteur sur un aspect central de la personnalité du président des États-Unis, à savoir le soin qu'il porte à entretenir son image de « *cold warrior* ». Mais Reagan n'entend pas sacrifier son projet de bouclier spatial, pour lequel son gouvernement a déjà investi des milliards de dollars en matière de recherche scientifique. Après des heures de discussions infructueuses, marquées par de multiples interruptions, les deux délégations décident de mettre un terme à leur entretien. Reagan et Gorbatchev se quittent sans être parvenus à un accord. Le président américain vient de perdre la partie, donnant l'impression de ne pas avoir été capable de soutirer quoi que ce soit à son interlocuteur, tandis que le premier soviétique laisse l'image de celui qui était prêt à toutes les concessions pour parvenir à un niveau historique de désarmement, dont l'un des avantages manifestes est qu'il peut favoriser le découplage transatlantique par la dénucléarisation de l'Europe et le départ des troupes américaines.

De ce point de vue, les réactions européennes au sommet de Reykjavik sont encourageantes pour Gorbatchev, du fait de la crise occidentale qu'il suscite. En effet, les Européens voient d'un très mauvais œil la propension des Américains à renoncer aux armes nucléaires, qui garantissent leur sécurité depuis plus de trois décennies sans qu'ils aient eu à investir massivement dans leur défense. À leurs yeux, cette assurance disparaîtrait et la hantise du découplage reviendrait si Washington abandonnait la dissuasion. Helmut Kohl, en particulier, ne cache après Reykjavik ni son inquiétude ni ses réticences à l'égard des choix américains, ce qui refroidit ses relations avec la Maison-Blanche jusqu'en 1989. Cela l'encourage à jouer davantage la carte du couple franco-allemand. Il adhère ainsi à l'idée mitterrandienne de « plateforme sur les intérêts européens en matière de sécurité », adoptée par les membres de l'Union de l'Europe occidentale en octobre 1987. Face à l'unilatéralisme des États-Unis, la coopération entre la France et la RFA est pensée comme la base de l'identité stratégique européenne, et l'UEO, en sourdine depuis la création de l'OTAN, comme l'instrument pratique de ce pilier. C'est ainsi qu'est créée en 1987 une « brigade franco-allemande » et que sont organisées d'importantes manœuvres conjointes franco-allemandes, telle « Moineau hardi » à laquelle participe la Force d'action rapide. Lors du vingt-cinquième anniversaire du traité de l'Élysée, le 22 janvier 1988, Mitterrand et Kohl annoncent la mise sur pied d'un Conseil franco-allemand de défense et de sécurité.

Gorbatchev, lui, tente de ne pas laisser retomber la dynamique de Reykjavik, en dépit de l'échec du sommet. Quelques mois après la rencontre, en février 1987, il indique sa volonté de signer un traité sur les forces intermédiaires sans exiger la renonciation à l'IDS. De la sorte, il prouve une fois encore sa bonne volonté et, en même temps, profite du sentiment antinucléaire qui règne parmi les opinions publiques européennes. Son idée est de mettre une fois pour toutes un terme à la crise des euromissiles, en supprimant toutes les armes dont la portée est comprise entre cinq cents et cinq mille cinq cents kilomètres. Les négociations avec les Américains aboutissent au très important traité INF (*Intermediate Nuclear Forces*), signé le 8 décembre 1987 à Washington et qui prévoit le « double zéro » : non seulement les SS-20 et les *Pershing II* sont éliminés, mais l'on supprime aussi les armes de portée inférieure (entre cinq cents et mille kilomètres), que le chancelier Kohl aurait voulu conserver pour pouvoir exercer une pression militaire sur les pays du pacte de Varsovie autres que la RDA en cas de crise. Avec ce traité, Moscou accepte pour la première fois des inspections mutuelles de vérification par les signataires. Pour un pays qui a fait de la culture du secret une véritable marque de fabrique, l'inclusion d'une pareille clause constitue un changement considérable.

La principale conséquence du traité INF est qu'il ne laisse en Europe que les armes d'une portée allant jusqu'à cinq cents kilomètres. Si elles étaient utilisées, elles ne retomberaient qu'en RFA ou en RDA. Il y a par conséquent en RFA un fort désir de supprimer ces armes à courte portée, ce que demande Kohl à Reagan. Mais, pour les États-Unis, si l'on retire ces armes, alors les troupes américaines quitteront l'Europe. Tandis que la position de Kohl devient intenable, l'URSS pense avoir atteint son objectif : découpler l'Europe de l'Amérique et neutraliser la République fédérale. Face au risque que cette situation ferait courir pour la sécurité de la RFA, Kohl revient finalement sur sa position et préfère le maintien des troupes américaines, et donc des missiles.

Il reste, pour le chancelier ouest-allemand, à négocier autant que possible avec les Soviétiques en vue d'obtenir de solides mesures de confiance permettant d'éviter les crises et les malentendus. C'est tout l'enjeu de la Conférence sur les mesures de confiance et de sécurité (MDCS) qui se réunit à Stockholm à partir de janvier 1984 dans le cadre de la CSCE. Depuis son commencement, la conférence est paralysée par les désaccords entre l'Est et l'Ouest : Moscou repousse la principale demande des Européens de la CEE, qui consiste à accroître les échanges d'informations sur les activités militaires aériennes et maritimes et sur l'inspection des manœuvres, ainsi qu'à inclure le territoire européen de l'URSS dans ces dispositions. Là encore, l'arrivée de Gorbatchev fait bouger les lignes, à la grande satisfaction de la RFA et de ses alliés. À l'été 1986, le pacte de Varsovie autorise les inspections sur place et retire son veto sur la prise en compte des activités maritimes et aériennes indépendantes dans le régime des MDCS. Par la suite, le 22 septembre, un document final établit un ensemble de mesures de confiance en incluant pour la première fois le territoire européen de l'URSS dans la zone de contrôle. Les activités militaires avec plus de treize mille soldats ou trois cents chars devront être notifiées quarante-deux jours à l'avance. Des observateurs devront être invités lors des exercices militaires de plus de dix-sept mille hommes ; en cas de non-conformité, des inspections obligatoires sur place, au sol et par voie aérienne, pourront être effectuées. Avec un tel effort de transparence, le texte de Stockholm jette les bases de la solution de l'un des problèmes les plus ardus de la maîtrise des armements pendant la guerre froide, celui du désarmement conventionnel.

Le résultat de Stockholm ébranle la cohésion du bloc soviétique et, en particulier, les relations entre l'URSS et la RDA, farouchement opposée à l'élargissement des MDCS. Il est évident, pour Erich Honecker et son entourage, que la plupart des activités militaires de l'Est relevant des dispositions de Stockholm doivent se dérouler sur le territoire de la RDA, ce qui entraînera forcément l'arrivée d'un flot d'équipes d'inspection occidentales, d'observateurs militaires et de journalistes. La priorité de Berlin-Est étant toujours la lutte contre la soi-disant « diversion politico-idéologique », à savoir la subversion supposée de la société socialiste en RDA par les visiteurs et les idées de l'Occident, les concessions de Gorbatchev sont perçues comme néfastes pour la sécurité est-allemande et contribuent à creuser le fossé entre Moscou et une partie de ses satellites. La CSCE de Vienne et l'approfondissement des négociations ayant trait à la sécurité coopérative sont révélateurs, à cet égard, d'une dynamique de fond qui caractérise la deuxième moitié des années 1980.

La CSCE de Vienne

La troisième réunion sur les suites du processus d'Helsinki, qui se tient à Vienne entre l'automne 1986 et janvier 1989, est un moment essentiel de la prise de conscience occidentale quant à l'ampleur du changement qui s'opère à Moscou. C'est dans la capitale autrichienne, choisie pour accueillir la conférence en raison de la neutralité du pays, que les diplomates ouest-européens font le constat d'une érosion de la menace soviétique. Car au déblocage des négociations de désarmement, Gorbatchev ajoute la coopération internationale dans les domaines des droits de l'homme, de la culture et de la protection de l'environnement, des thématiques qu'ils considèrent comme dépassant le cadre de la lutte des classes, mais qui participent entièrement de la sécurité de l'URSS, dans le contexte de bouillonnement du bloc de l'Est et de gestion de la pollution générée par la catastrophe de Tchernobyl. En d'autres termes, Gorbatchev admet ouvertement que la sécurité ne peut pas reposer entièrement sur les investissements militaires, la maîtrise des armements, les accords de non-recours à la force et l'inviolabilité des frontières. Tandis que, depuis le lancement du processus d'Helsinki en 1972, l'URSS ne s'intéressait qu'à la première corbeille de la CSCE, celle consacrée aux principes devant définir les relations entre États, le ministre soviétique des Affaires étrangères en 1986, Edouard Chevardnadze, proclame que les trois corbeilles incarnent des parties constituantes du concept de sécurité[2].

Dès les premières semaines de la réunion de Vienne, la délégation soviétique multiplie les propositions sur le respect des droits de l'homme et les échanges culturels ; mieux, pour prouver sa bonne volonté, Gorbatchev met en œuvre la plupart des dispositions de l'Acte final d'Helsinki, acceptant même que des dissidents soviétiques assistent aux négociations – c'est le cas par exemple de Lyudmila Alekseyeva, dissidente en exil et correspondante du

2. ANDRÉANI Jacques, *Le Piège. Helsinki et la chute du communisme*, Paris, Odile Jacob, 2005, p. 169.

groupe Helsinki de Moscou aux États-Unis. Chevardnadze propose en outre d'organiser une grande conférence sur les droits de l'homme à Moscou, suscitant, au début, la méfiance des Occidentaux, qui pensent qu'on leur tend un piège. Certes on peut voir dans ces initiatives un programme typiquement léniniste visant à couper l'Europe des États-Unis et à l'influencer au nom d'une convergence entre socialisme et communisme : si l'Europe de l'Est et l'Europe de l'Ouest coopèrent sur ces sujets, alors la protection américaine sur la partie occidentale du continent deviendra inutile. Mais, à Vienne, les Américains font en sorte de s'impliquer constamment dans les négociations, en partie pour ne pas laisser les Soviétiques en tête à tête avec les Européens de l'Ouest.

Dans la capitale autrichienne plus que lors des CSCE précédentes, le lien entre les volets sécurité et droits de l'homme de l'Acte final est systématisé : le respect des seconds est présenté, tant par Gorbatchev que par les Occidentaux, comme un pilier de la sécurité européenne. Les Américains s'en servent notamment pour obtenir des Soviétiques la libération de plusieurs dissidents (Andreï Sakharov, Anatoli Martchenko), arguant que la réunion de Moscou sur les droits de l'homme, dont chacun comprend qu'elle est pensée par le Kremlin comme destinée à conférer un brevet de respectabilité à l'URSS, ne pourra avoir lieu qu'à cette condition. Nombre de libérations de dissidents ont lieu en 1987, année où Moscou autorise même la presse internationale à visiter un camp de prisonniers.

Cette politique de la transparence voulue par Gorbatchev ne fait cependant pas l'unanimité à l'est du rideau de fer. En effet, à Vienne, les Occidentaux assistent, médusés, au détricotage de la solidarité du bloc soviétique. Car si l'URSS promeut les droits de l'homme, suivie par la Hongrie et la Pologne, d'autres pays ne l'entendent pas de cette oreille et se posent en gardiens du dogme communiste selon lequel les droits de l'homme ne sont qu'une idée « bourgeoise » visant à mettre à mal le primat de la collectivité sur l'individu. Ainsi, la Roumanie de Ceausescu et la RDA de Honecker campent sur des positions rigoristes, ce qui ne fait que contribuer à l'embellissement de l'image de Gorbatchev en Occident, qui connaît alors une véritable « gorbymania ».

Le délitement du bloc de l'Est n'est pas le moindre des résultats de la CSCE de Vienne, qui se conclut en janvier 1989. Le principal apport officiel de la conférence est l'établissement d'un « mécanisme de la dimension humaine », qui permet à l'un des États signataires d'attirer l'attention sur la situation intérieure d'un autre pays. Est prévu un système en trois phases : un gouvernement peut, tout d'abord, réclamer des informations à un autre, dans une logique uniquement bilatérale ; si la réponse est insuffisante, une réunion bilatérale peut être exigée ; en cas d'impasse, la discussion est transposée dans le cadre d'une rencontre ouverte aux trente-cinq participants de la CSCE. La conférence de Vienne instaure par ailleurs un calendrier de réunions destinées à approfondir les dimensions militaires de la sécurité : d'une part, dans la continuité de Stockholm, commence, en mars 1989, une nouvelle discussion à trente-cinq sur les MDCS ; d'autre part, les pays du pacte de Varsovie et de l'OTAN entament des négociations sur la réduction des effectifs et des armements conventionnels en Europe. L'une et l'autre rencontres se tiennent dans la capitale de l'Autriche, dont la position centrale au sein du Vieux Continent contribue à en faire l'un des théâtres majeurs de la fin de la guerre froide.

D'autres rencontres relevant de la CSCE et censées développer la coopération sur diverses composantes de l'Acte final d'Helsinki sont organisées au long des années 1980 et constituent autant d'occasions, pour l'URSS, la Hongrie et la Pologne, de mettre en scène la bonne volonté dont elles font désormais preuve, à l'inverse de la Roumanie et de la RDA. Un forum sur la culture a ainsi lieu à Budapest en octobre-novembre 1985, une rencontre d'experts sur les contacts entre les personnes est accueillie à Berne en avril-mai 1986, une réunion sur la protection de l'environnement est tenue à Sofia à l'automne 1989, quelques jours avant la chute du Mur de Berlin.

Nous l'avons dit, les problématiques environnementales font partie des sujets identifiés par Gorbatchev comme méritant un effort de coopération internationale dénué de toute considération de guerre froide. Depuis les années 1970, cette coopération a fait l'objet d'accords laissant à penser que la préservation de la nature et la lutte contre la pollution participent de la sécurité des sociétés humaines, et notamment européennes, dans un contexte d'expansion tous azimuts de l'automobile et du marché des hydrocarbures. Dans la foulée de la première conférence des Nations unies sur l'environnement humain réunie à Stockholm en 1972, un certain nombre d'initiatives ont favorisé les interactions entre chercheurs et décideurs, facilitées par la détente et par les chocs pétroliers, puis par les épisodes récurrents de pollution et par les risques inhérents au développement du nucléaire civil et militaire. Une partie de la deuxième corbeille de la CSCE porte sur ces questions, sans que cela ne crée de blocages entre délégations de l'Est et de l'Ouest. Pourtant, vu d'Europe occidentale, une véritable coopération environnementale entre les deux blocs pourrait produire les mêmes effets que l'insistance sur les droits humains : elle permet d'exporter vers l'Est des normes et valeurs de plus en plus présentes dans les sociétés à économie de marché, où la jeunesse et une partie des élites, de gauche principalement, manifestent leur engagement écologique. Durant l'ère brejnévienne, l'équipe au pouvoir en URSS n'a manifestement pas conscience de ce risque d'ingérence et, en 1974, inclut dans le plan d'État pour le développement de l'économie de l'URSS un chapitre relatif « à la protection de la nature, à la sauvegarde et à l'amélioration du milieu environnant, et à l'exploitation rationnelle des ressources naturelles ». Cela n'empêche pas Moscou d'utiliser des charges nucléaires pour détourner la Petchora vers la Volga et la mer Caspienne…

Gorbatchev, lui, comprend très vite que la politique écologique doit prendre un tour plus concret, au risque, sinon, de déstabiliser une société soviétique de plus en plus inquiète de la dégradation de son environnement, surtout après Tchernobyl. Dotant l'URSS, en janvier 1988, d'un ministère de l'Environnement, avec à sa tête le biologiste Nikolai Vorontsov, le secrétaire général du PCUS entend appliquer les conseils qu'une partie de l'élite éclairée soviétique, issue notamment des milieux scientifiques, prône depuis les années 1950, à savoir l'accès des citoyens à l'information environnementale, l'essor d'un modèle moins gourmand en ressources naturelles, la mise en place d'une véritable législation, la participation plus active à la coopération internationale visant à l'élaboration d'une justice environnementale à l'échelle du monde[3]. Si Gorbatchev n'a pas le temps de mener à bien cette politique, il contribue néanmoins à l'amélioration des dispositions environnementales en Europe de l'Est. L'instauration, en URSS, d'une procédure d'évaluation environnementale préalable à tout projet industriel constitue un pas en avant significatif, de même que la publication annuelle d'un bilan environnemental, une pratique qui sera reprise par les États de la Communauté des États indépendants après 1991. Ces efforts ne suffisent toutefois pas à calmer un mécontentement de plus en plus visible, qui participe même, dans une certaine mesure, à la fin du communisme : en Bulgarie, la première organisation politique libre, Ecoglasnost, voit le jour en 1987 dans le nord du pays, à Roussé, en réaction à la pollution de l'air provoquée par le chlore de l'usine chimique de Giurgiu, ville roumaine située de l'autre côté du Danube. Le mouvement prend une telle ampleur qu'il entraîne la formation de groupes dissidents opposés au régime et favorise la chute du dirigeant communiste Todor Jivkov, en novembre 1989. Le besoin de sécurité environnementale, loin d'être marginal, peut ainsi contribuer aux évolutions géopolitiques ; mais il faut attendre la fin de la guerre froide pour que ce constat suscite une coopération internationale plus approfondie.

Or, à partir de 1988, le délitement du bloc de l'Est s'accélère, après que la détente permise par la *perestroïka* et la nouvelle pensée a conduit à un relâchement sans précédent de la pression soviétique sur les pays d'Europe centrale et orientale.

La chute du rideau de fer

Entre 1988 et 1990, la guerre froide prend fin de manière fulgurante et quasiment inattendue, faisant disparaître un schéma géopolitique vieux de près d'un demi-siècle et ouvrant un vaste débat sur le renouveau et les adaptations de l'architecture de sécurité en Europe.

---

3. Mandrillon Marie-Hélène, « L'expertise d'État, creuset de l'environnement en URSS », *Vingtième Siècle. Revue d'histoire*, 2012/1, n° 113, pp. 107-116.

Le recentrage européen de Gorbatchev et la fin du communisme en Europe centrale et orientale

L'année 1988 voit Mikhaïl Gorbatchev perdre peu à peu le contrôle de la situation, sous l'effet de l'aggravation de la crise économique en URSS. Même la structure fédérale du pays est menacée : le 20 février 1988, le Soviet suprême du Haut-Karabagh, dans le Caucase, vote en faveur du rattachement à l'Arménie de cette région autonome, peuplée à 80 % d'Arméniens mais intégrée à l'Azerbaïdjan en 1921 sur ordre de Staline. Cette décision, justifiée par le principe d'autodétermination des peuples, incarne l'essor du mouvement démocratique arménien et, par contrecoup, du nationalisme azéri. Les tergiversations du Kremlin face aux pogroms anti-Arméniens convainquent les pays baltes qu'une émancipation est désormais possible, ce qui est confirmé par la décision, toujours en février 1988, de retirer les troupes soviétiques d'Afghanistan.

Ces événements prouvent que les réformes initiées au cours des trois années précédentes sont insuffisantes et que Moscou doit songer à de véritables transformations structurelles pour pouvoir préserver l'unité et la stabilité du pays. Le passage à l'économie de marché apparaît de plus en plus comme une option envisageable, mais les dirigeants soviétiques sont incapables de se résoudre à légaliser pour de bon la propriété privée, ce qui rend la situation particulièrement confuse : le système de la planification est supprimé, sans qu'il ne soit remplacé par autre chose. Dans ces conditions, les experts de l'Académie des sciences, dont le rôle est fondamental durant la période de la *perestroïka*, suggèrent un changement encore plus radical de politique extérieure, fondé sur la diminution drastique des dépenses militaires – notamment la fin de l'engagement dans le tiers-monde – et une coopération toujours plus approfondie avec l'Europe de l'Ouest, en particulier avec la RFA : il s'agit d'éviter qu'elle ne se rapproche encore davantage des États-Unis. C'est ainsi que, début 1988, après avoir privilégié ses relations avec Washington, Gorbatchev procède à un recentrage européen de sa politique étrangère, qui va de pair avec une réduction nette de l'idéologie dans la vision soviétique des relations internationales : l'URSS doit favoriser ses intérêts de grande puissance, et cela passe par un ancrage plus profond dans les affaires paneuropéennes.

Il prend, en quelques mois, une série de décisions qui changent les paramètres de la sécurité en Europe, en ce qu'elles atténuent considérablement la menace que représente l'URSS pour les Occidentaux et pour les sociétés d'Europe centrale et orientale. Le 14 mars 1988, à Belgrade, il met un terme à la doctrine Brejnev sur la souveraineté limitée, reconnaissant l'indépendance des partis communistes. De la sorte, il ouvre la voie à l'émancipation des pays du pacte de Varsovie vis-à-vis de Moscou. Il admet ainsi que l'avenir de la Pologne ne pourra pas se faire sans une participation de Solidarnosc au pouvoir. Il reconnaît par ailleurs la CEE : en juin, le Comecon établit des relations officielles avec elle ; ce pas en avant précède la création, à l'automne, de l'Institut de l'Europe occidentale, chargé d'analyser le fonctionnement du marché commun afin que les pays du Comecon s'en inspirent. Dans un rapport remis au début de 1989 et qui reprend une vieille idée soviétique à l'origine du processus d'Helsinki, l'Institut préconise l'élaboration d'un système paneuropéen de sécurité fondé sur le rapprochement entre l'OTAN et le pacte de Varsovie.

Sur ce point, Gorbatchev précise les choses dans le discours qu'il prononce devant le Conseil de l'Europe à Strasbourg le 6 juillet 1989. Il propose la création d'une « maison commune européenne » fonctionnant sur la base d'accords entre les deux alliances militaires : à partir de la dénucléarisation de l'Europe, d'une entente sur le désarmement conventionnel, puis du retrait des troupes étrangères de tous les pays européens (autrement dit principalement des troupes américaines et soviétiques), on parviendrait à instaurer un espace économique paneuropéen élargi à la coopération écologique, humanitaire, juridique et culturelle, grâce au développement d'organes spécialement dédiés. Par ce biais, Gorbatchev peut espérer développer une influence sur l'Europe occidentale, tout en profitant de sa technologie et de ses crédits et en évitant que les pays du centre et de l'est du continent ne tombent dans l'escarcelle du marché commun.

En effet, quelques mois auparavant, le dirigeant soviétique a fait une autre annonce lourde de conséquences pour les régions jusqu'alors soumises à la tutelle du Kremlin. À la tribune des Nations unies en décembre 1988, il a notifié la réduction unilatérale des effectifs de l'Armée rouge de cinq cent mille hommes, dont la moitié en Europe. Cette décision, justifiée par la nécessité de faire des économies, entraîne la disparition de l'un des paramètres essentiels de la guerre froide, à savoir la surreprésentation militaire soviétique dans la zone comprise entre la RDA et la Bulgarie.

Toutefois, en dépit du projet de « maison commune européenne », Gorbatchev ne parvient pas à garder la main sur les évolutions de l'Europe centrale et orientale, où chaque pays traverse une situation différente aboutissant systématiquement à la libéralisation du régime. La complexité des processus à l'œuvre empêche Moscou d'exercer une quelconque influence sur le cours des événements, et ce alors que les dirigeants soviétiques sont divisés sur la conduite à adopter. Par conséquent, à la différence de ce qui s'était passé en 1956 à Budapest ou en 1968 à Prague, Moscou laisse faire, Gorbatchev sachant pertinemment que l'URSS n'a plus les moyens de conserver sous son joug des peuples épris de liberté et d'indépendance. En Pologne, les premières élections libres, en juin 1989, et la victoire qui en résulte pour Solidarnosc ouvrent la voie à la démocratisation des autres satellites de l'URSS, bien que le parti socialiste ouvrier hongrois, sous l'impulsion de sa frange la plus réformatrice – Gyula Horn, Miklós Németh, Imre Pozsgay –, autorise le multipartisme dès le mois de février. Durant l'été, les démocrates hongrois s'accordent sur le calendrier de la transition, qui aboutit à des élections libres en 1990. En

Tchécoslovaquie, les manifestations et pétitions se multiplient durant tout l'été, jusqu'à ce que la révolution de Velours porte Vaclav Havel à la présidence de la République en décembre.

En Roumanie et en RDA en revanche, les dirigeants demeurent insensibles aux réformes et se retrouvent isolés. À Bucarest, Ceausescu s'oppose fermement à la *perestroïka* et à son initiateur. Mais lorsqu'en 1988, le *Conducator* décide de détruire des milliers de villages pour les remplacer par de grands ensembles, les Roumains sortent de leurs gonds et se révoltent : une violente insurrection renverse le régime en décembre 1989, causant la mort de mille cinq cents personnes. En RDA, des milliers d'Allemands de l'Est désespérés par l'absence de modernisation quittent leur pays pour trouver refuge dans les ambassades ouest-allemandes de Budapest, de Prague et de Varsovie.

Dans ce contexte, le rideau de fer subit une première brèche lorsque les dirigeants hongrois, soucieux d'envoyer un signal positif aux Occidentaux – et à la RFA notamment – dans le but d'obtenir des crédits, décident d'ouvrir la frontière avec l'Autriche, accélérant un peu plus la déliquescence du bloc soviétique : à partir de septembre 1989, des dizaines de milliers d'Allemands de l'Est rejoignent la RFA via la Hongrie puis l'Autriche, sans que Budapest ne requière un visa de la RDA. Cette décision constitue une étape majeure du processus de fin de guerre froide : non seulement elle met un terme à l'interdiction faite aux citoyens des pays du pacte de Varsovie de passer à l'Ouest sans l'aval de leurs autorités de tutelle, mais elle déstabilise la RDA, obligée de réagir à son tour. De fait, la question allemande, problématique centrale des relations Est-Ouest depuis 1945, connaît un tournant fondamental à l'automne 1989.

Vers la réunification de l'Allemagne

Que faire de l'Allemagne, considérée comme l'une des principales responsables de la Seconde Guerre mondiale ? Cette question, véritable fil rouge de la guerre froide depuis la chute du nazisme et à l'origine de l'un des plus grands désaccords géopolitiques du vingtième siècle, a conditionné une bonne partie des politiques de sécurité européenne pendant quarante-cinq ans. En 1989-1990, avec la chute du mur de Berlin, elle connaît un règlement pacifique qui surprend l'ensemble des protagonistes et, en même temps, suscite une réflexion collective quant à un éventuel *aggiornamento* des paramètres de la sécurité en Europe.

À Washington, George H. Bush, qui a succédé à Ronald Reagan en janvier 1989, après avoir été son vice-président durant huit ans, comprend que la guerre froide touche à sa fin à partir de l'été 1989, quand Solidarnosc remporte les élections polonaises puis que s'ouvre la frontière austro-hongroise. Dès lors, sa préoccupation est de faire en sorte d'éviter que les choses tournent mal et que les États-Unis ne perdent le contrôle de la situation. Il lui faut donc prendre le contrepied de quelques-unes des décisions et propositions de Moscou : tandis que le Kremlin n'a plus d'emprise sur le pacte de Varsovie, la Maison-Blanche doit au contraire réaffirmer son *leadership* au sein de l'Alliance atlantique ; alors que Gorbatchev entend accroître son influence sur l'Europe occidentale par le biais de la « maison commune européenne », Bush doit défendre la prééminence des conceptions américaines. La clé, pour parvenir à cela, se trouve en RFA, acteur de premier plan des changements à l'œuvre : en découle un formidable rapprochement entre Allemands de l'Ouest et Américains, et une coopération bilatérale qui ne se dément pas entre 1989 et 1992. La « *special relationship* » des États-Unis avec le Royaume-Uni est, elle, reléguée au second plan, Margaret Thatcher n'étant pas favorable à la réunification allemande en raison du risque d'hégémonie économique et commerciale de l'Allemagne que cela pourrait créer en Europe. La première ministre britannique craint en outre qu'une réunification ne conduise les « durs » du régime soviétique à renverser Gorbatchev, à reprendre le pouvoir et à relancer la guerre froide. Quant à la France de François Mitterrand, d'abord prise au dépourvu par la tournure des évènements – personne à Paris ne s'attendait à une fin aussi rapide de la guerre froide –, elle assume rapidement ses responsabilités et, contrairement à ce qui a été souvent écrit, soutient l'Allemagne dans ses velléités de réunification, tout en faisant preuve de prudence[4]. L'Espagne de Felipe González et l'Italie de Giulio Andreotti manifestent leur plein appui à la réunification, bien qu'elles ne disposent pas de droits et responsabilités sur l'Allemagne, au contraire de la France et de la Grande-Bretagne.

Sans surprise, l'évolution des positions soviétiques est une donnée essentielle du processus de réunification. Comme pour les autres transitions, Gorbatchev fait le choix de ne pas intervenir en RDA. Or, étant donnée la place centrale de l'Allemagne de l'Est dans le dispositif de sécurité du pacte de Varsovie (vingt-sept divisions soviétiques y sont stationnées, soit quatre cent mille soldats de l'Armée rouge ; au sein de l'alliance est-européenne, l'armée de RDA est chargée d'attaquer le Danemark et le nord de la France en cas de conflit contre l'Occident), la passivité soviétique est lourde de sens : elle signifie que le Kremlin ne considère plus le relèvement de l'Allemagne comme une menace existentielle. Moscou est même en partie à l'origine de la chute du Mur : le Politburo approuve le 9 novembre 1989 de nouvelles règles de circulation vers l'Ouest ; c'est leur annonce partielle, à la télévision, par le porte-parole du SED est-allemand qui provoque l'afflux de personnes vers les points de transit berlinois. Mais alors que les dirigeants soviétiques espéraient qu'une facilitation de la circulation satisferait les Allemands de l'Est en leur permettant de se rendre à l'Ouest puis de rentrer chez eux, ils se retrouvent dépassés par les événements : en une soirée, les points de contrôle, pris d'assaut, cessent

4. Bozo Frédéric, *Mitterrand, la fin de la guerre froide et l'unification allemande*, Paris, Odile Jacob, 2005.

d'exister et les Berlinois de l'Est passent massivement de l'autre côté de l'ancienne capitale du Reich. La RDA est condamnée. Certes, dans les premiers temps qui suivent le 9 novembre, Moscou s'efforce de redresser la situation en proposant le maintien d'une RDA démocratisée, mais les premières élections libres est-allemandes, en mars 1990, font échouer ce plan en raison de la victoire des candidats démocrates chrétiens, partisans de la réunification.

De fait, l'année qui suit la chute du mur de Berlin soulève d'importants enjeux de sécurité pour l'Europe : comment réunifier l'Allemagne sans provoquer ni humilier l'URSS et en évitant un renversement de Gorbatchev ? Quelle place accorder à l'Allemagne réunifiée dans le système de sécurité européen ? Quels outils de sécurité privilégier pour encadrer la réunification ? Dans quelle mesure la fin de la guerre froide implique-t-elle de revoir l'architecture globale de sécurité européenne ?

Tenant à faire en sorte que les Allemands gardent la main sur le processus de réunification, en dépit de l'obligation, décidée à Potsdam en 1945, de se référer aux Quatre pour convenir du sort de l'Allemagne, Helmut Kohl est le premier à définir des réponses à ces questions. Son objectif est également d'éviter que la présence des quatre cent mille soldats de l'Armée rouge conjuguée à l'hémorragie démographique de la RDA ne débouche sur un drame. Le plan en dix points qu'il propose le 28 novembre 1989 au Bundestag constitue la base des discussions futures entre les deux Allemagne et les quatre puissances. Prenant tout le monde au dépourvu, Kohl promet une importante aide humanitaire et financière à la RDA ; il envisage une réunification progressive, respectueuse du droit international et insérée dans un cadre européen de sécurité fondé sur la CSCE.

Bush apporte immédiatement son soutien au chancelier, estimant qu'après la chute du Mur, la réunification est la destinée naturelle de l'Allemagne. Rencontrant Gorbatchev à Malte les 1er et 2 décembre, le président des États-Unis présente la vision américaine de la transition, validée par le Conseil de l'Atlantique Nord du 3 décembre, reprise par le sommet européen de Strasbourg le 9 décembre puis formalisée par le secrétaire d'État James Baker à travers le projet de « nouvelle architecture pour une nouvelle ère en Europe » : la division de Berlin et de l'Allemagne doit être dépassée de manière pacifique ; l'OTAN doit être transformée pour davantage orienter ses missions vers les aspects non militaires de la sécurité ; la CSCE doit être rendue plus efficace ; la Communauté européenne doit être renforcée et ses liens avec les États-Unis étendus. Autrement dit, Bush donne son aval à la réunification, à condition qu'elle ne remette en cause ni l'appartenance de la RFA à l'OTAN et à la CEE ni la présence des troupes américaines en Europe, et qu'elle se fasse dans le strict respect de l'Acte final d'Helsinki (qui, dès 1975, a affirmé le principe de changement pacifique des frontières). Par la suite, Washington ne déviera plus de cette feuille de route, qui fait de l'OTAN la clé de voûte de l'architecture de sécurité européenne post-guerre froide. Si Malte est considérée par les historiens comme le sommet entérinant la fin de la guerre froide, en ce que Gorbatchev accepte le maintien de l'armée américaine sur le Vieux Continent et l'arrêt de l'aide soviétique aux révolutionnaires du tiers-monde (à Cuba et au Nicaragua notamment), il faut attendre le 30 janvier 1990 pour que le chef du Kremlin admette officiellement le principe de réunification allemande. Par la suite, il s'efforce en vain, durant des mois, d'obtenir la non-appartenance de l'Allemagne réunifiée à l'OTAN, essayant, pour ce faire, d'utiliser à son profit la prudence de la France et la défiance du Royaume-Uni vis-à-vis de la réunification, lors des négociations 2 + 4 (les deux Allemagne + les quatre puissances) qui s'engagent à partir de février 1990.

Il est vrai qu'à Paris, Mitterrand ne veut pas aller trop vite : si la volonté de réunification des Allemands est légitime et mérite un soutien clair, elle doit découler de la transition démocratique de l'Europe centrale et orientale, prioritaire. La réunification allemande doit en outre être fermement ancrée au processus de construction européenne : le renforcement de la CE et l'intensification des relations franco-allemandes sont destinés à rassurer tous ceux qui, en Europe, craignent une position hégémonique de l'Allemagne. Pour les Français, qui perdent le droit de regard sur l'avenir de l'Allemagne que les accords de Potsdam leur ont assuré pendant près d'un demi-siècle, l'enjeu est de taille : l'ancrage à la CE signifie l'ancrage à la France ; il s'agit d'éviter que la RFA ne prenne l'avantage sur sa voisine d'outre-Rhin. Mais si Mitterrand et Kohl s'accordent pleinement sur la nécessité d'établir un lien solide entre la réunification allemande et l'intégration européenne, leurs priorités divergent : le président français privilégie la construction de l'union économique et monétaire (UEM) quand le chancelier insiste sur l'union politique. C'est parce qu'il ne souhaite pas perdre l'appui de la France que, lors du Conseil européen de Strasbourg en décembre 1989, Kohl fait finalement le choix de s'aligner sur l'agenda européen de Mitterrand et de consentir à l'abandon futur du deutschemark, en dépit de l'impopularité de l'UEM en RFA. La voie vers le traité de Maastricht est tracée. Néanmoins, le locataire de l'Élysée comprend que la réunification de l'Allemagne se fera plus rapidement que l'intégration de l'Europe. Il joue dès lors un rôle-clé dans l'inclusion de l'Allemagne réunifiée dans l'OTAN : lors de sa visite à Moscou le 25 mai 1990, il persuade Gorbatchev du fait qu'une Allemagne neutralisée serait inacceptable pour les Occidentaux et que, par conséquent, l'URSS n'a pas d'autre choix que d'admettre la solution otanienne. En échange de cette immense concession soviétique, la RFA consent à limiter les effectifs de son armée à trois cent soixante-dix mille soldats et à réitérer son renoncement à posséder des armes atomiques, bactériologiques et chimiques.

Le traité portant règlement définitif concernant l'Allemagne, plus communément nommé « traité 2 + 4 », est signé le 12 septembre 1990. Il incarne la mise en œuvre des accords de Potsdam, quarante-cinq ans après la fin de la Seconde Guerre mondiale. Fixée dans ses frontières de 1945 – l'Oder-Neisse, longtemps non reconnue par Bonn, sépare définitivement l'Allemagne de la Pologne –, l'Allemagne n'a pas le droit de les modifier, y compris par voie pacifique (au contraire de tout autre pays européen), et sa souveraineté est entièrement rétablie. Le territoire de l'ex-RDA sera intégré dans l'OTAN une fois que les troupes soviétiques l'auront quitté – ce qui sera le cas en 1994. Il est prévu un versement de près de quarante milliards de marks par la RFA à l'URSS en guise de compensation.

Le tournant est historique : le traité 2 + 4, complété par la signature d'un traité germano-soviétique de bon voisinage le 9 novembre 1990, met officiellement un terme à la Seconde Guerre mondiale ; l'Allemagne retrouve sa place de centre et de puissance incontournable en Europe ; après avoir construit, durant des décennies, sa politique extérieure sur la dénonciation de la menace allemande et de l'impérialisme occidental, l'URSS noue des relations amicales et pacifiques avec les pays de l'OTAN, multipliant les traités et déclarations de coopération bilatérale à partir de l'automne 1990 (avec l'Espagne, la France, la Grèce, l'Italie, la Turquie, etc.). Quelques mois plus tard, en juillet 1991, Gorbatchev est invité au sommet du G7, à Londres ; l'URSS devient membre associé du FMI. Moscou rejoint ainsi le système occidental créé par les États-Unis à partir de 1944-1945. On touche là à un point-clé de la fin de la guerre froide : le dépassement de l'opposition Est-Ouest n'entraîne pas un remodelage profond de l'« ordre international », comme cela avait pu être le cas en 1945 ou même en 1919, mais il débouche sur une extension vers l'Est de l'ordre américain post-Seconde Guerre mondiale. Le seul organe véritablement paneuropéen qui aurait pu fournir les bases d'un vrai renouvellement, la CSCE, est finalement relégué au second plan des institutions de la sécurité européenne.

Les institutions de sécurité européenne au lendemain de la guerre froide : la domination de l'OTAN

La Charte de Paris et l'institutionnalisation de la CSCE

Au lendemain immédiat de la guerre froide, personne, en Europe occidentale, ne remet en question le rôle prééminent de l'OTAN et de la présence des troupes américaines dans le maintien de la sécurité européenne. Preuve en est que lorsqu'en 1991 l'administration Bush décide de faire passer de quatre cent mille à cent cinquante mille le nombre de soldats présents en Europe, ni Kohl, ni Mitterrand, ni Thatcher, ni aucun autre dirigeant européen ne voit cette diminution d'un bon œil. Le chancelier allemand, volontairement alarmant, ne se prive pas de rappeler au président des États-Unis le précédent de 1919, lorsque la non-ratification du traité de Versailles par le Sénat américain avait empêché Washington de s'engager dans le processus de sécurité collective prévu par le traité. Mais Bush n'en démord pas : il tient à respecter les dispositions du traité sur les Forces conventionnelles en Europe (FCE), signé en novembre 1990 à l'occasion du sommet de la CSCE à Paris.

Le traité FCE, héritier en quelque sorte des négociations MBFR qui avaient échoué dans les années 1970, prévoit une réduction drastique des troupes déployées par l'OTAN et le pacte de Varsovie en Europe centrale (il ne doit rester plus que cent quatre-vingt-quinze mille soldats soviétiques et américains dans cet espace), ainsi que la destruction de près de soixante-dix mille pièces d'armement conventionnel. C'est donc un élément-clé de l'opposition entre les deux blocs qui disparaît à partir du moment où le traité FCE est mis en œuvre, en 1992.

Le sommet de Paris est surtout l'occasion pour l'ensemble des chefs d'État ou de gouvernement de la CSCE d'adapter le processus d'Helsinki, fruit de la détente entre les blocs, aux bouleversements politiques que connaît alors l'Europe. Les négociations préparatoires qui se déroulent à Vienne entre juillet et novembre 1990, dans un contexte où les événements s'enchaînent à une vitesse vertigineuse, visent à repenser l'architecture de la CSCE afin qu'elle puisse s'imposer comme un outil de référence dans l'après-guerre froide. Elles aboutissent à la signature de la Charte de Paris pour une nouvelle Europe, qui reconnaît que les objectifs fixés en 1975 par l'Acte final d'Helsinki ont été atteints. Contrairement à ce dernier, qui était le résultat d'un compromis entre les conceptions de chacun des deux blocs, le document adopté à Paris est d'inspiration libérale. La première partie de la Charte admet la fin des querelles idéologiques et reprend les principes de l'Acte final désormais reconnus par tous : primauté des droits de l'homme, État de droit, liberté économique, relations amicales entre États participants, engagement commun en faveur d'une sécurité accrue. La deuxième partie donne des « orientations pour l'avenir » : la dimension humaine de la CSCE est renforcée, de même que la coopération en matière d'économie et d'environnement ; les négociations sur le désarmement et les questions militaires sont appelées à se poursuivre. Sur ce dernier point, le dispositif de la Charte prévoit en particulier un mécanisme de consultation et de coopération dès lors que toute activité militaire inhabituelle est signalée, ainsi que des échanges réguliers d'informations et des visites de bases, le tout encadré par un Centre de prévention des conflits, installé à Vienne[5].

La Charte de Paris pose ainsi les bases de l'institutionnalisation de la CSCE (qui devient l'Organisation pour la sécurité et la coopération en Europe le 1er janvier 1995). Sa troisième partie prévoit que les consultations politiques entre les

5. Badalassi Nicolas, Dumas Jean-Philippe (dir.), *Reconstruire l'Europe, 45 ans après Yalta. La Charte de Paris (1990)*, Paris, ministère de l'Europe et des Affaires étrangères/CTHS, 2020.

pays qui en sont membres soient renforcées par des rencontres régulières des chefs d'État ou de gouvernement et par la création d'un Conseil des ministres des Affaires étrangères. À côté du Centre de prévention des conflits sont créés un secrétariat, à Prague, et un Bureau des élections libres, à Varsovie. Malgré ces avancées, l'assise juridique internationale de la CSCE reste rudimentaire en 1990 : elle demeure avant tout un instrument de coopération politique, comme elle l'a toujours été. Le Conseil des ministres ne siège pas en permanence ; le secrétariat de Prague n'a aucun pouvoir politique et dépend uniquement des décisions des chefs d'État et de gouvernement ; le Bureau des élections libres n'a qu'un rôle d'information ; le Centre de prévention des conflits s'occupe uniquement de gérer les MDCS. La sécurité telle que la pratique la CSCE est une sécurité globale, fondée sur l'interdépendance de ses dimensions politique, militaire, économique, culturelle, humanitaire et écologique. Alors que Gorbatchev aurait voulu en faire un instrument de sécurité collective, les Américains, les Allemands et les Français font en sorte d'éviter cela.

En effet, alors que la construction européenne connaît, sous l'égide du couple franco-allemand, une accélération qui doit aboutir à la création du marché unique et de l'Union européenne, l'institutionnalisation de la CSCE, selon la forme qu'elle prendrait, comporte des risques que ni Paris ni Bonn ne veulent courir. Ainsi, Moscou pourrait chercher à en faire un organisme lui permettant d'affaiblir l'OTAN et d'atteindre son vieux rêve d'un découplage stratégique euro-américain. L'Europe occidentale se trouverait à la merci d'un renouveau de la menace russe. Le projet d'Europe stratégique, alors en plein développement, nous y reviendrons, serait fortement compromis. Un autre risque majeur d'affaiblissement de la construction européenne par l'institutionnalisation de la CSCE tient, à l'inverse, à la présence des États-Unis et du Canada : en raison de leur implication dans la deuxième corbeille d'Helsinki portant sur la coopération économique, industrielle et technique, le marché unique pourrait être considérablement affaibli et l'objectif d'une « Europe européenne » économique et commerciale impossible à atteindre. Bref, dans les deux cas, une dilution de la Communauté européenne serait à craindre.

Pour autant, ne pas jouer la carte de la CSCE comporte également des risques. À un moment où Washington souhaite privilégier l'OTAN et où Moscou entend empêcher que les anciennes démocraties populaires ne s'ancrent à l'Ouest, la Communauté pourrait être gênée par le maintien des deux alliances ou, du moins, par le « nouvel atlantisme » prôné par les Américains ; d'où l'idée d'Hubert Védrine de proposer que le sommet de la CSCE prévu pour 1990 adopte un programme ambitieux qui porterait tant sur la question des frontières et le désarmement que sur la coopération économique et culturelle[6]. Ce serait aussi l'occasion de faire reconnaître à tous les participants le rôle de la CEE en Europe et de créer des institutions à trente-cinq.

6. Bozo Frédéric, *Mitterrand, la fin de la guerre froide et l'unification allemande*, *op. cit.*, p. 170.

Mais le sommet de Paris, qui a lieu en novembre, survient alors que la question allemande a été réglée et que les Américains ont réussi à imposer leur vision de l'architecture de sécurité européenne post-guerre froide. Dans la conception de Bush, l'institutionnalisation de la CSCE doit demeurer minimaliste et a surtout pour but de convaincre Gorbatchev d'accepter que l'Allemagne réunifiée fasse partie de l'Alliance atlantique. Bush insiste particulièrement sur le traité FCE et sur le rôle de la CSCE dans l'accompagnement de la démocratie en Europe de l'Est. En présentant simultanément les apports des deux principales facettes de la CSCE – sécurité et droits de l'homme –, le président américain met en lumière la nature même de la conférence, celle d'une instance intergouvernementale qui a construit son identité sur l'idée que la démocratie et le respect des droits de l'homme et des libertés fondamentales sont des conditions essentielles à la sécurité des personnes. De la sorte, Bush légitime sa vision du partage des tâches entre une CSCE incarnant la dimension humanitaire de la sécurité et une OTAN prenant en charge ses aspects militaires et politiques. Dans ce schéma, les MDCS restent tributaires des négociations de désarmement, sur lesquelles la CSCE n'a pas la main. La Charte de Paris entérine ainsi le fait qu'elle n'a pas vocation à se substituer à l'Alliance atlantique.

La réaffirmation de l'OTAN et la question de son élargissement vers l'Est

On l'aura compris, aux yeux du président américain, l'OTAN doit demeurer la principale instance de sécurité européenne et transatlantique, y compris sous une forme modifiée par laquelle elle pourrait devenir un organe plus politique que militaire. Alors que la Maison-Blanche ne souhaite pas toucher au traité de l'Atlantique Nord de 1949, elle est consciente de la nécessité de faire évoluer la stratégie de l'organisation pour moins insister sur les armes nucléaires et davantage miser sur les armements conventionnels, même en dehors de la zone traditionnelle de l'OTAN. Bien que cette vision suscite des réticences chez Mitterrand et Thatcher, pour lesquels il est impératif de conserver la fonction de dernier recours des armes nucléaires et de garder celles-ci au cœur de la stratégie de l'Alliance, la position américaine l'emporte lors du sommet de Londres de juillet 1990. Y est adoptée une déclaration sur une « Alliance atlantique rénovée » qui fait de l'OTAN le principal organe atlantique, mais qui prévoit également une révision de la stratégie afin que les aspects politiques soient renforcés pour justifier le maintien de l'organisation malgré la fin de la guerre froide[7]. Pour autant, certains pays européens, à commencer par la France, n'entendent pas laisser l'OTAN mettre entièrement la main sur l'avenir de la sécurité européenne, car l'Alliance atlantique pourrait un jour se retrouver affaiblie.

7. Zelikow Philip, Condoleezza Rice, *Germany Unified and Europe Transformed : A Study in Statecraft*, Cambridge, Harvard University Press, 1995, p. 314.

Mitterrand estime notamment que de nouvelles institutions sont nécessaires pour pouvoir intégrer progressivement les anciens pays du pacte de Varsovie au monde occidental, sans créer une situation humiliante pour Moscou. Le président français propose en l'occurrence la mise sur pied d'une Confédération européenne qui réunirait tous les pays du continent, dont la Russie. Il répond ainsi au projet de Gorbatchev de « maison commune européenne » et, de la sorte, cherche à éviter une adhésion trop rapide des pays d'Europe centrale à l'Union européenne et à l'OTAN. Mais ni les Américains ni les anciens satellites de l'URSS – comme la Pologne ou la Tchécoslovaquie – ne veulent de cette Confédération. Pour Prague ou Varsovie, la garantie de sécurité offerte par l'Alliance atlantique et par l'Europe communautaire doit primer ; il est par ailleurs difficilement acceptable, pour ces pays, de se retrouver dans une organisation intégrant la Russie mais excluant les États-Unis.

On se dirige donc, dès les lendemains de la guerre froide, vers un élargissement des instances occidentales vers l'est, sans qu'il n'y ait une quelconque promesse des Américains ou des Européens de l'Ouest de ne pas le mettre en œuvre, comme Vladimir Poutine a pu le suggérer pour justifier l'invasion de l'Ukraine en 2014 et en 2022. Les historiens Joshua Itzkowitz Shifrinson et Mary Sarotte n'ont pas trouvé de document pouvant attester d'une telle promesse[8]. La seule promesse faite par les Américains et les Allemands en 1990 était que les forces de l'OTAN ne stationneraient pas dans les Länder orientaux allemands après la réunification. Mieux, un communiqué russo-polonais de 1993, publié à l'issue d'une visite de Boris Eltsine à Varsovie, indique que la Russie ne s'opposerait pas à l'adhésion de la Pologne à l'OTAN et que cette éventualité « ne serait pas contraire aux intérêts des autres États, y compris la Russie »[9]. D'ailleurs, Moscou est immédiatement associé au Conseil de coopération de l'OTAN, créé en décembre 1991.

Un mois auparavant, lors du sommet de Rome en novembre 1991, les Français obtiennent le renforcement du pilier européen de l'OTAN, qui précède le développement de la Politique étrangère et de sécurité commune (PESC) à partir de 1992. Les pays membres de l'OTAN adoptent une définition de la sécurité incluant « les facteurs économiques et sociaux, le terrorisme et la prolifération des armes de destruction massive ». Le fait que ce texte intervienne alors que l'URSS existe encore prouve que les Occidentaux ont pris conscience de la primauté de menaces qui existaient avant la fin de la guerre froide et qui étaient déjà au cœur des relations internationales. L'obnubilation des États-Unis pour la lutte Est-Ouest les empêchait de les mettre davantage en avant.

8. Itzkowitz Shifrinson Joshua R., « Deal or No Deal? The End of the Cold War and the US Offer to Limit NATO Expansion », *International Security*, vol. 40, 2016, n° 4, pp. 7-44 ; Sarotte Mary Elise, *Not One Inch: America, Russia, and the Making of Post-Cold War Stalemate*, Yale University Press, 2021.

9. Mink Georges, « La réconciliation polono-russe : vers un changement de paradigme ? », *Politique étrangère*, 2010/3, pp. 607-619.

La Politique étrangère et de sécurité commune

Alors qu'en février 1991, en pleine guerre du Golfe, les Américains mettent en scène la toute-puissance de leur armée au cours d'une intervention en adéquation avec le climat idéaliste de la fin de la guerre froide – l'Irak a violé les principes de respect des frontières et de souveraineté des États en envahissant le Koweït –, les Européens ne peuvent que constater l'inexistence de « l'Europe de la défense » et entreprennent de donner corps à cette vieille idée. Mitterrand et Kohl proposent de relancer pour de bon l'UEO, qu'ils conçoivent comme le « bras armé » de la future UE, dans le cadre maintenu de l'OTAN. Mais l'idée ne plaît guère au nouveau premier ministre britannique John Major, qui perçoit dans cette initiative une tentative française d'affaiblissement de l'Alliance atlantique. En outre, Londres est opposé au principe de politique étrangère commune que suppose une défense européenne : cela se ferait forcément au détriment de la souveraineté des États membres et impliquerait une modification du processus de décision. En effet, si les Européens de la Communauté entendent développer une politique extérieure efficace, ils doivent avoir la capacité de prendre des décisions rapides, ce qui rend nécessaire le passage au vote à la majorité qualifiée. Mais pour le gouvernement de John Major, l'abandon du vote à l'unanimité est inacceptable : le Royaume-Uni ne peut pas s'associer à des décisions qui pourraient être contraires à ses intérêts nationaux et internationaux.

Alors que les pays de la CE débattent entre eux, le retour de la guerre en Europe vient une fois de plus afficher leur paralysie au grand jour et intensifier les discussions sur l'urgence d'une politique étrangère et de sécurité commune : les États de la Communauté ne parviennent pas à définir une position conjointe au moment de l'implosion de la Yougoslavie, après que la Croatie et la Slovénie ont proclamé leur indépendance en juin 1991. Ils se montrent ainsi incapables d'arrêter les combats. Tandis que l'Allemagne de Kohl reconnaît unilatéralement l'indépendance de la Croatie et de la Slovénie, sans aucune concertation avec ses partenaires des Douze, la France de Mitterrand ne souhaite pas rompre avec le vieil allié serbe, au nom du souvenir de la Première Guerre mondiale.

Le traité de Maastricht, signé le 7 février 1992 et ratifié par les douze États entre juin 1992 et mai 1993, est censé permettre un dépassement de ces divergences, notamment franco-allemandes. Or, avec ce texte, les Européens, du fait de leurs désaccords, ne s'entendent que sur une définition fort ambiguë de la PESC. L'UEO devient le bras armé de l'UE, dotée de la sorte d'une force militaire propre – principalement l'Eurocorps, créé sur la base d'une initiative de Kohl et Mitterrand en octobre 1991, puis élargie à l'Espagne, à la Belgique, au Luxembourg et à la Grèce –, mais dans le cadre de l'OTAN. Le paroxysme de l'ambiguïté concerne la prise de décision : si les décisions relevant de la politique générale devront être prises à l'unanimité, les décisions ayant trait à leur mise en œuvre le seront à la majorité qualifiée. On reconnaît ici l'influence de John Major, qui demeure inflexible et qui contribue à rendre la PESC inefficace. Le rôle de l'Alliance atlantique n'en est que plus réaffirmé.

L'apport de Maastricht en termes de sécurité reste toutefois important, puisqu'en plus de la PESC, qui constitue le « deuxième pilier » du traité (le premier étant l'UEM), un troisième pilier concerne la Justice et les Affaires intérieures (JAI). En raison de l'instauration de la liberté de circulation des personnes dans toute la CE, les pays membres ont intérêt à harmoniser leurs politiques sur le statut juridique des personnes extracommunautaires – conditions d'entrée, de séjour et de sortie, droit d'asile, regroupement des familles, etc. – et à approfondir la coopération policière, douanière et judiciaire pour lutter efficacement contre les groupes terroristes, les mafias, la criminalité et les trafics en tous genres. Un Office européen des polices (Europol) voit le jour en ce sens. Mais l'on reste dans une logique purement intergouvernementale.

Finalement, les insuffisances de la PESC et l'attachement des Européens à l'OTAN font que les États-Unis demeurent les principaux garants de la sécurité européenne dans l'immédiat après-guerre froide. Les excellentes relations que Bush a nouées avec ses alliés, notamment avec la RFA, dans la gestion de la fin de la guerre froide puis pendant la guerre du Golfe, ne sont pas pour rien dans cette situation. Mais Washington estime malgré tout nécessaire que les Européens en fassent plus pour leur propre défense. Pour la Maison-Blanche, un « partage du fardeau » est d'autant plus indispensable qu'avec le creusement du déficit américain du fait des dépenses militaires engagées par Reagan et en raison de l'engagement des États-Unis sur d'autres théâtres – le Moyen-Orient en particulier –, l'Europe n'a pas d'autre choix que de s'impliquer davantage. Cela explique le soutien de Bush à l'« Identité européenne de sécurité et de défense » (IESD). L'appui américain est également justifié par le besoin d'assurer la stabilité à long terme de l'Europe et d'ancrer fermement l'Allemagne réunifiée – appelée à devenir la première puissance du continent – dans une Union européenne solide et prospère. Cet appui demeure toutefois timide, de peur qu'un soutien trop marqué n'affaiblisse l'OTAN et la cohésion occidentale. Transparaît ici la position paradoxale des États-Unis qui cherchent, en quelque sorte, à maintenir leur hégémonie, mais à faible coût, tandis que les Européens souhaitent une marge de manœuvre plus grande, sans toutefois se priver de la protection américaine et en limitant leurs dépenses. En bref, il est difficile pour les uns et les autres de se débarrasser des habitudes prises pendant quarante-cinq ans de conflit Est-Ouest. Voilà pourquoi, au début des années 1990, les outils de la sécurité en Europe ne subissent aucune redistribution des charges et des responsabilités.

La dissolution du pacte de Varsovie en juillet 1991 et l'éclatement de l'URSS au mois de décembre suivant ne changent rien à cela : d'une part, les anciens

États satellites de Moscou manifestent rapidement leur intention d'intégrer les instances occidentales ; d'autre part, la nouvelle fédération de Russie présidée par Boris Eltsine entend coopérer pleinement avec les États-Unis et leurs alliés sans véritablement réclamer une plus grande participation à la gestion des affaires du monde. Le système de sécurité ouest-européen, créé par les Américains au sortir de la Seconde Guerre mondiale, commence son extension vers l'est, mais il ne fait pas l'objet d'une profonde révolution.

Au total, au début des années 1990, l'Europe a changé de visage ; les adversaires d'hier sont devenus des partenaires ; la sécurité européenne repose sur un ensemble d'accords et de traités patiemment élaborés au fil des périodes de tension et de détente (OTAN, CSCE/OSCE, traités INF, FCE, MDCS, Maastricht). Pour autant, avec l'accélération de la globalisation, l'incertitude reste probablement le sentiment dominant au sein d'un continent européen qui voit la guerre revenir sur son sol et accroître sa dépendance économique et énergétique envers le reste du monde. Des conflits balkaniques au terrorisme islamiste, en passant par l'essor des nouvelles technologies de l'information et de la communication, l'Europe des décennies 1990 et 2000 doit s'adapter à un monde où la diversification des acteurs internationaux et transnationaux complexifie l'appréhension des risques et la manière de les contrer.

Discours de Mikhaïl Gorbatchev au deuxième Sommet des chefs d'État et de gouvernement de la CSCE, Paris, 19-21 novembre 1990

[...] Les principes fondamentaux de la nouvelle pensée, à savoir la liberté de choix idéologique, les relations libres entre les États, l'égalité inconditionnelle de tous les pays sans exception et la non-ingérence dans les affaires internes d'autrui ont été mis en œuvre et ont offert quelque chose de nouveau à la communauté mondiale : la confiance. Dans ce contexte, l'unification de l'Allemagne marque un événement majeur, tant pour l'Europe que pour le monde, clôturant le chapitre de la division d'une grande nation et de l'Europe en deux camps.

De même, la conciliation entre le peuple soviétique et le peuple d'une Allemagne unie, formalisée dans le langage des traités, est devenue un facteur à long terme de coopération et de confiance en l'évolution d'une nouvelle Europe. Nous pensons que la série de déclarations communes et de traités que l'Union soviétique a récemment signés avec la France, l'Italie, l'Espagne et la Finlande ont apporté une contribution substantielle et unique à l'édification d'un nouveau système politique international en Europe. Ces documents, différents de tous ceux qui les ont précédés, rendent obsolète l'opposition conflictuelle entre l'Est et l'Ouest de l'Europe.

Mesdames et Messieurs, les objectifs énoncés dans l'Acte final d'Helsinki continuent d'être une boussole pour nous. D'une certaine manière, ils étaient prématurés – l'effort pour aller de l'avant et développer la détente dans le cadre d'un système basé sur Yalta et Potsdam était entravé par l'incompatibilité idéologique des régimes [...]. Actuellement, cependant, les plans esquissés à

Helsinki prennent corps et âme, de sorte que nous pouvons aborder de façon réaliste la question d'une Europe juridiquement formalisée et spatialement définie dans les domaines de la sécurité, des droits de l'homme, de l'économie, de l'environnement et de l'information. [...]

Cependant, nous succomberions à une euphorie inadmissible si nous concluions qu'en parvenant à éliminer pratiquement la menace d'une guerre majeure en Europe, nous pensions avoir totalement exclu la possibilité d'un conflit sur le continent. En ce moment, chaque pays cherche la place qu'il pourra occuper dans le futur système. Cette recherche ne peut être productive que si nous restons conscients de deux réalités majeures de notre monde, à savoir que le développement sociopolitique multidimensionnel est à la fois inévitable et fructueux, et ne peut être ignoré sans vider de sens le principe de liberté de choix ; et que la coopération et la capacité d'adaptation mutuelles sont incompatibles avec l'égoïsme national ou l'isolationnisme. La non-prise en compte de cet aspect multidimensionnel du développement, ou toute tentative d'imposer un mode de vie particulier à quelqu'un d'autre comme condition préalable à toute coopération, ne peut qu'engendrer suspicion, méfiance, nationalisme et séparatisme, conduisant au conflit et à l'animosité, à la « balkanisation » ou, pire encore, à la « libanisation » de régions entières ; l'une ou l'autre freinerait la mise en place d'une Europe partagée, si essentielle au processus européen. Il paraît donc souhaitable, immédiatement après la réunion de Paris, de procéder à la mise en place de structures et d'institutions véritablement capables de façonner la base économique, environnementale et technologique d'une nouvelle Europe.

[...] Quelle est notre vision du processus de mise en place de structures paneuropéennes, première ébauche d'une maison commune européenne ? Nous sommes favorables à une poursuite active et rapide des négociations de Vienne avec la participation des trente-quatre États qui, parallèlement à de nouvelles réductions de leurs forces armées et à des changements dans la structure de celles-ci, pourrait procéder à l'élaboration de nouvelles mesures de confiance. Il serait souhaitable de combiner, dans un cadre « Vienne 2 », les deux négociations qui ont composé la première phase. Il est temps d'élargir leur programme en y incluant d'autres types d'armes, surtout les armements navals.

Bien sûr, les changements politiques et psychologiques que nous avons constatés et salués ont mis sur le devant de la scène la question des armes nucléaires tactiques en Europe. Nous serions prêts à entamer des négociations sur ce sujet d'ici un mois ou deux. Notre proposition de réfléchir ensemble au concept de dissuasion minimale et à la limite au-delà de laquelle la capacité de riposte nucléaire peut évoluer vers une logique défensive, indique notre volonté d'avancer graduellement vers l'élimination de cette capacité sans trop dramatiser les différences d'opinions sur le rôle des armes nucléaires.

Nous sommes également prêts à engager rapidement des discussions de fond sur la question du « ciel ouvert » (*open skies*).

L'Europe est en pleine mutation. Il faudra évidemment un certain temps avant que nous soyons en mesure de comprendre tous les changements qui ont actuellement lieu, mais ce qui compte, c'est que nous soyons d'accord sur le fait qu'ils doivent demeurer pacifiques. C'est pourquoi entamer un travail d'institutionnalisation du processus européen serait l'un des principaux résultats pratiques de cette réunion. Parmi les décisions pionnières concernant la mise en place d'un mécanisme à trois niveaux, je souhaiterais insister sur le Centre de prévention des conflits, conçu pour régler les difficultés politico-militaires qui pourraient survenir. Ce projet nous semble très prometteur, puisqu'il pourrait progressivement se transformer en une sorte de Conseil de sécurité paneuropéen qui aurait les moyens d'agir dès lors que se profile un conflit.

[...] Au sujet des alliances militaires - l'Organisation du traité de Varsovie et l'OTAN -, les pays membres du pacte de Varsovie devraient prendre des décisions importantes avant la fin de cette année sur la transformation de l'organisation et le changement de son caractère. Il appartient bien entendu aux pays membres de l'OTAN de prendre toutes les décisions relatives à l'Alliance atlantique. Espérons que la transformation de l'alliance, déjà annoncée, prendra une tournure plus audacieuse, tenant compte des mutations profondes et apparemment irréversibles de l'Europe.

Le résultat des décisions que nous sommes sur le point de prendre ici dépendra, dans une large mesure, de l'attitude et de l'activité des structures internationales qui ont prouvé leur efficacité et acquis une expérience susceptible de nous profiter à tous. [...] ■

Source : archives de l'OSCE, Prague.

Chapitre 7

Les difficiles recompositions de l'ère post-guerre froide, 1992-2008

Si la fin de la guerre froide a pu constituer une heureuse surprise dans la mesure où elle s'est faite de manière globalement pacifique, elle n'a cependant pas entraîné l'Europe et le monde dans un régime de relations internationales fondé sur des acteurs nouveaux et des institutions originales. Nous l'avons vu, les menaces qui pèsent sur le Vieux Continent, et plus largement sur l'Occident, dans les années 1990 et 2000, tels que le terrorisme islamiste et les risques qu'induisent de trop grandes fractures Nord-Sud, sont apparues bien avant le dépassement du conflit Est-Ouest. Mais la disparition de l'adversaire soviétique en renforce la visibilité et, du point de vue américain surtout, permet de les aborder en tant que telles, et non plus sous l'angle parfois trompeur de la guerre froide globale.

Cela ne signifie pas pour autant tirer un trait sur quarante-cinq ans d'opposition entre les blocs : précisément, l'un des grands enjeux de la sécurité européenne au cours des deux décennies de l'ère post-guerre froide repose sur la gestion des conséquences immédiates de l'effondrement du communisme couplée à la lutte contre des réseaux terroristes de mieux en mieux organisés et de plus en plus mondialisés, le tout dans un contexte d'affirmation sans précédent de la prédominance américaine sur les affaires du monde. En d'autres termes, la sécurité de l'Europe s'inscrit dans une logique multiscalaire – européenne, transatlantique et Nord-Sud – qui implique une nécessaire adaptation des outils diplomatiques et militaires multilatéraux.

Pour ce qui est de l'échelle européenne, l'éclatement de la Yougoslavie et les guerres qui en résultent constituent le catalyseur des réflexions post-guerre froide sur la répartition des tâches entre l'OTAN et l'Europe communautaire (auxquelles s'ajoutent la CSCE/OSCE et l'ONU) en matière de sécurité. Confrontés, pour la première fois depuis la fin de la Seconde

Guerre mondiale, au retour de la guerre sur leur continent, les Européens de l'Ouest réalisent une fois de plus à quel point ils sont dépendants des États-Unis, ce qui les oblige à s'engager de façon plus résolue dans l'élaboration d'une politique de défense et de sécurité commune efficace. Les attentats du 11 septembre 2001 à New York et Washington puis la « guerre contre le terrorisme » menée par l'administration de George W. Bush viennent cependant révéler au grand jour les divisions d'une UE et d'une OTAN qui, entretemps, ont entamé leur élargissement vers l'Est. Au début du XXIe siècle, comme au cours des décennies précédentes, la question des liens transatlantiques continue de dicter les débats européens sur la sécurité du continent, et ce alors que ce dernier occupe une place moins importante dans la conception américaine des rapports de force internationaux. Les positionnements divergents des uns et des autres sur les enjeux Nord-Sud, et en particulier vis-à-vis des espaces proches de l'Europe – Afrique, Moyen-Orient –, témoignent de lignes de fracture profondes qui empêchent les Européens de s'entendre sur les moyens à privilégier pour assurer leur sécurité dans le contexte de globalisation tous azimuts.

C'est cette gestion concomitante des échelles de raisonnement qu'entend aborder ce chapitre, focalisé sur une période dont les problématiques démontrent la difficulté de l'Europe à penser sa sécurité dans un monde où la menace est plus que jamais multiforme.

Les guerres d'ex-Yougoslavie

L'implosion yougoslave

Le retour de la guerre sur leur continent constitue le premier défi de taille auquel sont confrontés les Européens dans l'immédiat après-guerre froide. Il pose deux problèmes majeurs de sécurité : en premier lieu pour les populations impliquées dans le conflit, soumises à une escalade de la violence qui fait voler en éclats les sociabilités et équilibres difficilement maintenus durant l'ère communiste et qui entretient une peur et une insécurité permanentes ; en second lieu pour le reste de l'Europe, où la crainte d'une extension du conflit dans le temps et dans l'espace soulève la question des moyens de l'intercession diplomatique et de l'intervention militaire dans les Balkans.

Née en 1918 du démembrement de l'Empire austro-hongrois à partir de la réunion des Slaves du Sud – Serbes, Croates, Slovènes, Macédoniens, Monténégrins et musulmans de Bosnie – ainsi que de deux minorités non slaves – des Hongrois et les Albanais du Kosovo –, la Yougoslavie s'était effondrée une première fois en 1941 avec l'attaque nazie, avant que Tito ne parvienne à rassembler de nouveau ces peuples dans un État fédéral en 1945. Mais la Seconde Guerre mondiale avait laissé de nombreuses plaies

Les guerres en ex-Yougoslavie

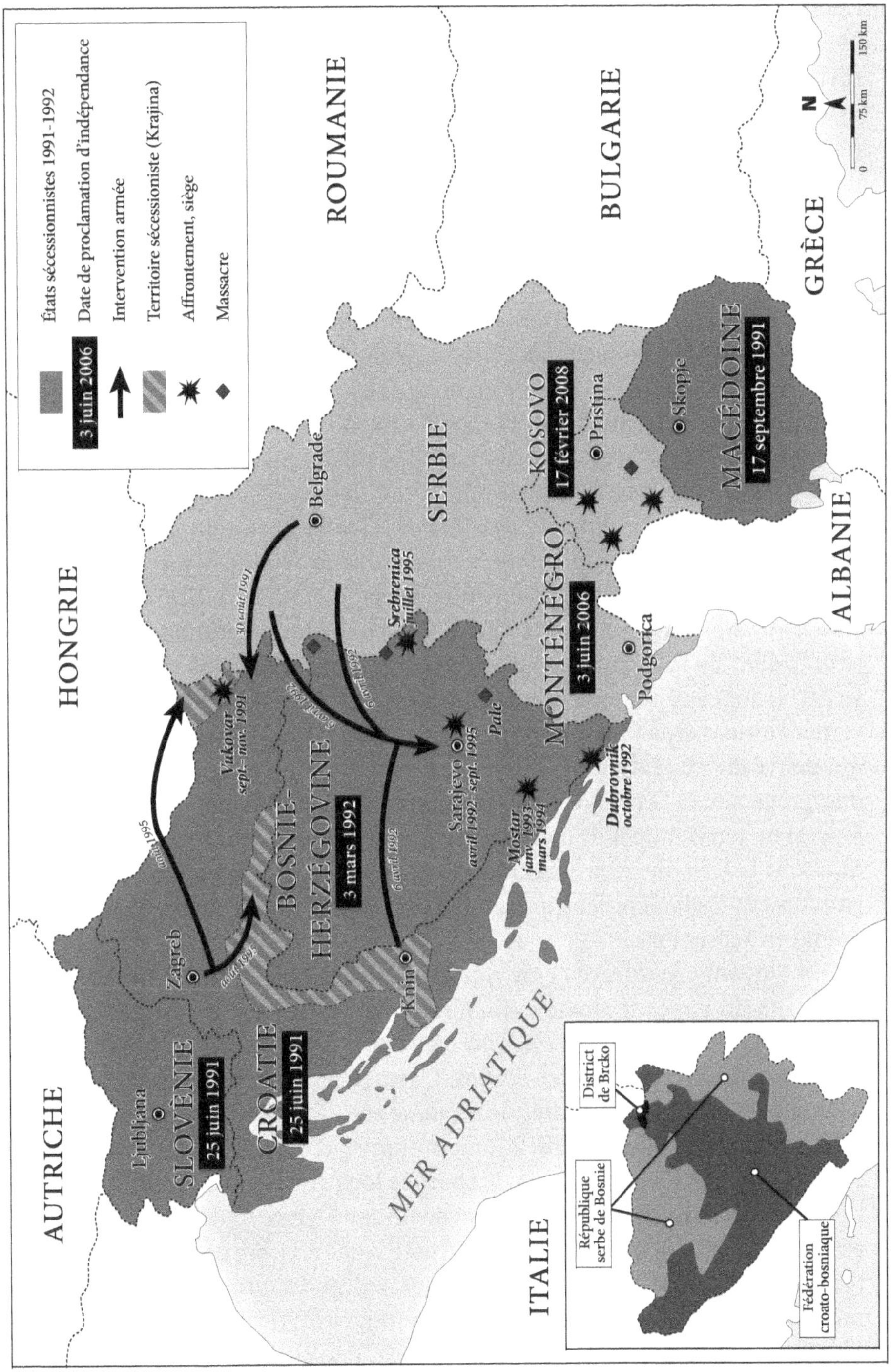

ouvertes chez les différentes nationalités du pays en raison des massacres interethniques perpétrés pendant le conflit. Tandis que Tito interdisait toute évocation de ces souvenirs, sa mort en 1980 est l'occasion de les voir se raviver, à l'heure où la montée en puissance des mouvements en faveur des droits de l'homme, des libertés fondamentales et de l'autodétermination des peuples s'incarne, en Yougoslavie, par un renouveau des nationalismes. Lors des premières élections libres, en 1990, désirer la démocratie signifie voter pour un parti national ; mais dans un pays où les différentes nationalités sont mêlées et dispersées sur l'ensemble du territoire, cela peut entraîner des conséquences dramatiques.

Ces tensions sont favorisées par les difficultés économiques. La politique de développement industriel accéléré voulue par Tito durant la décennie 1970 est un échec : l'Ouest, lui-même en crise, n'entend pas importer des produits yougoslaves dont la qualité et la modernité apparaissent obsolètes. De plus, la structure fédérale du pays ne permet pas de définir une réponse cohérente à ces problèmes. À la fin des années 1980, Belgrade perd le contrôle de la situation économique et financière du pays : l'inflation atteint 1 200 % en 1989 et encore près de 600 % en 1990. Le désordre provoque la forte baisse de la production et la hausse fulgurante du chômage (20,2 % en 1990). Ne trouvant rien d'autre à faire que d'opter pour une rhétorique national-communiste, le président de la République de Serbie Slobodan Milošević (à partir de juillet 1989) appelle à remodeler les frontières pour permettre à tous les Serbes de vivre dans le même État, notamment en armant la minorité serbe de Croatie, qui demande en février 1991 son rattachement à la Serbie. La fédération se désagrège sous l'action des forces nationalistes, sans que le gouvernement fédéral ne parvienne à freiner le mouvement : les républiques les plus riches que sont la Croatie et la Slovénie se désolidarisent des républiques les plus pauvres et proclament leur indépendance en juin 1991. La Macédoine fait de même en septembre.

En Slovénie, la guerre cesse rapidement, car la très grande majorité des habitants du pays est slovène. En Croatie en revanche, le fait que seuls les deux tiers de la population soient croates pose la question du sort des autres populations, notamment des Serbes. L'armée fédérale yougoslave, encadrée à 80 % par des officiers serbes, intervient en juillet. Débutent alors les premières opérations de « purification ethnique » (l'expulsion des non-Serbes), bientôt étendues en Bosnie. Là, les Serbes locaux, très nombreux (31,4 % de la population en 1991), exigent de continuer à vivre dans une Yougoslavie assimilée à une « Grande Serbie ». Aussi, quand la Bosnie se déclare à son tour indépendante en avril 1992, la guerre prend un tour particulièrement meurtrier, marquée par le long siège de Sarajevo (avril 1992-novembre 1995). L'objectif de Milošević, qui proclame le 27 avril la nouvelle République fédérale de Yougoslavie – qui ne comprend alors plus que la Serbie et le

Monténégro –, est de s'étendre au détriment de la Croatie et de la Bosnie, où Belgrade fournit toujours plus d'armes aux Serbes. La ville croate de Vukovar, qui doit faire face aux milices serbes et à l'armée fédérale yougoslave, est l'un des principaux théâtres de cette guerre ethnique. Pour autant, les Croates entendent eux aussi profiter du dépeçage de la Bosnie et y interviennent en 1993, les milices et militaires croates se montrant tout aussi violents que leurs pendants serbes. La guerre en ex-Yougoslavie est avant tout une guerre entre civils, souvent difficiles à distinguer des militaires. Le massacre, ordonné à l'été 1995 par le général bosno-serbe Ratko Mladic, des huit mille musulmans réfugiés à Srebrenica témoigne du degré de barbarie auquel sont prêts à se livrer les belligérants.

L'internationalisation du conflit

L'épreuve est de taille pour un continent qui, au sortir de la guerre froide, tend à graver dans le marbre les principes de la sécurité coopérative issus du processus d'Helsinki. Quelques mois à peine après la signature de la Charte de Paris, l'idéal que celle-ci est censée représenter est foulé du pied par le choc des nationalismes balkaniques. Le conflit met ainsi en exergue l'insuffisance des outils paneuropéens, notamment la CSCE, à prévenir les déchirements interethniques. Certes, les guerres en ex-Yougoslavie favorisent la création d'un Haut-Commissariat aux minorités nationales en 1992 mais la CSCE – qui devient OSCE à la suite du sommet de Budapest de décembre 1994 – demeure une organisation politique soumise au bon vouloir des pays qui en sont membres et ne possède aucun moyen militaire de coercition.

Quant à la CEE, si elle fait preuve d'une certaine réactivité dans les premiers temps du conflit, elle se retrouve rapidement paralysée par ses dissensions internes. Bien que partisans du maintien d'une Yougoslavie unifiée comme facteur de stabilité, les Douze tentent une médiation entre Belgrade d'une part et la Croatie et la Slovénie sécessionnistes d'autre part après que celles-ci ont proclamé leur indépendance. Ils réussissent même à imposer un cessez-le-feu à la suite de l'intervention de l'armée yougoslave en Slovénie le 27 juin 1991. Toutes les aides européennes dont bénéficie la Yougoslavie depuis 1980 sont suspendues, de même qu'est décidé un embargo sur les armes, surveillé par l'OTAN et l'UEO dans l'Adriatique. À partir du 7 septembre 1991, les pays de la Communauté, encouragés par les États-Unis qui estiment qu'il revient aux Européens de prendre la main sur ce dossier, réunissent autour d'une même table, à La Haye, les représentants des différentes républiques yougoslaves, ainsi que ceux du pouvoir fédéral. Mais les divisions entre les Douze ne tardent pas à resurgir. Soucieux de ne rien faire qui puisse entamer leur souveraineté militaire, les gouvernements du

Danemark, du Portugal et, surtout, du Royaume-Uni s'opposent à la proposition néerlandaise, soutenue par l'Allemagne et la France, de permettre à l'UEO de déployer une force d'interposition entre Serbes et Croates. À cela s'ajoute la mésentente franco-allemande quant à la reconnaissance des indépendances slovène et croate, puis bosnienne, que Mitterrand n'admet pas dans un premier temps (les trois États sont reconnus par tous les pays de la CE le 6 avril 1992).

Dans l'incapacité de se mettre d'accord, les Européens de la CE finissent par se tourner vers le Conseil de sécurité des Nations unies en novembre 1991. Ce dernier permet la mise sur pied, le 12 février 1992, de la Force de protection des Nations unies, la FORPRONU. Composée de quinze mille soldats, notamment français et britanniques, elle a pour mission de garantir tant l'accès à Sarajevo que les frontières disputées. Quelques mois après, en octobre, une FORPRONU II de six mille Casques bleus vient protéger les convois humanitaires et veiller au respect des trêves. Mais en dépit de leur coopération, la CEE et l'ONU ne parviennent pas à instaurer un plan de paix efficace en Bosnie-Herzégovine. Aussi bien le plan Owen-Vance, qui prévoit la décentralisation du pays, que le plan Owen-Stoltenberg, qui envisage son partage en trois régions autonomes dévolues aux Musulmans, aux Croates et aux Serbes, sont mis en échec. En 1993, le blocus économique à l'encontre de la Serbie (à partir d'avril) puis les frappes aériennes de l'OTAN, décidées en août, ne suffisent pas à exercer une pression suffisante sur les Serbes, considérés par la CE comme les principaux responsables du conflit. Face à cette impasse, l'administration Clinton se décide à agir via la création, au début de l'année 1994, d'un « groupe de contact » regroupant les États-Unis, la Russie, la France, le Royaume-Uni, l'Allemagne et l'Italie. Dès lors, Américains et Russes s'imposent comme les principaux intermédiaires entre les belligérants, les premiers agissant auprès des Croates, les seconds influençant les Serbes.

La CEE est désormais reléguée au second plan, victime de l'absence de véritable politique extérieure commune, ce qui n'empêche pas les pays membres d'agir individuellement. Fraîchement élu président de la République, Jacques Chirac est à l'origine de la Force de réaction rapide, approuvée par l'ONU le 16 juin 1995 pour soutenir les Casques bleus en Bosnie. Cette décision facilite l'obtention d'un cessez-le-feu en octobre 1995 et le début des négociations de paix au mois de novembre suivant. Organisées dans la ville américaine de Dayton, dans l'Ohio, elles débouchent sur des accords signés à Paris le 14 décembre 1995. Si ces derniers prévoient le maintien de la Bosnie-Herzégovine dans ses frontières, le pays est scindé en deux zones autonomes : une fédération croato-musulmane (51 % du territoire) et une république serbe de Bosnie (49 %). Afin de veiller à la bonne mise en œuvre des accords de Dayton, la FORPRONU laisse la place à l'IFOR

(*Implementation Force*), à laquelle prennent part soixante-trois mille soldats – dont vingt mille Américains – sous commandement de l'OTAN. Un an plus tard, en novembre 1996, l'IFOR est remplacée par une force de stabilisation, la SFOR, placée sous le commandement des États-Unis. Jusqu'à son retrait en décembre 2004, la SFOR parvient à assurer des conditions suffisantes de sécurité pour permettre la reconstruction civile du pays. L'Union européenne finit par prendre le relais de l'OTAN, en envoyant sa propre force, l'EUFOR (sept mille soldats). L'Allemagne y prend pleinement part, le chancelier SPD Gerhard Schröder, qui dirige le pays à partir d'octobre 1998, estimant que la République fédérale doit désormais apparaître comme un État comme les autres et assumer ses responsabilités militaires.

De fait, jusqu'au milieu des années 2000, l'Alliance atlantique, qui a mené en Bosnie-Herzégovine sa première opération militaire de gestion de crise, reste l'outil et le cadre essentiel de la stabilisation, de la pacification et de la reconstruction de l'espace le plus conflictuel du continent européen, révélant la dépendance de l'Europe à l'Amérique dans le maintien de la sécurité post-guerre froide. La légitimité de l'OTAN n'en est que plus renforcée face à une UE et une OSCE qui peinent à s'imposer comme des acteurs de premier plan. La guerre qui ensanglante le Kosovo à la fin de la décennie 1990 consolide un peu plus cette situation.

La guerre du Kosovo

La guerre du Kosovo constitue le dernier épisode des guerres d'ex-Yougoslavie, mais aussi l'un des plus sanglants. Elle prouve à quel point, à la fin des années 1990, les Balkans continuent d'être la « poudrière de l'Europe », où se concentrent les principaux enjeux de sécurité. Le nationalisme serbe est encore à l'origine du conflit, Milošević ayant compris que, pour se maintenir au pouvoir, il a tout intérêt à conférer un nouvel ennemi au peuple serbe, comme il l'a fait pour la Bosnie. L'évolution du Kosovo, territoire enclavé entre la Serbie et l'Albanie, lui en fournit une parfaite occasion. Terre pluriséculaire de la foi orthodoxe, le Kosovo a connu une spectaculaire transformation démographique au cours du XXe siècle avec l'arrivée massive d'immigrants albanais à la recherche de meilleures conditions d'existence ; si bien qu'à la fin de la guerre froide, 90 % de la population du Kosovo était d'origine albanaise. Lorsqu'éclate la Yougoslavie, les Kosovars suivent le mouvement identitaire général et proclament une république du Kosovo en 1991, dont le dirigeant, Ibrahim Rugova, ne fait cependant pas l'unanimité. La région s'enfonce peu à peu dans une spirale de violence, marquée par des arrestations et des condamnations d'opposants au gouvernement de Milošević puis, à partir de 1995, par des affrontements entre l'« armée de libération du Kosovo » (UCK) et l'armée yougoslave. L'UCK, qui reçoit pléthore d'armes de l'Albanie voisine, multiplie les actes de sabotage et les attaques contre les autorités serbes, ce qui suscite en retour une présence toujours plus importante de forces paramilitaires au service de Belgrade. Au début de l'année 1998, le régime serbe accentue la répression à l'encontre des partisans de l'UCK, causant la disparition de près de deux mille personnes.

Si, le 23 septembre 1998, le Conseil de sécurité des Nations unies approuve la résolution 1199 exigeant un cessez-le-feu, le retrait des Serbes du Kosovo et le retour des réfugiés, l'OTAN apparaît une nouvelle fois comme le bras armé de la communauté internationale dans les Balkans et le garant de la mise en œuvre des exigences onusiennes : le 24 septembre, les ministres de la Défense des pays de l'Alliance, réunis au Portugal, autorisent le commandant suprême de l'OTAN à émettre un « avertissement d'activation » (ACTWARN), première véritable étape de la préparation de frappes aériennes. Menacé, Milošević annonce un retrait partiel de ses troupes, en réalité facilité par la défaite de l'UCK. La tension redescend pendant quelques mois, Belgrade acceptant de laisser entrer au Kosovo des observateurs non armés du cessez-le-feu, envoyés par l'OSCE, qui forment la Mission de vérification au Kosovo (MVK). Mais la situation se tend de nouveau le 15 janvier 1999 avec le massacre de Račak : en représailles à l'attaque de quatre policiers par l'UCK, les forces de sécurité serbes tuent quarante-cinq Albanais du Kosovo. Le chef de la MVK, l'américain William Walker, arrive sur les lieux le lendemain et accuse la Serbie devant les caméras de télévision ; il demande au Tribunal pénal international pour les crimes de guerre de missionner des observateurs, auxquels Milošević interdit l'accès au pays. Accusant les États-Unis et leurs alliés d'ingérence dans les affaires intérieures de la Serbie, il prend un décret d'expulsion de la MVK.

Le 30 janvier, sous l'impulsion de Bill Clinton et de sa secrétaire d'État Madeleine Albright, l'OTAN renouvelle sa menace d'intervention militaire : si les Serbes et les Albanais du Kosovo ne parviennent pas rapidement à un accord de paix lors des discussions qui doivent avoir lieu au château de Rambouillet, l'OTAN enverra ses bombardiers. Clinton propose en outre, si un accord est conclu, d'envoyer quatre mille soldats américains de la paix au Kosovo après l'obtention d'un cessez-le-feu et le retrait des Serbes. Tandis qu'à Rambouillet l'UCK dit souhaiter un référendum sur l'autodétermination, la délégation serbe refuse que des troupes étrangères stationnent sur son sol et encore moins que les Kosovars bénéficient d'une quelconque autonomie. Après une deuxième et vaine tentative de négociations à Paris au mois de mars, les troupes yougoslaves lancent, le 20 mars, une vaste offensive contre l'UCK sur l'ensemble du territoire du Kosovo. Le 23 mars, le secrétaire général de l'Alliance atlantique, l'Espagnol Javier Solana, ordonne à l'OTAN de se préparer à l'attaque, qui a lieu dès le lendemain. L'intervention au Kosovo ne va pas sans créer de désaccords, une fois encore, parmi les membres de l'Alliance. Tandis que Clinton veut aller vite et privilégie des actions décisives, Chirac prône une approche progressive selon laquelle les cibles les plus stratégiques devraient être frappées en dernier recours. Les Grecs figurent parmi les alliés les plus réticents à attaquer les positions serbes, en raison de leurs liens historiques et religieux avec la Serbie, mais aussi du fait de leur fort sentiment anti-albanais. En Allemagne, l'opinion publique se montre peu encline à soutenir l'intervention, alors que les Italiens estiment payer un trop lourd tribut aux opérations, qui sont systématiquement menées depuis leur territoire.

Quoi qu'il en soit, ce sont bien les États-Unis qui mènent la danse. Jusqu'au 10 juin 1999, les forces américaines, aériennes et navales, ciblent les principales villes de la fédération yougoslave, causant de très nombreuses pertes civiles, tant en Serbie qu'au Kosovo et en Macédoine, malgré le fait que celle-ci se soit désolidarisée de Belgrade. Les bavures se multiplient, avec par exemple des tirs de missiles contre le train Belgrade-Thessalonique, contre une école à Surdulica, contre un hôpital à Nis, contre un camp de réfugiés, ou encore contre l'ambassade de Chine à Belgrade, ce qui oblige Clinton à présenter des excuses à Pékin. Au Kosovo, les militaires et paramilitaires serbes se livrent, quant à eux, à d'impitoyables massacres de civils, qui cherchent à fuir en masse vers la Macédoine et l'Albanie.

Le 9 avril, sortant enfin de sa léthargie, le président russe Boris Eltsine s'élève contre les bombardements et l'éventualité d'une guerre terrestre de l'OTAN contre la Serbie. Au nom de la solidarité panslave, il prévient que la Russie pourrait être contrainte de participer à une guerre européenne ou mondiale. Eltsine fait le choix de s'impliquer dans la résolution du conflit en envoyant son représentant Viktor Tchernomyrdine auprès de Kofi Annan, secrétaire général des Nations unies, dans l'espoir de mettre sur pied une force de la paix. L'influence russe sur Milošević produit rapidement des résultats, le dirigeant serbe acceptant, fin mai, les conditions établies par l'OTAN : les troupes serbes devront quitter le territoire du Kosovo ; une force internationale de sécurité du Kosovo (KFOR), émanant de l'OTAN mais placée sous l'égide de l'ONU, et composée de soixante mille hommes provenant de trente pays sera déployée ; les réfugiés albanais – plus d'un million – pourront retrouver leurs terres et leurs maisons ; le Kosovo bénéficiera d'un statut d'autonomie et sera administré par la mission des Nations unies pour le Kosovo (MINUK). Milošević perd le pouvoir à la suite des élections générales du 24 septembre 2000 ; il est extradé vers La Haye en juin 2001, où il est jugé par le Tribunal international. Par la suite, craignant que la Macédoine ne soit déstabilisée par la présence, sur son territoire, de soldats de l'UCK, l'OTAN lance l'opération Moisson essentielle en août 2001, destinée à désarmer les rebelles.

La République fédérale de Yougoslavie est quant à elle dissoute en 2003, remplacée par la Communauté d'États de Serbie-et-Monténégro. En mai 2006, les Monténégrins optent, par référendum, en faveur d'un détachement vis-à-vis de la Serbie. La République du Monténégro est officiellement proclamée le 3 juin 2006. Le statut du Kosovo évolue également. Le 17 février 2008, les autorités kosovares proclament l'indépendance du pays, dans la droite ligne des recommandations du rapport Ahtisaari, commandé par Kofi Annan. À l'instar de la Serbie, la Russie et près de quatre-vingts pays dans le monde refusent de reconnaître le Kosovo indépendant. Plus généralement, la situation dans les Balkans se stabilise au cours des années 2000, surveillée de près par l'OTAN (jusqu'en 2004), l'UE et l'OSCE. Mais l'équilibre demeure fragile, particulièrement en Bosnie-Herzégovine, où le nationalisme serbe reste fort dans les territoires de la *Republika Srpska*, l'une des trois entités qui composent le pays (en 1999, la création du district de Brčko se fait à partir de territoires appartenant aux deux entités principales).

Le renouveau de l'architecture occidentale de sécurité, entre élargissement atlantique et approfondissement européen

Les guerres d'ex-Yougoslavie sont révélatrices à la fois de l'équilibre dominant entre les acteurs de la sécurité européenne et des défis auxquels ils sont confrontés : tandis que le président américain Bill Clinton, plus intéressé par les questions économiques et les relations avec l'Asie que par les problématiques transatlantiques, se résout à intervenir dans le conflit yougoslave et incarne la toute-puissance de l'OTAN sur le Vieux Continent, la difficulté des Européens à forger une position commune sur les Balkans les conduit à accélérer la mise en place d'une véritable politique commune de défense et de sécurité.

L'élargissement de l'OTAN

Parmi les principales questions auxquelles doit répondre l'OTAN dans les années 1990 se trouve celle de son élargissement, naturellement soulevée par la fin de la guerre froide et le fait que les pays d'Europe centrale et orientale aient dorénavant le droit de définir leur politique extérieure comme ils l'entendent. Dans l'ensemble des anciens satellites de l'URSS, le désir d'Alliance atlantique est fort depuis qu'ils se sont libérés du joug soviétique. En réponse à cette demande et sous l'impulsion de l'administration Clinton, l'OTAN adopte en 1993 le concept du Partenariat pour la paix : ceux des États est- et centre- européens qui le veulent ont la possibilité de nouer des liens politiques et militaires avec l'organisation atlantique, sans toutefois être concernés par l'article 5 du traité de l'Atlantique Nord selon lequel un pays attaqué bénéficie du soutien de ses alliés.

L'Europe en l'an 2000

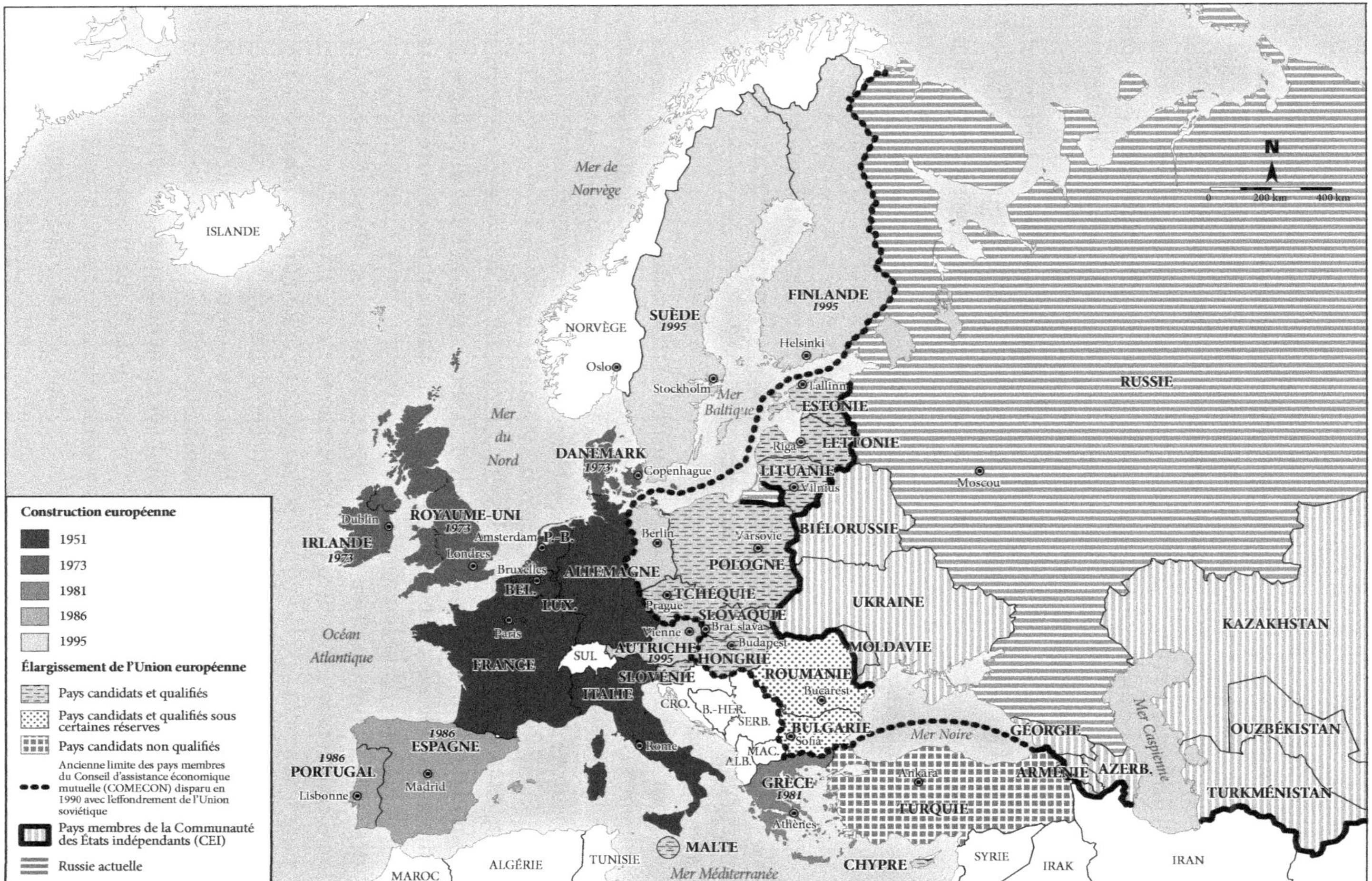

Cependant, à Washington, nombreux sont ceux à penser que cette garantie est insuffisante et qu'il faut aller plus loin et plus vite en matière de protection atlantique envers l'Europe centrale et de l'Est, notamment en faveur de la Pologne de Lech Wałęsa et de la République tchèque de Václav Havel (la scission de la Tchécoslovaquie entre Slovaquie et République tchèque a lieu en 1993). C'est le cas, par exemple, de l'influent sénateur républicain Richard Lugar, connu pour être très actif sur les questions de désarmement, ou encore d'Anthony Lake, le conseiller à la Sécurité nationale. Pour ces derniers, il n'y aurait que des avantages à élargir rapidement l'Alliance vers l'est : outre le fait que cela pérenniserait la place des États-Unis et de l'OTAN dans les anciens pays communistes, l'ancrage de ces derniers au monde occidental les aiderait à consolider leur régime démocratique. Qui plus est, en intégrant l'organisation, les États d'Europe centrale et orientale développeraient un système de défense en adéquation avec celui de l'Amérique et, par conséquent, passeraient leurs commandes de matériel militaire auprès des entreprises américaines. Parmi les membres de l'OTAN, l'Allemagne est probablement la plus favorable à un élargissement vers l'est, à l'instar du ministre de la Défense Volker Rühe. Le surplus de sécurité que lui conférerait l'intégration des territoires situés sur son flanc oriental n'est en effet pas négligeable, même si la Russie continue ses efforts de rapprochement avec les Occidentaux.

Pour beaucoup d'autres pays d'Europe en revanche, l'idée d'un élargissement à court terme comporte des risques : les Russes pourraient se sentir humiliés et réagir négativement. François Mitterrand se montre ainsi assez réticent, ce d'autant plus qu'une extension ne ferait que renforcer l'Alliance au détriment des autres instances de sécurité européenne telles l'OSCE ou l'UE. Mais dans la mesure où les États centre- et est-européens se portent candidats à l'intégration, le président français sait qu'il est difficile, voire impossible, de les débouter de leur requête sans compromettre sérieusement le crédit de la France dans cette partie du Vieux Continent. De fait, dès 1994, l'administration Clinton, ne trouvant aucun obstacle devant elle, se dirige vers le principe d'un élargissement de l'OTAN à l'Est, du moins, pour le moment, à la Hongrie, à la Pologne et à la République tchèque – trois des quatre membres du groupe de Visegrád créé en 1991 (le quatrième est la Slovaquie), dans le but d'éviter les rivalités entre nations d'Europe centrale et de faciliter l'intégration conjointe à l'UE. Les gouvernements de Budapest, Varsovie et Prague insistent sur la menace que pourrait représenter une Russie plus nationaliste, de même qu'ils mettent en avant le conflit en ex-Yougoslavie, qui accroît l'instabilité dans la région et rend plusieurs pays limitrophes vulnérables. Empêtrée dans ses difficultés économiques, la Russie ne porte qu'une attention secondaire à cette question, oscillant entre opposition ferme et acceptation résignée. Ainsi, lors d'une visite à Varsovie en 1993, Boris Eltsine indique qu'une adhésion de la Pologne à l'OTAN ne serait pas contraire aux intérêts russes. Il paraît bien moins positif lors de ses prises de position ultérieures sur le sujet, mais il donne son accord de principe à l'expansion otanienne, en dépit de l'opposition que manifeste l'opinion publique de son pays.

Les trois États désignés par les Américains font donc leur entrée dans l'Alliance atlantique le 12 mars 1999, à l'occasion du cinquantième anniversaire du traité de Washington. Afin que les Russes ne se sentent pas mis sur la touche en matière de sécurité européenne, ni menacés par une OTAN qui triomphe à l'échelle du continent, un Acte fondateur OTAN-Russie est signé deux ans plus tôt, le 27 mai 1997. Cet accord prévoit une coopération accrue en matière de maintien de la paix, de lutte contre le terrorisme ou encore de désarmement. Un Conseil OTAN-Russie est créé en 2002, avec pour objectif de permettre aux Russes de siéger sur le même pied que les autres membres de l'Alliance dans le contexte de « guerre contre le terrorisme » menée par l'administration de George W. Bush à la suite des attentats du 11 septembre 2001. Le sommet de Washington, en 1999, est également l'occasion de préparer la suite du processus d'élargissement, qui concerne les autres pays candidats et qui intervient quelques années après : la Bulgarie, l'Estonie, la Lettonie, la Lituanie, la Roumanie, la Slovaquie et la Slovénie adhèrent à l'OTAN lors du sommet d'Istanbul, en 2004 ; l'Albanie et la Croatie devront attendre jusqu'en 2009.

L'*Étude sur l'élargissement de l'OTAN* (1995) se veut le document de référence dans lequel on retrouve les normes auxquelles les aspirants membres doivent se plier avant d'être invités à adhérer au traité de l'Atlantique nord. Ils doivent en particulier partager les principes de l'OSCE, notamment régler leurs litiges ethniques et territoriaux par des moyens pacifiques. Ils doivent prouver qu'ils promeuvent la stabilité, la liberté économique et la justice sociale, et qu'ils respectent l'environnement. Ils sont tenus d'établir clairement un contrôle civil sur les forces armées. Sur le plan militaire, ils doivent atteindre rapidement l'interopérabilité de leurs forces militaires avec celles de l'OTAN. Le choix des futurs membres résulte d'une entente unanime des membres de l'Alliance ; l'élargissement doit être complémentaire à celui de l'UE ; la participation au Partenariat pour la paix constitue un préalable sans garantie d'adhésion automatique.

L'élargissement n'implique pas systématiquement, comme on pourrait s'y attendre, de révision profonde de la stratégie de l'OTAN. Dans la foulée des débats de l'immédiat après-guerre froide, les Européens de l'Ouest continuent de s'opposer à toute extension des missions en dehors de la zone couverte par l'Alliance, alors que les Américains souhaitent voir celle-ci s'impliquer dans les affaires du Moyen-Orient et de l'Asie orientale. Les dirigeants européens considèrent que l'OTAN doit se concentrer sur la protection du Vieux Continent. Par conséquent, comme en 1991, la révision stratégique de 1999 confirme le rôle régional de l'OTAN, en insistant sur les menaces que constituent le terrorisme et la prolifération nucléaire. Néanmoins, pour ne pas contrarier Washington, les pays d'Europe acceptent que des opérations hors zone aient lieu de manière exceptionnelle, notamment dans le cadre de missions d'ampleur que d'autres instances n'auraient pas les moyens d'assumer.

Même la France se montre plus souple à l'égard de l'OTAN, Jacques Chirac indiquant le 5 décembre 1995 que son pays pourrait revenir dans la structure militaire intégrée. Pareille évolution est révélatrice de la lecture nouvelle que Paris fait de l'environnement international. Elle ne peut être distinguée des avancées que connaît la politique européenne de défense et de sécurité, favorisée par les nouvelles prises de position britanniques.

Le poids des évolutions françaises et britanniques

La guerre de Bosnie contribue à rapprocher les positions de la France et du Royaume-Uni en matière de sécurité européenne. Paris et Londres comprennent que, dans le monde post-guerre froide, la gestion des crises, le maintien de la paix et le déploiement effectif de la force militaire sont devenus la nouvelle réalité stratégique. Les deux pays savent que ce nouveau défi devra être assumé essentiellement par les Européens, dans la mesure où les Américains entendent privilégier d'autres théâtres d'opérations que l'Europe. Mais ils comprennent aussi que la coopération avec l'OTAN est incontournable pour relever ce défi, étant donné que les moyens stratégiques nécessaires à la gestion des crises (planification, logistique, transport) existent déjà au sein de l'Alliance. L'Europe doit par conséquent négocier un nouvel arrangement avec les États-Unis dans lequel Washington accepterait de maintenir une présence en Europe, à condition que l'Europe organise sa propre capacité de sécurité collective. De cette double conclusion découlent deux autres conséquences : la France doit reconsidérer sa relation avec l'OTAN, et le Royaume-Uni doit repenser sa relation avec l'Europe[1].

Dès le printemps 1993, la France franchit une première étape en rejoignant le Comité militaire de l'OTAN ; deux ans et demi plus tard, en décembre 1995, Chirac annonce son intention d'une participation française aux réunions des ministres de la Défense et des Affaires étrangères de l'OTAN. Outre les leçons du conflit en ex-Yougoslavie, de multiples raisons conduisent les Français à revoir leurs relations avec l'organisation. En premier lieu, à droite comme à gauche de l'échiquier politique, chacun peut constater à quel point les relations avec les États-Unis se sont améliorées après la guerre froide. Les guerres du

1. Howorth Jolyon, « La France, l'OTAN et la sécurité européenne : statu quo ingérable, renouveau introuvable », *Politique étrangère*, vol. 67, n° 4, 2002, pp. 1001-1016.

Golfe puis de Bosnie ont renforcé la confiance mutuelle entre les deux partenaires en termes politiques et militaires. À ce titre, un retour français dans le commandement intégré équivaudrait à une normalisation des rapports bilatéraux à partir d'une situation de fait. En second lieu, les dirigeants français se sentent relativement isolés dans leur projet de construction d'une défense européenne autonome, les autres pays de la Communauté comptant plus que tout sur l'« hyperpuissance » américaine (Hubert Védrine) pour garantir la sécurité du continent. Paradoxalement, les États-Unis apparaissent comme les meilleurs soutiens des velléités françaises. Ainsi, Clinton affiche clairement son soutien à la mise en place de la PESC et au concept d'« Identité européenne de sécurité et de défense » (IESD), estimant que l'une et l'autre participent de la consolidation du pilier européen de l'Alliance. Le souci du président démocrate de « partager le fardeau » de la défense européenne explique en grande partie cet appui – en l'an 2000, les forces américaines en Europe représentent encore cent dix-sept mille six cents hommes, situés principalement en Allemagne (soixante-neuf mille deux cents) et en Bosnie et au Kosovo (onze mille cent).

Concrètement, cela se traduit par la prise en compte de l'IESD dans les structures de l'OTAN et la création, par le Conseil de l'Atlantique nord réuni à Berlin en juin 1996, des Groupes de forces interarmées multinationales (GFIM). Les GFIM désignent des forces issues de certains pays de l'OTAN, voire du Partenariat pour la paix, susceptibles de participer à des opérations humanitaires ou de maintien de la paix dans des espaces situés en dehors de la zone traditionnelle de l'organisation, mais qui pourraient utiliser les infrastructures otaniennes. Cela signifie que l'UEO, qui est opérationnelle depuis 1995 et qui réunit cinquante mille hommes, aurait la possibilité d'agir par elle-même, dans le cadre de l'OTAN. En d'autres termes, Washington accepte que les Européens bénéficient d'une forme d'autonomie – très limitée en réalité –, mais à condition qu'ils continuent d'admettre la suprématie de l'Alliance atlantique.

Toutefois, les Français – comme les Britanniques – estiment que ce compromis doit s'accompagner d'une meilleure répartition des responsabilités à l'intérieur de l'OTAN au bénéfice des Européens, et de la France en particulier. Paris réclame notamment une restructuration du commandement de l'OTAN qui permettrait à des officiers français, italiens et espagnols d'assurer à tour de rôle le commandement sud de l'Europe (AFSOUTH), jusqu'alors exclusivement dévolu aux Américains. Ces derniers refusent, du fait de l'importance du commandement sud pour la Sixième Flotte des États-Unis et pour la conduite des opérations en ex-Yougoslavie. Face au rejet de ses requêtes, Chirac annonce, lors du sommet atlantique de Madrid de juillet 1997, que la France demeure en dehors des structures intégrées de l'OTAN. Elle continue cependant de siéger dans les organes politiques du SHAPE, le Grand Quartier général des puissances alliées en Europe.

Du côté de Londres, l'évolution majeure des années 1990 est, nous l'avons dit, la conviction nouvelle qu'il est désormais temps de s'engager plus avant dans l'élaboration d'une véritable politique européenne de défense, appuyée par une force militaire crédible. Ce positionnement tranche avec des décennies d'opposition britannique à tout ce qui peut être susceptible d'affaiblir l'OTAN. Le principal acteur de ce revirement est le premier ministre travailliste Tony Blair, arrivé au 10 Downing Street en mai 1997, après dix-huit années de pouvoir conservateur. En décembre 1998, il se joint à Jacques Chirac lors de la déclaration de Saint-Malo qui proclame la politique européenne de sécurité et de défense (PESD). Au-delà de la nécessité de répondre aux faiblesses européennes révélées par le conflit en Bosnie – et fortement critiquées à Washington –, il s'agit tout d'abord pour Blair de ne pas laisser le Royaume-Uni à la marge de la construction européenne, après le refus britannique de ne pas prendre part à l'Union économique et monétaire. Londres doit prouver sa capacité à jouer *a minima* le jeu communautaire, surtout si cela peut permettre de créer un contrepoids au « couple » politique franco-allemand en forgeant une entente entre les deux premières puissances militaires du Vieux Continent, entente qui a fait ses preuves durant la guerre de Bosnie. Le but, également, est de prévenir le retrait américain d'Europe, qui risque de s'accélérer au profit d'autres régions du monde, à commencer par l'Asie et le Moyen-Orient. L'appui de Blair à la PESD doit ainsi permettre de concilier l'engagement européen avec le maintien de la « *special relationship* » anglo-américaine en prouvant aux États-Unis que la Grande-Bretagne assume pleinement ses responsabilités.

Le lancement de la Politique européenne de sécurité et de défense

Le sommet de Saint-Malo reconnaît le fait que l'UE devienne compétente en matière militaire, bien que, d'une part, Français et Britanniques aient à convaincre leurs partenaires européens des bienfaits d'une telle initiative, notamment du point de vue de la cohésion atlantique, et que, d'autre part, la PESD dispose d'un pouvoir de décision relativement limité.

Sur le premier point, la principale difficulté provient de la Finlande et de l'Autriche, qui ont fait leur entrée dans l'UE le 1er janvier 1995 – aux côtés de la Suède –, mais aussi du Danemark. Vue d'Helsinki et de Vienne, la PESD risque de donner à l'UE l'aspect d'un bloc militaire, ce qui pourrait être contraire à la doctrine de neutralité ayant cours dans ces pays. Cet aspect est d'autant plus important à leurs yeux que Finlandais, Suédois et Autrichiens ont attendu la fin de la guerre froide pour intégrer l'Europe communautaire, dans le but de ne pas provoquer Moscou et de respecter leurs engagements internationaux passés (traité finlando-soviétique de 1948, traité d'État autrichien de 1955). Ils finissent néanmoins par adhérer au projet de PESD.

Les autres membres de l'UE ne posent pas de problèmes particuliers, y compris l'Allemagne, où, le 12 juillet 1994, la Cour constitutionnelle de Karlsruhe a déclaré conforme à la Loi fondamentale la projection de la *Bundeswehr* sur des théâtres d'opérations extérieurs[2]. C'est d'ailleurs la présidence allemande du Conseil de l'UE (à partir de janvier 1999) qui insère l'initiative de Saint-Malo dans le processus officiel de l'Union. Le sommet européen de Cologne, en juin 1999, lance la PESD en l'intégrant à la PESC : dans le contexte de la guerre au Kosovo, il s'agit de doter l'UE de réels moyens d'intervention. Est ainsi créé un COPS (Comité politique et de sécurité, composé des représentants auprès de l'UEO), organe suprême de la PESD, équivalant au Conseil de l'Atlantique Nord, chargé de la direction stratégique des opérations de gestion de crise. Un Comité militaire de l'UE (CMUE) voit également le jour, sur le modèle de celui de l'OTAN (l'essentiel de ses membres siège d'ailleurs dans les deux instances). Composé des chefs d'état-major des armées de tous les États membres de l'UE, il formule des recommandations au COPS et supervise les activités militaires. Un état-major de l'UE (EMUE) est chargé de la planification stratégique et de l'évaluation[3].

En décembre 1999, le Conseil européen d'Helsinki prévoit la constitution d'une force de réaction rapide qui devra, en 2003 au plus tard, réunir soixante mille hommes – ce nombre résulte d'une transposition effectuée à partir du cas de la Bosnie –, et qui pourra être déployée en soixante jours et le rester pendant une année au minimum, avec un appui naval et aérien. Les missions dites « de Petersberg », adoptées par les pays de l'UEO en 1992, constituent les tâches essentielles de cette armée européenne. Elles se résument à la gestion de crises, aux opérations humanitaires et au maintien de la paix.

Ainsi, les structures de la PESD sont calquées sur celles de l'OTAN, ce qui rassure les Américains et, en même temps, révèle le caractère limité de l'autonomie dont peuvent bénéficier les Européens. En effet, soucieuse d'éviter toute complication du processus de décision atlantique, la secrétaire d'État Madeleine Albright met en garde ses alliés sur le fait que la PESD ne doit pas découpler les États-Unis de la défense européenne – le Conseil de l'Atlantique Nord doit demeurer le forum prééminent de la prise de décision –, qu'elle ne doit pas dupliquer les moyens et les capacités de l'OTAN – pas de création d'une autre instance de commandement –, et qu'elle ne

2. Mongrenier Jean-Sylvestre, « La refondation de la Bundeswehr : affirmation nationale et "culture de la retenue" », *Hérodote*, vol. 116, n° 1, 2005, pp. 101-110.
3. Pour plus de détails sur le fonctionnement institutionnel de la PESD, voir : Lavallée Chantal, « Introduction. La PESD : les paramètres d'une politique atypique », *Les Champs de Mars*, vol. 19, n° 1, 2008, pp. 9-22.

doit pas discriminer les pays de l'OTAN non membres de l'UE (l'Islande, la Norvège, les pays d'Europe centrale et orientale et la Turquie, qui insiste notamment sur le besoin de garder un œil sur les forces de l'UE, par souci de prévenir tout dessein militaire grec). En résumé, aucune initiative ne peut être prise par l'UE avant qu'il y ait discussion au sein de l'OTAN ; la chaîne de commandement de l'organisation atlantique continue de prévaloir. Ce « droit de premier refus » se situe dans le prolongement de ce qui se pratiquait dans le cadre de l'UEO, qui fusionne officiellement avec la PESD, et donc avec l'UE, à l'occasion du Conseil européen de Nice le 7 décembre 2000. La nomination de Javier Solana, jusqu'alors secrétaire général de l'OTAN, comme haut représentant pour la PESC en octobre 1999 est de nature à tranquilliser un peu plus les Américains et, du même coup, à mettre en évidence la forte dépendance de la PESD aux instances atlantiques. La suprématie de l'Alliance n'est en aucun cas remise en cause, sans parler du fait qu'il est quasiment impossible pour les Européens d'avoir la capacité de rassembler soixante mille soldats pour une opération de maintien de la paix. L'UE ne peut donc pas se lancer dans une opération d'envergure sans l'appui de Washington. D'emblée fragilisé, le dispositif de la PESD est mis à l'épreuve dès le moment où il devient opérationnel – lors du Conseil européen de Laeken en décembre 2001 – en raison des fractures européennes et transatlantiques provoquées par la « guerre contre le terrorisme ».

Les enjeux méditerranéens et la « guerre contre le terrorisme » : une sécurité européenne tributaire des fractures Nord-Sud ?

Les attentats de New York et de Washington perpétrés par l'organisation Al-Qaïda le 11 septembre 2001 placent plus que jamais la question du terrorisme au premier plan des enjeux de sécurité européenne et, plus largement, occidentale. Après un court moment de solidarité transatlantique, les choix opérés par les États-Unis du nouveau président George W. Bush – élu difficilement en novembre 2000 – provoquent une crise d'une rare intensité entre les États-Unis et une partie des Européens (la France et l'Allemagne principalement), tout comme ils suscitent d'importantes crispations au sein même de l'UE. La difficulté des uns et des autres à se positionner vis-à-vis du concept nébuleux de « guerre contre le terrorisme » vient semer le trouble dans une Europe qui, au sortir de la guerre froide, s'était pourtant efforcée d'appliquer à son voisinage méditerranéen et moyen-oriental les recettes de sécurité coopérative expérimentées avec succès auprès des pays centre- et est-européens.

Le processus de Barcelone et l'obsession des questions de sécurité dans les relations euro-méditerranéennes

Au début des années 1990, une fois dépassé l'opposition Est-Ouest, plusieurs pays d'Europe méridionale estiment que la fin de la compétition soviéto-américaine dans le monde arabe et au Moyen-Orient laisse enfin aux Européens une marge de manœuvre pour tenter de construire un espace de sécurité et de coopération englobant le Vieux Continent et la Méditerranée. Pour des États comme l'Espagne, la France et l'Italie, il apparaît nécessaire d'équilibrer vers le sud une politique européenne obnubilée par ce qui se passe à l'Est. Aux yeux de dirigeants comme Felipe González, François Mitterrand ou Giulio Andreotti, de multiples facteurs doivent inciter la CE puis l'UE à réfléchir à l'instauration d'un système de sécurité coopérative euro-méditerranéen : la chute du mur de Berlin et la fin de la guerre froide, qui confèrent aux principes de la CSCE une résonnance exceptionnelle ; la guerre du Golfe, dont l'impact sur les relations euro-arabes est très négatif ; la crise algérienne qui, à partir de 1992, recèle de nombreux dangers pour tout le Maghreb et risque de déborder sur l'Europe ; la conférence de Madrid (1991) et le processus d'Oslo (1993), qui font souffler un vent d'optimisme sur les relations israélo-palestiniennes ; l'essor de l'islamisme radical et militant ; la transformation du GATT en Organisation mondiale du commerce (OMC, 1995), qui, en accélérant la libéralisation des échanges et l'ouverture des frontières douanières, affaiblit les préférences commerciales accordées par l'Europe aux pays du sud et de l'est de la Méditerranée et rend ces derniers économiquement vulnérables aux effets de la mondialisation. En d'autres termes, Madrid, Paris et Rome considèrent que leur sécurité est tributaire de ces évolutions et que, par conséquent, des initiatives doivent être rapidement prises pour renforcer les liens entre les différentes rives de la Grande bleue.

Déjà, en 1990, lors de la réunion CSCE de Palma de Majorque, Espagnols et Italiens appelaient à la création d'une Conférence sur la sécurité et la coopération en Méditerranée, qui se fonderait sur les mêmes principes que le processus d'Helsinki. Si ce projet se heurte alors à la dure réalité des relations internationales, en l'occurrence la guerre du Golfe et les déchirements qu'elle provoque, dans le monde arabe, entre les partisans de Saddam Hussein et les soutiens de la coalition menée par les États-Unis, il finit toutefois par émerger pour de bon au milieu de la décennie.

Sous l'impulsion de l'Espagne, particulièrement dynamique sur ce dossier, est adoptée à Barcelone, à l'issue de la grande conférence euro-méditerranéenne de novembre 1995, une déclaration de partenariat signée par les quinze pays de l'UE et douze pays des rives méridionales et orientales de la Méditerranée (l'Algérie, l'Autorité palestinienne, Chypre, l'Égypte, Israël, la Jordanie, le Liban, le Maroc, Malte, la Syrie, la Tunisie et la Turquie). La Déclaration définit les principes, les modalités et les instruments d'une coopération visant à faire de l'espace méditerranéen une « zone de paix, de stabilité et de prospérité ». Reprenant le schéma d'Helsinki, un ensemble de dispositions est destiné à aider le monde méditerranéen à se moderniser économiquement pour faire face à la mondialisation – il s'agit de démanteler les protections douanières et de favoriser l'ouverture commerciale –, quand une autre batterie de mesures doit assurer la stabilité « par la démocratie ». L'idée-phare de ce second objectif repose sur le postulat selon lequel le développement économique et les privatisations provoqués par l'ouverture des marchés entraîneront des créations d'emploi et, par conséquent, l'élargissement des classes moyennes dans les pays d'Afrique du Nord et du Moyen-Orient. Ce dispositif renforcera la sécurité de l'Europe, dans la mesure où les principaux facteurs méditerranéens susceptibles de menacer le Vieux Continent disparaîtront : grâce à la prospérité et à la démocratie, le terrorisme n'aura plus de terreau sur lequel se développer ; en agissant sur les aspects incitatifs au départ, l'émigration des jeunes s'amenuisera. Bien que cette vision des choses apparaisse d'une naïveté déconcertante, elle est en complète adéquation avec la doxa libérale triomphante des années 1990. À cela s'ajoute un troisième volet, celui de la « stabilité par la paix », destiné, entre autres, à soutenir le processus de paix israélo-palestinien en invitant les uns et les autres à participer au partenariat euro-méditerranéen. Les États membres s'engagent à développer l'État de droit et la démocratie et à coopérer tous ensemble pour combattre le terrorisme et le crime organisé. Comme pour la CSCE, le règlement pacifique des différends est défini comme un principe-clé des relations entre pays participants. De fait, la conférence et la déclaration de Barcelone mettent l'enjeu sécuritaire au centre du mécanisme de coopération.

Cependant, à l'instar de la PESD, la dimension sécuritaire de ce partenariat nommé Euromed est rapidement limitée par les évolutions du contexte international. Dès la fin des années 1990 et davantage encore durant la décennie 2000, le fait d'inclure Arabes et Israéliens dans un même forum pose problème et va à l'encontre de la logique même d'intégration européenne. Tandis que, dans l'après-Seconde Guerre mondiale, les Européens se sont lancés dans la construction de la Communauté qu'une fois la RFA réconciliée avec ses voisins et ses relations extérieures normalisées sur la base d'un retour à la souveraineté dans le cadre de frontières reconnues et garanties, ils inversent le processus à l'égard de la Palestine et de son voisinage, engagés dans un projet d'intégration avant même qu'il y ait eu réconciliation et normalisation. Après l'assassinat d'Yitzhak Rabin en novembre 1995 et le retour des tensions israélo-palestiniennes, il est clair que le modèle de sécurité coopérative prôné par l'UE au Proche-Orient ne peut pas fonctionner.

Les attentats du 11 septembre 2001 viennent encore un peu plus compliquer les choses, d'abord en raison de leurs effets sur les représentations collectives. À l'issue de la guerre froide, certains auteurs américains se sont essayés à fabriquer des ennemis de substitution. L'ouvrage-phare de Samuel Huntington, *Le Choc des civilisations* (1996), fait de l'Islam l'adversaire tout trouvé de l'Occident, du fait de son extension géographique, de la domination qu'il exerce grâce aux hydrocarbures et, dans le même temps, des difficultés de développement que connaissent nombre de sociétés où la religion musulmane est majoritaire dans la population. Tandis que les attentats de New York et Washington semblent donner raison à pareilles thèses et aux néo-conservateurs américains qui les défendent, la condamnation légitime des organisations terroristes est complétée, en Europe, par un discours de plus en plus systématique sur la « civilisation occidentale supérieure », pour reprendre les mots du président du Conseil italien Silvio Berlusconi le 26 septembre 2001. Dans les opinions publiques, le discours sur un Islam assimilé à une menace existentielle pour l'Europe – notamment à travers une immigration désormais criminalisée – se répand peu à peu et contribue à remodeler les rapports de force nationaux ; en témoigne l'accession de Jean-Marie Le Pen, candidat du Front national, au second tour de l'élection présidentielle française au printemps 2002. Ces peurs mènent l'UE à réorienter sa politique méditerranéenne vers des conceptions plus dures, éloignées des principes de la sécurité coopérative.

On assiste ainsi à une accélération de la mise en place de l'« espace de liberté, de sécurité et de justice », dans le cadre du pilier police et justice de Maastricht. Déjà, avant même le 11 septembre, le Conseil européen extraordinaire de Tampere avait lancé, en octobre 1999, une « politique européenne commune en matière d'asile et de migration », destinée à coordonner, dans la mesure du possible, la gestion des flux migratoires vers l'Europe, l'intégration des étrangers extra-européens et le combat contre l'immigration clandestine. Dans la foulée des attentats, les Quinze de l'UE dressent la liste des organisations qu'ils considèrent comme terroristes et renforcent un peu plus leur coopération policière et judiciaire, avec l'instauration d'Eurojust (Unité de coopération judiciaire de l'UE) en janvier 2002 et la création, sous l'égide d'Europol, d'une cellule antiterroriste susceptible de travailler avec la police américaine. Les Quinze mettent également en place en 2004, à la demande de l'Espagne, un mandat d'arrêt européen censé remplacer les procédures d'extradition des ressortissants de l'UE. En octobre 2004, l'agence européenne pour la gestion de la coopération opérationnelle aux frontières extérieures, plus connue sous son nom abrégé Frontex, voit le jour. Chargée de la surveillance et de la sécurisation des frontières extérieures de l'UE, elle incarne l'idée d'une « Europe-forteresse » soucieuse de se protéger d'une immigration illégale qui fait peu à peu l'objet d'une véritable obsession sécuritaire.

L'Alliance atlantique et le 11 septembre

« Nous sommes tous Américains » : la une du journal *Le Monde* le 13 septembre 2001 en dit long sur le mouvement de solidarité qui traverse les opinions publiques européennes. Après les attaques, tous les dirigeants européens, et Jacques Chirac le premier, se rendent à New York et à Washington pour proposer leur aide au président George W. Bush. Au cours des semaines et des mois qui suivent, la solidarité transatlantique atteint des sommets. Pour la première fois depuis 1949, l'article 5 du traité de l'Atlantique Nord est invoqué : en novembre, les pays d'Europe interviennent en Afghanistan aux côtés des États-Unis pour mettre un terme au régime des talibans, protecteurs d'Al-Qaïda. Alors que, durant cinquante ans, chacun pouvait penser que ce serait pour répondre à une attaque sur l'Europe que la solidarité atlantique se mettrait en branle, de manière inattendue ce sont les Européens qui se mobilisent pour soutenir les Américains. Toutefois, l'ampleur de la réponse de Washington aux attentats est telle qu'elle semble mettre un terme aux questionnements quant à la place des États-Unis dans l'Europe post-guerre froide : il paraît évident que seule l'Amérique a les moyens de faire face à la menace terroriste qui pèse sur le monde occidental.

Le consensus antiterroriste n'est pourtant pas sans ambiguïtés. Dans les faits, l'administration Bush marginalise progressivement l'Alliance atlantique après le 11 septembre, considérant que la lourdeur du processus de décision collective de l'organisation risque de freiner son vif désir de vengeance et que les États-Unis ont de toute façon la capacité de se défendre eux-mêmes. Ce sont d'ailleurs les Européens qui invoquent l'article 5 du traité, tandis que les Américains se montrent plutôt réticents. Cela explique qu'en Afghanistan, l'OTAN – sous l'égide de laquelle est organisée la Force d'assistance et de sécurité (FIAS) regroupant des troupes qui proviennent de plus de quarante pays – n'agisse qu'en périphérie des opérations militaires américaines. Les États-Unis prennent les décisions ; participent à la coalition seulement ceux qui le souhaitent. Comme l'indique le secrétaire à la Défense Donald Rumsfeld, « la mission définit la coalition » et non l'inverse. En d'autres termes, l'Alliance change de nature après le 11 septembre : elle peut être utilisée par son membre le plus puissant comme un simple instrument d'appui à des opérations sur des théâtres éloignés de l'Europe, au nom de la « guerre contre le terrorisme » (désormais l'objectif premier de la Maison-Blanche). On est très loin des conceptions qui avaient présidé à la création de l'Alliance et qui en faisaient l'élément-clé de la protection du Vieux Continent. En outre, les progrès technologiques de l'armée américaine rendent moins nécessaire le soutien des forces européennes, ce qui laisse apparaître l'OTAN comme moins adaptée aux nouvelles conflictualités.

En revanche, le 11-Septembre et la guerre d'Afghanistan accélèrent le mouvement d'ouverture de l'Alliance vers l'Est, notamment aux pays baltes qui l'intègrent en 2004 : la participation de la Russie de Vladimir Poutine à la lutte antiterroriste justifie en partie l'absence d'opposition de ce dernier à l'entrée de pays qui furent autrefois des républiques soviétiques. Le président russe a tout à gagner à apporter son appui : cela lui permet de légitimer son combat contre les Tchétchènes, assimilés à des terroristes, dans le Caucase du Nord. À ce moment-là, l'entente entre Moscou et Washington en matière d'antiterrorisme est telle que le Kremlin admet l'installation de bases militaires américaines en Asie centrale, dans « l'étranger proche » russe.

Les États de l'UE comprennent, eux aussi, qu'ils ont intérêt à développer leur coopération en matière de lutte contre le terrorisme s'ils veulent maintenir la confiance et l'intérêt des États-Unis à leur égard. Dans le même temps, le 11-Septembre suscite un tel choc dans les opinions publiques que les gouvernements savent combien ils sont attendus sur le sujet de l'antiterrorisme, d'où le renforcement d'Europol et l'essor d'Eurojust.

Dans ces conditions, le sommet atlantique de Prague de novembre 2002 ouvre la voie à un rapprochement des positions américaines et européennes sur la base de la « guerre contre le terrorisme » : la *NATO Response Force* est élaborée en s'inspirant du schéma de coopération mis en œuvre en Afghanistan. L'idée est de créer une force de réaction rapide à haut degré d'interopérabilité entre les États-Unis et l'Europe, ce qui doit permettre à cette dernière de prouver qu'elle sait s'adapter aux nouveaux objectifs conférés à l'OTAN par Washington. La Force de réaction de l'OTAN doit, en quelque sorte, tester la capacité des alliés transatlantiques à coopérer, au sein de l'organisation, lors des grandes crises. Intégrée au Grand Quartier général des forces alliées en Europe, elle réunit plusieurs dizaines de milliers de soldats provenant des membres européens de l'Alliance, principalement de France, du Royaume-Uni et d'Italie. Un parallèle peut ainsi être fait entre les buts de l'administration Truman en 1949 et ceux de Bush en 2001-2002 : il faut organiser l'Alliance dans le but de défendre les valeurs occidentales face à l'obscurantisme. Cette entente reste cependant fragile et se retrouve rapidement mise à l'épreuve avec la volonté de la Maison-Blanche d'aller toujours plus loin dans le combat contre « l'Axe du Mal », à savoir les États qui soutiennent le terrorisme et qui cherchent à se doter d'armes de destruction massive.

La guerre d'Irak ou les lignes de fracture européennes des années 2000

L'intervention armée des États-Unis en Irak à partir de mars 2003 non seulement provoque une crise entre une partie des Européens et Washington, mais elle suscite une importante ligne de fractures parmi les pays du Vieux Continent, faisant en partie voler en éclat le consensus qui émergeait à propos de la défense européenne depuis Saint-Malo.

En effet, une fois expédié le sort du régime taliban en Afghanistan, l'administration Bush porte son regard sur l'Irak de Saddam Hussein, soupçonné de détenir des armes de destruction massive et, de fait, rangé par la Maison-Blanche dans le groupe des *Rogue States*, ou « États voyous ». Pour les dirigeants américains, à commencer par le très influent vice-président Dick Cheney, la sécurité des États-Unis et de leurs alliés serait menacée si ces armes tombaient entre les mains de terroristes. Bush demande donc le soutien des Nations unies, justifiant une intervention contre Bagdad par la nécessité de faire respecter les résolutions de l'ONU prises contre le régime irakien, en plus de l'argument sur les armes. L'Amérique trouve rapidement un soutien de poids en la personne du premier ministre britannique Tony Blair, qui tient lui aussi à ce que l'affaire soit réglée dans le cadre onusien. La France de Jacques Chirac, dont les intérêts économiques en Irak sont nombreux, ne souhaite pas rester sur la touche et appuie le principe d'inspections, par l'ONU, des installations militaires irakiennes. Si la présence d'armes de destruction massive était avérée, la France s'associerait aux décisions collectives à l'encontre du régime de Saddam Hussein. Mais l'administration Bush se montre pressée d'attaquer l'Irak, laissant peu de temps aux inspecteurs de l'ONU pour faire leur enquête. Émerge alors le concept américain de « guerre préventive », préféré, à Washington, à celui de dissuasion. Alors qu'aucune preuve n'est trouvée sur le fait que l'Irak détienne des armes de destruction massive, les États-Unis se préparent à la guerre. Cette décision provoque une fracture majeure parmi les Européens.

D'un côté, outre celui du Royaume-Uni, la Maison-Blanche peut bénéficier du soutien des gouvernements danois, espagnol, irlandais, italien, néerlandais et portugais, et de celui de l'essentiel des pays d'Europe centrale et orientale, qui viennent d'entrer dans l'OTAN ou qui s'apprêtent à le faire. Ces derniers, soucieux de ne pas s'aliéner le grand protecteur américain, préfèrent s'aligner sur la position de Bush et expriment leur engagement en faveur de bonnes relations transatlantiques dans la déclaration de Vilnius de février 2003. Face à ce que Donald Rumsfeld qualifie de « nouvelle Europe », l'Allemagne, la Belgique, la France et la Grèce, mais également les pays neutres que sont l'Autriche, la Finlande et la Suède (la « vieille Europe » selon le secrétaire à la Défense américain) se posent en défenseurs du droit international au détriment du recours à la force. Ce groupe peut se targuer du soutien de la plupart des opinions publiques européennes, même britannique, chez qui la politique défendue par l'administration Bush a de plus en plus mauvaise presse. Pour beaucoup, les États-Unis définissent désormais leur politique extérieure sans tenir compte d'aucune manière des intérêts de leurs alliés.

La position de l'Allemagne, en particulier, en dit long sur l'évolution de la place de ce pays dans l'architecture européenne post-guerre froide. Tandis que, depuis la première crise de Berlin de 1948, la RFA avait considéré les États-Unis comme son meilleur allié et protecteur, et que la fin du conflit Est-Ouest, menée main dans la main par George Bush père et Helmut Kohl, avait un peu plus consolidé la relation germano-américaine, le fait que Berlin se pose en principal contempteur, avec la France, des nouvelles positions de Washington constituent une rupture de taille. Pendant la campagne pour les élections fédérales de septembre 2002, le SPD de Gerhard Schröder n'hésite d'ailleurs pas à afficher ouvertement son intention de ne pas suivre les Américains dans leur guerre, y compris si elle est encadrée par l'ONU. Jamais le fossé entre Berlin et Washington ne s'était creusé à ce point depuis le début de la guerre froide. Le refroidissement franco-américain paraît, lui, plus habituel et s'inscrit dans la longue liste des désaccords inaugurés par la Quatrième République, portés à leur paroxysme par De Gaulle et poursuivis par ses successeurs. Néanmoins, la crise irakienne est exceptionnelle par son intensité et ses enjeux pour le reste du monde, notamment en matière de relations Nord-Sud : en tant que membre permanent du Conseil de sécurité des Nations unies, la France, tout comme la Chine et la Russie, met son veto à un ultimatum onusien contre l'Irak[4]. Chirac jouit alors d'une immense popularité dans le monde musulman, bien qu'il ne parvienne pas, par la suite, à profiter de cette aura pour tenter de consolider ses relations avec les pays arabes.

Toujours est-il qu'au printemps 2003, des troupes britanniques, bulgares, danoises, espagnoles, estoniennes, italiennes, lettones, néerlandaises, polonaises, portugaises et roumaines interviennent en Irak aux côtés de l'armée des États-Unis, appuyée également par d'autres pays comme l'Australie, la Corée du Sud, la Géorgie ou l'Ukraine. Sans surprise, et en dépit des essais de conciliation du haut représentant pour la PESC Javier Solana, la mésentente des Européens à propos de la guerre en Irak entraîne des conséquences majeures sur la PESD, surtout parce qu'elle affaiblit considérablement le consensus franco-britannique quant aux orientations de la politique européenne de défense. S'ajoutent à cela les tentatives de l'administration Bush d'éviter de faire en sorte que l'UE mène une PESD autonome en pleine « guerre contre le terrorisme ». Plus qu'aucun autre de ses prédécesseurs, le président américain affirme la primauté de l'OTAN dans les questions de sécurité et agit en conséquence, par exemple en indiquant son intention de transférer des troupes américaines stationnées en Allemagne vers la Bulgarie, la Hongrie et la Roumanie, plus dociles, mais aussi plus proches des théâtres d'opérations du Moyen-Orient et de l'Afghanistan. Dans la même veine, les États-Unis proposent la mise sur pied d'une Force de réaction rapide de vingt mille unités dans le cadre de l'OTAN, afin de détourner les Européens de la PESD.

4. Pour un récit détaillé de la crise irakienne, voir : Bozo Frédéric, *Histoire secrète de la crise irakienne : la France, les États-Unis et l'Irak, 1991-2003*, Paris, Perrin, 2013.

Autrement dit, Washington cherche à mettre l'Alliance atlantique au service de ses ambitions globales.

Cela n'empêche cependant pas l'UE de mener des opérations dans des zones moins investies par les forces américaines (Afrique, Balkans) et en accord avec elles. Ce partage tacite des tâches permet à la PESD de bénéficier des installations et instruments de l'OTAN (au nom des accords « Berlin plus » permis par la déclaration OTAN-UE de décembre 2002), comme c'est le cas en Macédoine (opération EUFOR Concordia, 2003) et en Bosnie (EUFOR Althéa, 2004), mais également de s'appuyer sur les moyens de certains pays membres, comme lors de l'opération Artémis de 2003 en République démocratique du Congo, supervisée par la France. Les missions militaires de conseil, de police ou d'observation exécutées par l'UE prennent aussi leur essor dans les années 2000 (Afghanistan, Balkans, Corne de l'Afrique, Indonésie, Mali, Palestine, République centrafricaine, République démocratique du Congo). Ces interventions n'impliquent pas une véritable stratégie d'usage de la force, au contraire de ce que peut faire l'OTAN. L'UE se cantonne à un rôle de formateur, d'observateur, de pourvoyeur d'aide humanitaire et d'appui au processus de paix. Les divergences des politiques extérieures des pays membres et la prédominance des États-Unis sur les relations transatlantiques ne permettent pas à la PESD d'aller plus loin.

C'est finalement au niveau des armements que la coopération européenne de défense connaît ses progrès les plus fulgurants, avec la création de consortiums promis à de belles réussites, tel EADS (*European Aeronautic Defence and Space Company*, qui devient Airbus Group en 2014), fruit de la fusion, en 2000, des entreprises allemande DASA, espagnole CASA et française Aérospatiale Matra. De grands projets d'armement sont lancés, comme le système de satellites de reconnaissance Galileo.

Au milieu des années 2000, en raison des attentats de Madrid (2004) et de Londres (2007) perpétrés par Al-Qaïda, du nouveau traumatisme qu'ils suscitent au sein des opinions publiques européennes, et des alternances politiques en faveur de dirigeants européens plus critiques quant à la politique américaine (à l'instar du socialiste José Luis Rodríguez Zapatero en Espagne ou de Romano Prodi en Italie), les pays de l'UE semblent retrouver la voie de la solidarité et du dialogue. Avec le grand élargissement de 2004 puis le retrait des troupes d'Irak dans les années 2004-2008 (2004 pour l'Espagne, 2005 pour les Pays-Bas et le Portugal, 2006 pour l'Italie, 2008 pour le Danemark et la Pologne), ils se montrent plus disposés à coopérer pour permettre à l'Union de mieux se structurer afin de parler d'une seule voix sur la scène internationale. Le projet de Traité constitutionnel en est la preuve, bien qu'il soit rejeté par les Français et les Néerlandais au printemps 2005, inaugurant deux années de paralysie européenne. La sécurité du continent reste alors concentrée sur la lutte antiterroriste et l'immigration, avant que la crise financière mondiale et le changement d'attitude de la Russie ne les fassent passer au second plan des enjeux internationaux pendant quelques années.

Au final, qu'il s'agisse de la gestion des conséquences de l'effondrement du communisme – les guerres en ex-Yougoslavie, l'élargissement à l'Est – ou du combat contre les réseaux terroristes, les années 1992-2008 voient l'OTAN et les rapports transatlantiques demeurer les pierres de touche de la sécurité de l'Europe. Tant les enjeux proprement européens que la question des relations avec les espaces voisins, notamment ceux du Sud, font l'objet de discussions, de débats voire de controverses avec les États-Unis, protecteurs en titre du Vieux Continent même quand ils préfèrent se focaliser sur d'autres espaces. La période qui suit la fin de la guerre froide apparaît à ce titre davantage comme un temps d'adaptation de la relation euro-américaine que comme un véritable basculement : certes, l'Europe de la défense a connu des progrès significatifs, mais quinze ans après la chute du mur de Berlin, c'est toujours le positionnement des pays européens par rapport à Washington qui reste la trame des enjeux de sécurité régionaux, après que l'autre fil rouge, celui du rapport à Moscou, soit devenu secondaire. La fin des années 2000 et, surtout, la décennie 2010 se chargent pourtant de rappeler aux Européens à quel point la Russie dispose toujours de sa capacité à déstabiliser le continent.

Discours de Jacques Chirac, président de la République française, lors de la conférence annuelle de l'Association du Traité de l'Atlantique à Strasbourg, le 19 octobre 1999.

[...] Le drame du Kosovo a accentué une prise de conscience dans nos pays européens. Il serait certes injuste de reprocher à l'Europe d'avoir été absente dans la gestion de cette crise. Qu'il s'agisse des négociations de Rambouillet, des opérations militaires aériennes ou des opérations de maintien de la paix actuelles, les pays européens ont assumé d'importantes responsabilités, avec courage et détermination. Soyons toutefois lucides : les Européens n'ont pas donné le sentiment qu'ils maîtrisaient suffisamment le destin de leur propre continent. Or c'est bien cela que les peuples que vous représentez attendaient et attendent de nous. [...]

Réconciliés avec eux-mêmes, les Européens aspirent désormais à s'affirmer pleinement sur la scène internationale, à y faire valoir les valeurs d'humanisme qui fondent leur civilisation et qui expriment une certaine conception qui est la leur, de l'homme et de la société. C'est ce combat-là que nous avons mené et que nous avons gagné au Kosovo. Parce que nous avions en mémoire les drames passés de notre continent. Parce que nous avions dans le cœur le projet d'une Europe moderne et forte.

Oui, le moment est venu pour l'Union européenne de se doter des moyens institutionnels et des capacités militaires lui permettant d'agir chaque fois que nécessaire, que ce soit avec l'Alliance atlantique ou de façon autonome. Des travaux importants sont en cours pour atteindre ces objectifs. Il y a près d'un an, le Sommet franco-britannique de Saint-Malo a lancé une dynamique, développée ensuite à Quinze lors du Conseil européen de Cologne. Sur ces bases, la France a élaboré un plan d'action que j'ai adressé aux chefs d'État et de Gouvernement de l'Union européenne l'été dernier. Il propose des mesures concrètes pour avancer progressivement sur la voie de la Défense européenne. Il faut d'abord que l'Union puisse s'exprimer avec plus de force. Pour cela, elle doit mettre en place une instance permanente capable de définir en toutes circonstances les positions que l'actualité impose. Toute organisation internationale chargée de faire face à des crises dispose d'un Conseil permanent. C'est le cas de l'ONU comme de l'OTAN. Il est nécessaire que l'Union européenne se dote d'une telle instance. [...]

La force politique de l'Union européenne sur la scène internationale est celle de ses États membres. Ce sont eux, par leur volonté et par leurs capacités, qui décideront de faire vivre la nouvelle ambition de l'Union européenne et contribueront ainsi à l'émergence d'un monde multipolaire dans lequel l'Europe occupera toute sa place et qui ne peut être qu'éminente. Ce que nous avons su faire dans les domaines commercial et monétaire, nous devons l'accomplir dans les domaines de la sécurité et de la défense. Mais être capable d'exprimer une position commune ne suffit pas. Encore faut-il pouvoir disposer des capacités permettant d'agir en cas de besoin. L'Union européenne doit pouvoir agir par elle-même, soit avec ses moyens propres, soit en utilisant ceux que l'OTAN mettrait, le cas échéant, à sa disposition. Elle doit donc pouvoir disposer des structures de conseil, d'analyse et de direction militaire qui lui font aujourd'hui défaut. Les ministres de la Défense doivent être directement impliqués et se réunir en tant que de besoin. Un comité militaire est indispensable et il devra pouvoir s'appuyer sur un état-major européen d'un niveau suffisant. L'Union doit également pouvoir disposer de forces européennes organisées et rapidement mobilisables. Permettez-moi de mentionner en particulier le Corps européen dont l'état-major se trouve ici, à Strasbourg, et que les Cinq pays membres ont décidé de transformer en Corps de réaction rapide européen avant un an. Un exercice parallèle est engagé avec nos partenaires de l'Eurofor et de l'Euromarfor. Plus généralement, c'est l'ensemble de nos structures communes de forces qui fait l'objet d'une réflexion approfondie, en particulier avec nos amis allemands, britanniques, espagnols et italiens.

Pour prendre un exemple concret, l'adaptation et l'amélioration des capacités militaires de l'Union devraient lui permettre, demain, de déployer une force de même nature et de même volume que la KFOR engagée aujourd'hui au Kosovo. Je souhaite que l'état-major du Corps européen soit en mesure d'assurer cette mission à l'occasion d'une prochaine relève. D'ores et déjà, les pays européens constituent les quatre cinquièmes des contingents déployés au Kosovo et exercent la responsabilité de quatre des cinq secteurs de la KFOR. Mais ils ne disposent pas de moyens de renseignement et de commandement adaptés à une mission de cette ampleur. Nous devons rapidement combler ces lacunes. [...]

La France mène actuellement avec ses principaux partenaires des travaux précis destinés à répondre à une question simple : quels sont les moyens dont l'Union européenne doit disposer pour accomplir de manière crédible les missions qu'elle entend assumer ? Il s'agit d'unir nos forces, souvent de les adapter, de leur donner plus de flexibilité dans l'emploi afin d'offrir à l'Union européenne les moyens qui lui font défaut. Si la volonté que j'ai constatée chez nos partenaires tout au long de cette année se confirme alors nous y parviendrons. Permettez-moi d'ajouter que la perspective européenne aura sans doute un effet d'entraînement pour de nombreux pays qui n'ont pas de tradition forte en matière de défense. C'est dire que la contestation d'une perspective authentiquement européenne ne renforcerait pas l'OTAN. Elle affaiblirait au contraire l'effort collectif des alliés européens. Elle ouvrirait la voie à un système de défense fondé sur quelques nations qui, en tout état de cause, sont décidées à maintenir la crédibilité de leur appareil de défense. Cette option ne serait bonne ni pour l'OTAN, ni pour l'Europe. [...]

L'Alliance demeure l'élément essentiel de la Défense collective de l'Europe. Elle a également un rôle important à jouer dans la gestion des crises et il faut qu'elle s'adapte davantage à ses nouvelles missions. L'émergence d'un vrai pilier européen l'y aidera, car c'est la garantie d'une Alliance dynamique. Voilà le chemin d'une Alliance rénovée, plus forte parce que plus équilibrée. En sens inverse, il faut souligner qu'une Europe forte a besoin d'une Alliance forte. Notre projet de Défense européenne repose sur la possibilité d'agir, soit avec les seuls moyens européens, soit en y ajoutant certains moyens de l'OTAN. Si ces moyens de l'OTAN devaient dépérir, les progrès des Européens seraient beaucoup plus difficiles et la charge qui leur incomberait serait évidemment plus lourde. Cette situation provoquerait une fissure dommageable dans notre partenariat transatlantique. Notre position est claire, elle est sans arrière-pensées. Je souhaite donc que soient abandonnées une fois pour toutes certaines déclarations ambivalentes qui reprochent aux Européens de ne pas assumer leurs responsabilités en matière de défense et qui les critiquent vertement dès qu'ils essaient ou s'apprêtent à le faire. [...] ■

Source : vie-publique.fr

Le découpage institutionnel européen en 2008

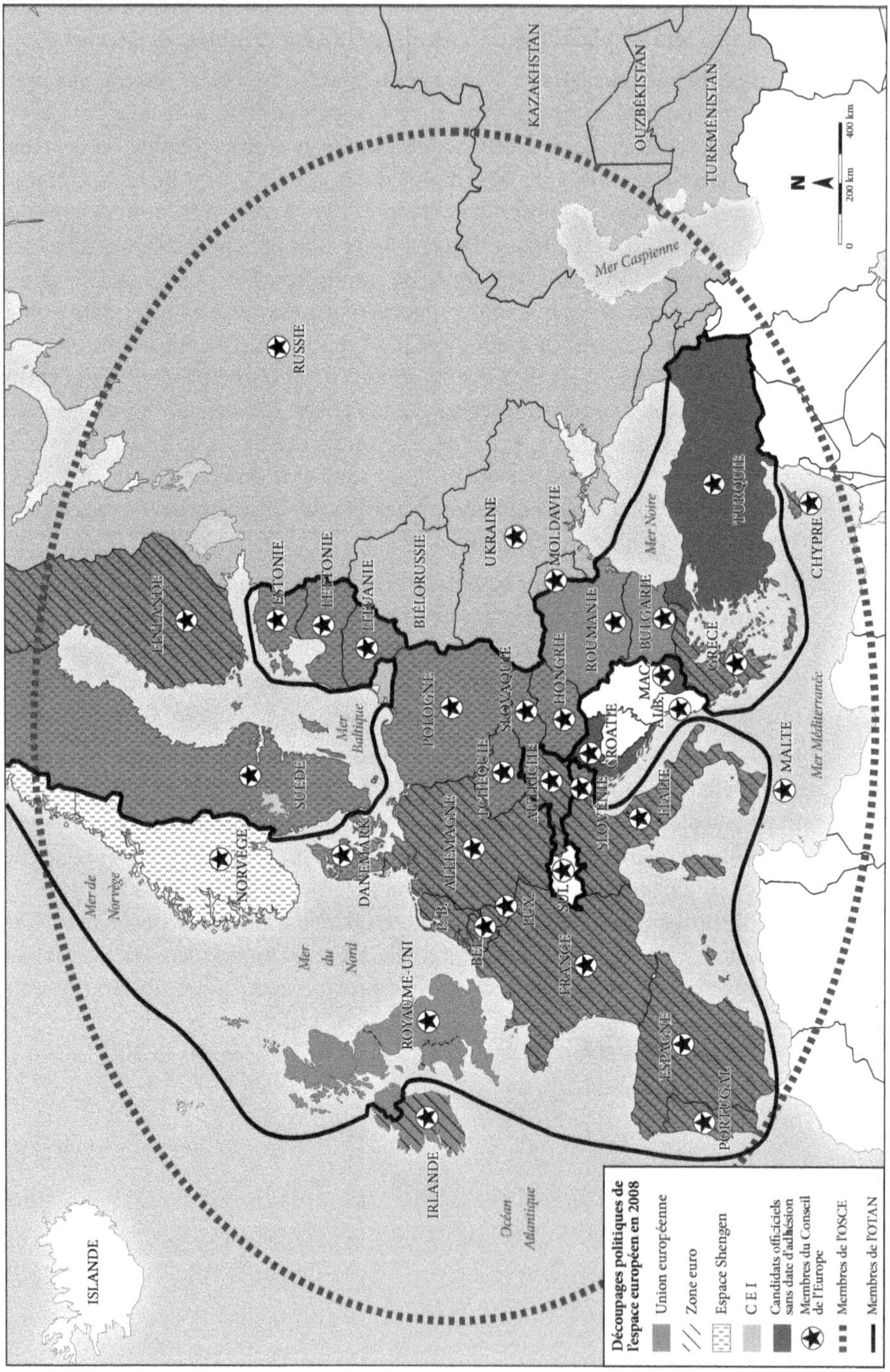

Chapitre 8

L'Europe face à la remise en question de l'ordre post-guerre froide, 2008-2023

Si l'invasion du territoire ukrainien par les troupes russes le 24 février 2022 a provoqué un séisme géopolitique et rappelé aux Européens leur vulnérabilité face à une Russie désireuse de recouvrer son influence dans son « étranger proche », la guerre en Ukraine apparaît aussi comme le moment paroxysmique d'une série de remises en question ayant considérablement fragilisé le paradigme libéral de l'ère post-guerre froide. C'est au nom de ce dernier, fondé sur l'expansion de la démocratie et du marché, que les États-Unis avaient en partie justifié leurs interventions en Afghanistan et en Irak : pour cesser de ne plus menacer la sécurité de l'Occident, le Moyen-Orient devait se fondre dans le moule libéral. C'était là le cœur de la doctrine dite « néo-conservatrice », qui s'était développée au sein du parti démocrate américain dans l'entre-deux-guerres puis dans les années 1960 et 1970 et dont les partisans avaient rejoint le camp de Ronald Reagan avant d'entourer George W. Bush après 2000[1].

Entre 2008 et 2022, une accumulation de facteurs vient affaiblir le modèle de mondialisation basé sur l'américanisation du monde. Les interventions américaines au Moyen-Orient, si elles ont paru porter leurs fruits quelques mois après avoir débuté, ont abouti à des échecs politiques : les talibans ont peu à peu repris du poil de la bête et, à l'été 2021, ils sont redevenus les maîtres de l'Afghanistan ; l'Irak s'est transformée en foyer du terrorisme islamiste avec l'essor de l'organisation État islamique ou Daech. Ce désastre géopolitique vient s'ajouter à la crise économique et financière mondiale qui,

1. Vaïsse Justin, *Histoire du néoconservatisme aux États-Unis*, Paris, Odile Jacob, 2008.

à partir de 2008, discrédite un peu plus le modèle capitaliste américain et son pendant européen, dont la popularité était déjà bien entamée. En outre, une partie grandissante de l'humanité prend conscience du fait que l'économie de marché est un énorme prédateur environnemental, et ce alors que la décennie 2010 apparaît comme la plus chaude jamais enregistrée à l'échelle de la planète. Les chocs migratoires sont l'une des conséquences de tout ce qui précède : le creusement des inégalités économiques et sociales Nord-Sud, l'essor de nouveaux acteurs terroristes et le changement climatique suscitent d'importants mouvements migratoires de la part de populations en quête de sécurité. La pandémie de Covid-19 apparaît comme l'incarnation même des limites de la mondialisation, avec tout ce qu'elle implique de circulations et de dépassement des frontières. Les instances multilatérales forgées par les États-Unis après la Seconde Guerre mondiale peinent à résorber cet enchaînement de crises, donnant l'impression d'un déficit avéré de gouvernance. En résulte la montée en puissance de l'idée que le modèle de globalisation valorisé depuis les années 1970-1980 et qui avait triomphé après la chute du bloc communiste a plus d'inconvénients que d'avantages. Cette idée ne cesse dès lors de nourrir les radicalismes, qu'ils soient politiques ou religieux, y compris en Europe et aux États-Unis, où les mouvements populistes connaissent un engouement qui fragilise un peu plus l'architecture occidentale de sécurité et de coopération, qu'il s'agisse du Brexit, de l'élection de Donald Trump – qui n'hésite pas à jeter le doute sur la participation des États-Unis à l'OTAN – ou de l'affaiblissement de l'État de droit en Europe centrale (Hongrie, Pologne).

Dans ce contexte, d'autres paradigmes tendent à émerger afin d'imposer une autre vision des relations internationales, fondée non pas sur la démocratie et le marché, mais sur une conception « illibérale » selon laquelle le contrôle étatique des sociétés et de l'économie, la mise au pas des minorités, le déni du multilatéralisme, l'autoritarisme, la militarisation ainsi que le recours à la force et à l'intimidation prennent le pas sur les droits humains et le libéralisme. La Chine, la Russie, l'Iran voire la Turquie s'imposent progressivement comme les principaux représentants de cette nouvelle manière d'appréhender les rapports internationaux, prétextant le fait qu'en intervenant unilatéralement en Irak en 2003, les États-Unis ont eux-mêmes remis en cause le régime idéaliste post-guerre froide.

Tandis que Barack Obama est élu en 2008 sur un programme de retrait des troupes américaines du Moyen-Orient et que la crise financière ravage les économies européennes, la Chine en profite pour avancer ses pions, mettant en scène la solidité et la puissance de son modèle à travers l'organisation des Jeux olympiques de Pékin, la promotion d'instances multilatérales à sa botte (l'Organisation de coopération de Shanghai, la Banque asiatique d'investissement dans les infrastructures, etc.), puis l'essor des nouvelles routes de la soie (*Belt and Road Initiative* ou BRI), pensées pour dominer et sécuriser les infrastructures du commerce mondial. S'ils donnent, au début, l'impression que le régime chinois joue le jeu de la mondialisation, ces projets permettent à Pékin de mieux contrôler sa population – telle la BRI à travers le Xinjiang où vit la minorité ouïghoure – et de menacer directement la souveraineté d'un certain nombre d'États (le Laos, le Sri Lanka, Taïwan, etc.). Conforté par les initiatives chinoises et l'apparent recul américain, Vladimir Poutine peut, lui aussi, chercher à imposer sa lecture des relations internationales en renouant à son tour avec une politique impériale destinée à rendre sa grandeur passée à la Russie, et ce alors que l'Occident ne semble plus en mesure, à ses yeux, d'assurer sa propre sécurité face au terrorisme islamiste. En quelques années, le Caucase, l'Ukraine et le bassin méditerranéen se transforment en principaux champs d'application des ambitions russes, aggravant chez les Européens un sentiment d'insécurité déjà entretenu par la déstabilisation du Moyen-Orient et du Sahel, de même que par l'accumulation des crises de toutes natures.

Les enjeux sont donc multiformes pour la sécurité européenne durant la période postérieure à 2008 : au combat contre la prolifération des menaces terroristes transnationales vient s'ajouter le danger, qu'on pensait lointain, de l'impérialisme russe et de ses ramifications politiques, militaires et technologiques (avec l'essor des cyberattaques). Tandis que la Turquie de Recep Tayyip Erdoğan se pose en arbitre des flux migratoires venus du Moyen-Orient, les pays de l'UE et de l'OTAN ont bien du mal à s'entendre sur la priorité à conférer à leur politique de défense et de sécurité : en 2015, les États ouest-européens se focalisent sur la lutte contre Daech et le terrorisme islamiste, quand les anciens pays du pacte de Varsovie demeurent, pour la plupart, obnubilés par la menace russe. Il est difficile, dans ces conditions, de réussir à parler d'une seule et même voix, et, partant, de forger un vrai dispositif collectif de sécurité, surtout quand, à Washington, l'obsession de la compétition avec la Chine rend l'Europe de plus en plus lointaine…

Le retour de la menace russe

En février 2007, la conférence de Munich sur la sécurité, qui réunit chaque année depuis 1963 de nombreux acteurs de la sécurité internationale, est l'occasion pour le président russe Vladimir Poutine de s'inquiéter publiquement des conséquences de l'élargissement de l'OTAN, qui n'a, selon lui, « rien à voir avec la modernisation de l'alliance, ni avec la sécurité en Europe ». À ses yeux, l'intégration d'anciens pays communistes constitue, au contraire, « un facteur représentant une provocation sérieuse et abaissant le niveau de la confiance mutuelle ». Aussi le maître du Kremlin s'estime-t-il « légitimement en droit de demander ouvertement contre qui cet élargissement est opéré ».

Ce discours marque un changement d'attitude net de la Russie à l'égard de l'OTAN et des Occidentaux, au moment où les États-Unis déploient des bases avancées en Bulgarie et en Roumanie. Comment expliquer cette évolution ? Faut-il y voir la raison principale de la réaffirmation de la puissance russe au cours de la décennie qui suit ? Si ce débat a largement dépassé la communauté des historiens depuis l'invasion de l'Ukraine en février 2022 et s'il ne doit pas justifier une approche téléologique de ce conflit – à savoir que les déclarations de Poutine depuis 2007 auraient rendu la guerre inéluctable –, il se fonde sur une réalité incontestable : le désir de Moscou de recouvrer son influence en Europe orientale et, plus largement, dans son « étranger proche », pour reprendre une expression employée dès 1992 et désignant les anciens territoires de l'URSS autres que la Russie.

De la conciliation au durcissement : l'évolution des positions russes

Dans les mois qui avaient suivi son arrivée au pouvoir le 31 décembre 1999, Vladimir Poutine avait pu constater à quel point l'influence russe dans les pays de la Communauté des États indépendants (CEI), née de la disparition de l'URSS, s'était érodée au fil de la décennie 1990. Aussi l'une des priorités immédiates de sa politique étrangère fut-elle de résorber cette évolution : Moscou entendait trouver dans son « étranger proche » le supplément de puissance qui lui permettrait de faire entendre sa voix sur la scène internationale. Il faut dire que, traumatisés par l'effondrement de l'Union soviétique, les Russes ne se reconnaissaient pas dans les frontières héritées de 1991. Pendant cinq siècles, leur identité s'était forgée au fur et à mesure de l'extension de leur territoire et voilà que, soudainement, celui-ci connaissait une spectaculaire rétraction, bien qu'il demeurât le plus grand pays du monde. La Russie avait toujours été un empire, pas un État-nation.

Durant les premières années de sa présidence, Poutine appliqua, pour parvenir à ses fins, une stratégie d'influence en Europe de l'Est, dans le Caucase et en Asie centrale qui privilégiait la coopération avec tous les partenaires de la Russie, y compris avec les États-Unis, comme cela fut le cas dans le cadre de la « guerre contre le terrorisme ». Le président russe se mit à reconstruire pas à pas la sphère d'influence russe, en créant plusieurs institutions qui liaient Moscou aux anciennes républiques soviétiques : ce furent, en 2000, la Communauté économique eurasiatique (EURASEC) avec la Biélorussie et quatre États d'Asie centrale ; en 2002, l'Organisation du traité de sécurité collective avec l'Arménie, la Biélorussie, le Kazakhstan, le Kirghizistan et le Tadjikistan ; en 2003, l'Espace économique commun, avec la Biélorussie, le Kazakhstan et l'Ukraine. Cette même année 2003, l'entreprise gazière Gazprom était mise au service de la politique de réaffirmation dans « l'étranger proche », avec l'idée de renforcer la dépendance de ces États aux hydrocarbures et aux installations russes. Poutine espérait en outre qu'en échange de son soutien aux Occidentaux dans la lutte antiterroriste, il obtiendrait d'eux une forme de reconnaissance du rôle prédominant de la Russie dans l'espace autrefois sous l'égide de l'URSS. Non seulement il n'obtint aucune reconnaissance, mais les révolutions de couleur en Géorgie et en Ukraine, de même que l'élargissement de l'UE et de l'OTAN à trois anciennes républiques soviétiques (Estonie, Lettonie, Lituanie), à six anciens pays du pacte de Varsovie et à deux États méditerranéens avec lesquels la Russie avait de fortes relations (Chypre surtout) lui firent comprendre que les évolutions n'allaient pas dans le sens espéré.

Les événements en Ukraine, en particulier, suscitèrent une émotion considérable en Russie. Alors que ce pays était resté sous le contrôle d'un pouvoir pro-russe depuis 1991, la révolution orange conduite en 2004 par Viktor Iouchtchenko et Ioulia Timochenko amena au pouvoir des forces libérales favorables à l'Occident. L'UE parvint en outre, en s'immisçant dans la crise, à imposer un règlement dans un pays jugé « pivot » pour le Kremlin. Vue de Moscou, l'Ukraine était perçue – et l'est toujours – comme le berceau de l'identité russe, néc avec la Rus'de Kiev au IXe siècle, en plus d'être, depuis le XVIIIe siècle, la porte d'entrée vers la mer Noire, la Méditerranée et les mers chaudes. Ce n'est pas pour rien qu'après la guerre froide, un accord fut passé entre l'Ukraine et la Russie pour que celle-ci puisse maintenir à Sébastopol, en Crimée, la base navale de sa flotte de la mer Noire.

Dans ces conditions, Poutine perçut les conséquences de la révolution orange comme une sévère défaite, estimant catastrophique une éventuelle entrée de l'Ukraine dans le giron de l'UE ou, pire, de l'OTAN. En Russie, tant les dirigeants que les observateurs virent dans les événements ukrainiens d'une part un signe manifeste de la perte d'influence russe dans « l'étranger proche », d'autre part le fruit d'impardonnables manœuvres occidentales. Dès lors, Moscou changea de stratégie à l'égard des pays de la CEI et d'Europe de l'Est et durcit son attitude envers les membres de l'Alliance atlantique.

Vis-à-vis des premiers, l'arme énergétique est brandie de manière récurrente, depuis cette période, pour exercer une pression maximale sur eux : la Russie s'efforce de mettre la main sur les infrastructures énergétiques et les réseaux de distribution d'hydrocarbures de ses voisins, soit par des prises de contrôle totales, soit par des participations. C'est le cas, par exemple, à partir de 2007 en Lituanie et, surtout, en Ukraine, où les trois quarts des capacités de raffinage sont contrôlées par des entreprises russes ; en Biélorussie, 50 % de la société Beltransgaz passent sous capital russe. La Russie cherche aussi à vendre à ces pays une énergie aussi chère que celle écoulée sur le marché mondial, ce qui provoque des tensions avec Kiev et Minsk. Dans le même temps, elle favorise la construction de nouveaux gazoducs – comme le Nord

Stream reliant directement, depuis 2012, la Russie à l'Allemagne à travers la mer Baltique – dans le but de contourner l'Ukraine et la Pologne.

Elle se sert aussi des conflits dits « gelés » pour peser sur ses voisins. Ainsi, en Géorgie, candidate à l'intégration dans l'OTAN, Moscou confère la citoyenneté russe aux habitants des républiques sécessionnistes d'Abkhazie et d'Ossétie du Sud, ce qui non seulement peut être assimilé à une forme d'annexion, mais peut aussi lui permettre de justifier une intervention militaire au nom de la protection des ressortissants russes, comme cela se produit en août 2008. La guerre russo-géorgienne marque de fait une étape supplémentaire dans la détermination russe à empêcher l'Occident d'intervenir dans les affaires de l'espace post-soviétique.

De l'offensive diplomatique à l'offensive militaire

Face à la poussée occidentale vers l'Europe orientale, le Kremlin cherche également, à partir de 2008, à obtenir une redéfinition des conditions paneuropéennes de sécurité en utilisant l'OSCE, seule instance dévolue à la sécurité européenne dans laquelle la Russie siège aux côtés des Occidentaux. Dans l'esprit de Poutine, l'OSCE telle qu'elle s'est transformée depuis les années 1990 n'est pas satisfaisante : il ne voit dans l'organisation qu'une subsistance contraignante et institutionnalisée de la troisième corbeille d'Helsinki, dévolue à la dimension humanitaire de la sécurité. Les dirigeants russes multiplient les attaques contre une instance qui concentre ses missions dans l'ancien espace soviétique en voie de démocratisation. L'once de supranationalité injectée dans le fonctionnement de l'OSCE, à travers l'instauration d'un secrétariat général, et l'affirmation d'objectifs comme la prévention des conflits, l'observation des processus électoraux et la promotion des institutions démocratiques sont de moins en moins tolérées par Moscou, comme le prouvent les critiques acerbes de Poutine à l'égard de l'organisation au moment des élections ukrainiennes de 2004. Aux yeux de ce dernier, l'OSCE est devenue un instrument au service des États-Unis et de l'UE, favorisant la pénétration occidentale dans les pays anciennement soumis au joug soviétique, au même titre que l'OTAN.

La Russie suggère donc à plusieurs reprises de réformer l'OSCE afin de revenir à un système intergouvernemental fondé sur la règle du consensus, qui garantirait son hégémonie dans l'espace eurasiatique. Il s'agit notamment, pour Moscou, de remettre à l'honneur certains des principes-clés du décalogue originel d'Helsinki, tout en en affaiblissant d'autres. Ainsi, le 5 juin 2008, à Berlin, le président Dmitri Medvedev – qui reste à ce poste jusqu'en 2012, tandis que Poutine est Premier ministre – propose de renégocier un traité paneuropéen de sécurité collective contraignant (ce qui n'est pas le cas des textes de l'OSCE) selon lequel l'autonomie du Bureau des institutions démocratiques et des droits de l'homme (BIDH) serait réduite, mais qui mettrait à l'honneur le respect de la souveraineté des États et la non-intervention dans les affaires intérieures, sans que cela ne s'applique à la politique russe en direction de « l'étranger proche ». Avec cette « sécurité indivisible », au nom de laquelle toute décision de sécurité considérée comme menaçante par un pays doit impliquer une consultation collective, un nouveau *statu quo* politique et territorial serait consacré, l'objectif *in fine* étant de remettre en cause le monopole de l'OTAN dans le maintien de la sécurité militaire en Europe, de stopper son élargissement vers l'est, de contrer l'installation du bouclier antimissiles américain en Europe centrale et orientale et de préserver l'influence russe dans les territoires autrefois soumis à Moscou. L'année suivante, en 2009, Medvedev appelle à un accord « Helsinki plus » qui va exactement dans le même sens et vise en outre à supprimer le traité de 1990 sur les forces conventionnelles en Europe[2].

Si la réponse des Occidentaux est négative – hors de question de permettre à la Russie de se recréer une zone d'influence en Eurasie –, il n'en demeure pas moins que ces derniers contribuent eux aussi à affaiblir l'OSCE et ce qu'elle représente. En s'élargissant vers l'est, l'OTAN et l'UE s'approprient en effet de manière progressive les prérogatives de l'organisation paneuropéenne en matière de contrôle démocratique et de désarmement, renforçant son déficit de visibilité sur le Vieux Continent. On en veut pour preuve la volonté de l'UE, au tournant des décennies 2000 et 2010, d'intégrer l'Ukraine dans son Partenariat oriental (lancé en 2009), un projet qui cible une série d'anciennes républiques soviétiques (Arménie, Azerbaïdjan, Biélorussie, Géorgie, Moldavie) et qui a pour but de les amarrer à l'Europe communautaire via un double accord d'association et de libre-échange.

L'Union eurasienne promue par Poutine à partir d'octobre 2011 entend précisément éviter cela, en ce qu'elle prévoit de rassembler la Biélorussie, le Kazakhstan, la Russie et l'Ukraine dans une même union douanière à forte vocation supranationale. Mais les négociations UE-Ukraine en vue d'un accord d'association avancent rapidement – il est paraphé le 30 mars 2012 – et le président russe sait que l'Ukraine sera largement intégrée au marché commun si jamais l'accord est mis en œuvre. Sans le pivot ukrainien et ses quarante-cinq millions d'habitants, l'Union eurasienne aurait un poids bien moindre que celui envisagé à l'origine, et la Russie se retrouverait passablement isolée en Europe orientale. Le Kremlin s'efforce donc de faire basculer de son côté son homologue ukrainien Viktor Ianoukovitch, redevenu président en 2010 et dont les positions pro-russes avaient contribué au déclenchement de la révolution orange quand il était au pouvoir au début des années 2000. La stratégie

2. Badalassi Nicolas, « L'Organisation pour la Sécurité et la Coopération en Europe (OSCE), de la Guerre froide aux défis du XXIe siècle », *in* Grin Gilles, Nicod Françoise, Altermatt Bernhard (dir.), *Formes d'Europe. Union européenne et autres organisations*, Paris, Economica, 2018.

de Poutine consiste d'une part à faire miroiter une importante aide financière à Kiev et à baisser le prix du gaz qui lui est destiné, d'autre part à bloquer une partie des exportations ukrainiennes à la frontière russe.

Sensible à ces pratiques qui oscillent entre la carotte et le bâton, Ianoukovitch annonce, en novembre 2013, la suspension des négociations avec l'UE pour se concentrer sur les liens avec la Russie. Ce brusque changement d'orientation provoque une vague de mécontentement chez une partie des Ukrainiens, qui décident d'occuper la place de l'Indépendance (« *Maïdan* ») à Kiev. Violemment réprimé par la police, le mouvement se radicalise et gagne d'autres régions de l'Ukraine, en particulier celles de l'ouest, davantage europhiles que celles de l'est, traditionnellement plus tournées vers la Russie. La tension atteint son paroxysme du 18 au 21 février 2014 – les affrontements font plus de quatre-vingts morts et des centaines de blessés – et aboutit à la destitution de Ianoukovitch.

Poutine n'admet pas ce « coup d'État » et choisit de recourir à la force pour empêcher l'Ukraine de regarder vers l'ouest, même s'il refuse de reconnaître une quelconque responsabilité dans les événements qui suivent. Le 26 février 2014, la péninsule de Crimée, région russophone considérée comme stratégique par Moscou en raison de la présence de la flotte de la mer Noire, est occupée par des troupes paramilitaires pro-russes qui désarment les soldats ukrainiens. Le 16 mars, à l'issue d'un référendum organisé en toute hâte et boycotté par la quasi-totalité des Ukrainiens et Tatars de Crimée, la péninsule se prononce en faveur du rattachement à la Russie par 96 % des voix. Le lendemain, la Crimée est proclamée indépendante par le parlement local, qui demande officiellement le rattachement. Dans l'est de l'Ukraine, la région du Donbass devient elle aussi le théâtre de l'interventionnisme russe au nom de la protection des populations russophones, qui y sont majoritaires. Au cours des quatre premières années de conflit entre l'armée ukrainienne et les séparatistes pro-russes soutenus par Moscou, la guerre dans le Donbass cause la mort de treize mille personnes et fait trente mille blessés, deux millions de déplacés internes et un million de réfugiés.

Le coup de force viole l'accord de Budapest de 1994 qui garantissait les frontières de l'Ukraine en échange du transfert vers la Russie des armes nucléaires soviétiques stockées sur son territoire. Il est censé montrer à l'Ukraine à quel point Moscou est déterminé à la ramener dans son giron et à ne plus tolérer l'approfondissement de ses liens avec l'UE. Le choc est rude pour l'Europe, qui voit sa stabilité soudainement menacée par l'initiative russe et le non-respect des textes de la CSCE/OSCE sur le respect des frontières. L'UE adopte une série de sanctions contre la Russie destinées à lui prouver qu'elle prend le risque d'un isolement international : outre l'annulation du G8 de Sotchi – remplacé par un G7 à Bruxelles –, les actifs financiers de vingt et une personnalités russes sont gelés et il leur est interdit de se rendre en UE ; plusieurs banques et compagnies pétrolières russes se voient fermer l'accès aux crédits européens.

Si un premier accord de cessez-le-feu est signé à Minsk le 5 septembre 2014 sous l'égide de l'OSCE, les combats se poursuivent dans l'est ukrainien tout au long de l'hiver 2014-2015, au bénéfice des séparatistes. Un deuxième accord de cessez-le-feu, négocié à Minsk entre Angela Merkel, François Hollande, Petro Porochenko et Vladimir Poutine, est signé le 12 février 2015 et prévoit que le retrait des forces s'accompagne de la création d'une zone démilitarisée et d'un début de décentralisation de l'Ukraine. Mais Moscou continue d'appuyer les opérations des pro-russes, en dépit du renforcement des sanctions internationales et des effets délétères sur son économie. Poutine instrumentalise le conflit en se servant de l'histoire pour légitimer le soutien aux séparatistes. Il emploie régulièrement le terme de « Nouvelle Russie » qui, sous couvert de rassembler derrière la Russie les Russes et les russophones de tous les pays, renvoie à la politique de colonisation russe de l'Ukraine par l'impératrice Catherine II dans les années 1760, au même titre qu'existaient à l'époque moderne une « Nouvelle Angleterre » et une « Nouvelle France » en Amérique du Nord. Sauf que la « Nouvelle Russie » de Catherine II se situait dans le sud-ouest de l'Ukraine, pas dans le Donbass... Dans les faits, Poutine obtient l'effet inverse de celui qu'il escomptait : l'attachement des Ukrainiens à leur indépendance se fait plus massif, de même que l'« ukrainisation » et la « désoviétisation » du pays sont accélérées. À l'élection présidentielle de 2019, cinq des six candidats défendent des positions pro-occidentales ; le candidat pro-russe n'obtient que 12 % des voix.

Du côté de l'UE, l'objectif est de montrer à l'Ukraine qu'elle ne l'abandonne pas. Mais si l'accord de libre-échange est bel et bien signé en mars 2014 et entre en vigueur en septembre 2017 après ratification par les parlements ukrainien et européen, l'UE est en réalité désemparée, du fait notamment du déficit de politique de défense commune et de sa dépendance aux hydrocarbures russes.

L'OTAN, le renouveau russe et l'affaiblissement de l'*arms control*

L'intervention russe de 2014 en Ukraine se produit à un moment où les États-Unis sont dans une posture de retrait après les échecs du Moyen-Orient, et où l'OTAN vient de redéfinir son concept stratégique (sommet de Lisbonne en novembre 2010). Les nouvelles orientations atlantiques font la part belle à la lutte contre la prolifération des missiles balistiques et des armes nucléaires, le terrorisme et les cyberattaques ; elles engendrent une réorganisation d'une partie de la structure du commandement otanien, du secrétariat général et des différentes agences qui composent l'organisation, dans le sens de la rationalité et de l'adaptation. L'idée est alors de répondre à des menaces qui paraissent plus diffuses qu'au temps de la guerre froide, sans pour autant négliger le principe-clé de l'Alliance, celui de la solidarité entre ses membres. Le maintien de la garantie de protection américaine, en dépit de la stratégie du « pivot asiatique » engagée par l'administration Obama, continue de faire son succès, en particulier auprès des pays d'Europe de l'Est (même si, lors du sommet de Bucarest en 2008, les candidatures de la Géorgie et de l'Ukraine sont repoussées à la demande de Berlin et de Paris, pour ne pas mécontenter Moscou) ; le retour de la France dans le commandement intégré en 2009 témoigne de cette attractivité. Pour le président Nicolas Sarkozy, pareille décision est justifiée par le poids de la contribution française aux opérations de l'OTAN en termes d'effectifs et par la nécessité d'influer sur la définition du nouveau concept stratégique. Dans le même temps, l'Alliance continue de multiplier les partenariats avec le monde extra-européen, comme avec Israël et la Tunisie : Washington ne perd pas de vue l'idée d'une « *Global NATO* », malgré le bilan assez mitigé des interventions en Afghanistan et en Libye (2011).

Dans ces conditions, l'agression armée en Ukraine constitue une surprise pour les pays de l'OTAN, en ce qu'elle réactive la crainte de la menace russe qui avait été pendant quarante ans la raison d'être de l'Alliance atlantique. Dans les États baltes, les dépenses de défense augmentent et la Lituanie rétablit la conscription. Le débat sur une éventuelle adhésion à l'OTAN prend de l'ampleur en Finlande et en Suède. En janvier 2016, le commandement de l'armée américaine en Europe publie sa nouvelle stratégie, dans laquelle la « dissuasion de l'agression russe » est présentée comme une priorité[3]. En quelques mois, la question des capacités militaires redevient centrale dans les débats sur la sécurité européenne, et ce alors que la Russie multiplie les vols de démonstration près des espaces aériens baltes et de la mer du Nord, et que les sous-marins russes intensifient leurs activités dans la zone comprise entre le Groenland, l'Islande et l'Écosse (le passage du GIUK, « *Greenland, Iceland, United Kingdom* »).

Les inquiétudes des membres de l'OTAN vis-à-vis des capacités militaires de la Russie grimpent d'un cran en 2015-2016, au moment des frappes russes sur la Syrie, en soutien au régime de Bachar el-Assad, et en particulier sur la ville d'Alep, haut lieu des combats entre les troupes syriennes et les rebelles.

Les interventions russes en Ukraine et au Proche-Orient prouvent aux Occidentaux que le Kremlin a atteint les objectifs qu'il s'était fixés lors de la grande réforme de son armée décidée en 2008. Le principe-phare de la réforme était de permettre aux forces conventionnelles de se rendre immédiatement opérationnelles en cas de crise au sein des pays de la CEI. Des brigades capables de se déployer rapidement avaient remplacé les divisions

3. Facon Isabelle, « La menace militaire russe : une évaluation », *Les Champs de Mars*, 2017/1, n° 29, pp. 31-57.

de l'armée de Terre, tandis qu'une force de réaction rapide avait été mise sur pied à partir d'unités provenant des forces spéciales, des troupes aéroportées et de l'infanterie de Marine. Les entraînements sont devenus plus nombreux et l'organisation du commandement mieux rationalisée, même si cela n'empêche pas l'armée russe de devoir faire face à un certain nombre de difficultés, en particulier sur le plan technologique – la recherche et développement accuse un certain retard sur certaines armes de pointe – et logistique (le déploiement durable sur des théâtres d'opérations lointains, comme en Syrie).

La Russie mise également sur le développement d'un système antimissile, présenté comme une réponse au bouclier naval et terrestre instauré par les États-Unis en Europe (*European Phased Adaptive Approach* ou EPAA, annoncé en 2009 et mis en service en 2015, à partir des territoires roumains puis polonais) qu'elle ne cesse de dénoncer. Pour les dirigeants russes, le bouclier américain n'est pas dirigé contre l'Iran, comme l'affirme Washington, mais contre la force de frappe russe. Moscou fait donc déployer dans l'enclave de Kaliningrad des systèmes antiaériens performants qui couvrent le tiers de la Pologne. On retrouve des systèmes similaires dans l'Arctique et en Crimée, c'est-à-dire dans des zones à proximité des forces de l'OTAN. En réalité, non seulement l'inclinaison de la surface terrestre fait que le système américain de défense antimissile en Pologne est bel et bien tourné contre l'Iran, mais Barack Obama avait l'intention, à l'origine, d'associer la Russie à ce projet.

Toujours est-il que Poutine profite de l'offense que constitue selon lui le bouclier américain pour retirer la Russie du traité FCE en 2015 ; de la sorte, il inflige un coup sévère au principe de maîtrise des armements tel qu'il s'était imposé à la fin de la guerre froide. L'arrivée de Donald Trump à la Maison-Blanche en janvier 2017 aggrave un peu plus la situation. Contempteur acharné du multilatéralisme, il annonce, le 1er février 2019, que les États-Unis se retirent du traité INF de 1987, qui avait mis un terme à la crise des euromissiles et qui interdisait à ses signataires la production et la possession de missiles de croisière et balistiques d'une portée comprise entre cinq cents et cinq mille cinq cents kilomètres. Le lendemain, le ministre russe des Affaires étrangères Sergueï Lavrov lui emboîte le pas, proclamant la suspension du traité.

La décision de Trump résulte d'un constat effectué par l'administration Obama à partir de 2014 : en développant son missile Novator 9M729 d'une portée de plus de cinq cents kilomètres, les Russes ont violé le traité INF. Là encore, le Kremlin se sert de l'argument relatif au système ABM de Pologne et de Roumanie pour dénoncer à son tour ce traité. La fin de celui-ci a pour conséquence majeure de rendre le jeu de la dissuasion beaucoup moins lisible et plus dangereux, en particulier pour les Européens, dans la mesure où l'accord de 1987 avait pour finalité première d'éviter que l'Europe ne se transforme en champ d'application d'une nouvelle course aux armements.

À ce délitement d'un élément central de l'architecture de sécurité post-guerre froide s'ajoute la volonté de Trump de remettre en cause le traité New START (*Strategic Arms Reduction Treaty*) de réduction des armes stratégiques. Signé à Prague par les présidents Obama et Medvedev en avril 2010 puis ratifié par le Congrès et la Douma (chambre basse de l'Assemblée fédérale de la Russie), New START imposait aux deux parties de réduire à mille cinq cent cinquante leurs têtes nucléaires et à sept cents les vecteurs destinés à les lancer (missiles et bombardiers). Cela équivalait à une réduction de 30 % par rapport aux arsenaux existants en 2002 (année de signature de SORT, précédent traité de désarmement stratégique russo-américain). En 2017, Trump, qui souhaite relancer la production de missiles américains, juge cet accord déséquilibré, provoquant un profond malaise au sein du commandement militaire de son pays, pour qui New START permet de maintenir une force de frappe substantielle. L'*US Strategic Air Command* estime en outre qu'il offre aux États-Unis comme à la Russie de réelles garanties de transparence et de stabilité stratégique, en ce qu'il confère aux Américains un droit de regard sur les arsenaux nucléaires russes et vice-versa. Alors que le traité doit expirer en février 2021, Trump annonce son intention de ne pas le renouveler s'il est réélu en novembre 2020, suscitant de réelles craintes en Amérique du Nord et en Europe quant aux conséquences qu'aurait cette décision sur la sécurité occidentale. L'élection du démocrate Joe Biden, qui renouvelle le traité *in extremis*, permet d'apaiser la situation, mais la période n'en reste pas moins marquée par la fragilisation du régime de maîtrise des armements mis au point dans les années 1980 et 1990, une fragilisation aggravée par l'essor de la cyberconflictualité.

En effet, les cyberattaques constituent l'un des grands enjeux de la sécurité européenne à partir de la deuxième moitié des années 2000. Là encore, la Russie semble s'en faire une spécialité, sans pour autant que les attaques puissent lui être attribuées de manière certaine. En 2007, une série de cyberattaques paralyse une partie des services publics estoniens, mais aussi les banques, les journaux et les chaînes de télévision du pays, après que les autorités locales ont décidé de déplacer une statue datant de la période soviétique. Constatant la vulnérabilité de leurs infrastructures, les pays occidentaux décident d'investir davantage dans la cyberdéfense, ce que souligne le concept stratégique otanien de 2010. À ce titre, ils inaugurent en 2008 à Tallinn le Centre d'excellence de cyberdéfense coopérative de l'OTAN, considéré très vite comme une organisation militaire internationale. Le Centre a pour mission de développer la recherche et la formation des armées de l'OTAN dans ce qui est alors nommé la « guerre électronique ». Le conflit dans le Donbass vient confirmer l'inclusion de ce domaine parmi les diverses composantes de la « guerre hybride[4] »

4. Cette notion est forgée par le général James Mattis et le colonel Franck Hoffman dans leur article « Future Warfare: The Rise of Hybrid Wars », *Proceedings*, vol. 131/11/1, 2005, p. 233. Elle vise, à l'origine, à insérer dans un cadre théorique les difficultés que connaît l'armée américaine en Irak.

telle qu'elle est menée par la Russie. D'ailleurs, les documents officiels publiés par le gouvernement russe – doctrine militaire du 25 décembre 2014, stratégie de sécurité nationale du 31 décembre 2015, doctrine de la sécurité de l'information du 5 décembre 2016, stratégie de développement de l'information du 9 mai 2017 – ne font pas mystère de la place du cyberespace dans la stratégie du pays : le cyberespace est un espace comme un autre, et la Russie doit y affirmer sa souveraineté, notamment quand cela concerne « l'étranger proche ». À partir de 2014, les tentatives d'intrusion dans les systèmes ukrainiens, avec un objectif de déstabilisation, d'influence ou de renseignement, se multiplient, faisant du conflit russo-ukrainien un véritable laboratoire d'expérimentation de la « cyberguerre ». Aux campagnes de désinformation via l'Internet succèdent les opérations visant à modifier les résultats de l'élection présidentielle ukrainienne de 2014, à infecter les réseaux gouvernementaux (le virus *Snake*), à briser le moral des troupes adverses (comme les faux sms envoyés aux soldats ukrainiens) ou encore à mettre à mal les infrastructures, à l'instar de l'attaque contre la centrale électrique d'Ivano-Frankivsk, en décembre 2015. En niant systématiquement ces attaques, en dénonçant publiquement le discours occidental qui ne cesse d'accuser les « hackers » russes d'en être à l'origine, mais aussi en affichant sa volonté de contrôler le cyberespace, le Kremlin entretient volontairement la méfiance qu'il inspire sur la scène internationale. Le cyberespace lui permet de diffuser une image de puissance, à la fois réelle et fantasmée, qui répond pleinement au but fixé par Poutine : celui de refaire de la Russie un pays craint des Occidentaux, capable de réaffirmer son influence dans son « étranger proche ».

Les secousses du voisinage méridional et la montée des « populismes »

En 2015 et 2016, plusieurs sondages montraient que si les anciens pays européens du pacte de Varsovie estimaient que la Russie représentait la principale menace pour l'Europe, la totalité des États situés dans la partie occidentale du continent considéraient que le danger venait principalement de Daech. De fait, la déstabilisation du voisinage méridional du Vieux Continent constitue l'autre grande problématique de sécurité de la période et renforce un peu plus la volonté d'une partie des Européens de se protéger de ses effets délétères, quitte à ce que l'Europe apparaisse comme une « forteresse ». Peu à peu néanmoins, l'attitude agressive de la Russie, la crise migratoire et le terrorisme islamiste atténuent les divergences de perception entre les deux moitiés de l'Europe, à un moment où la cohésion occidentale est mise à mal par la crise financière, le Brexit et l'élection de Donald Trump.

La perception de la menace en 2015

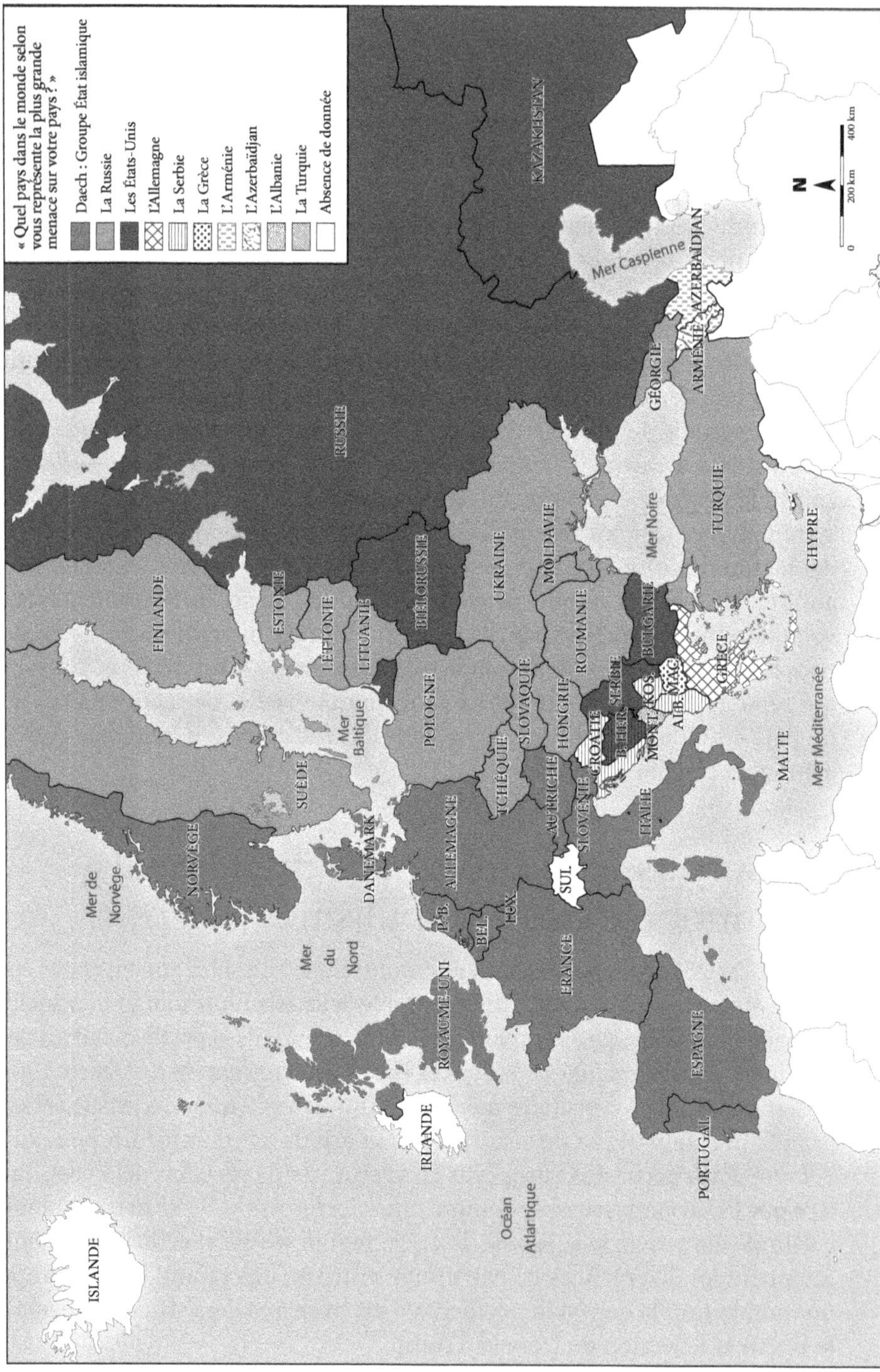

Un voisinage méridional déstabilisé

L'arrivée de Nicolas Sarkozy à l'Élysée au printemps 2007 et la présidence française du Conseil de l'UE au second semestre 2008 sont l'occasion pour la France de relancer à la fois la construction européenne et la coopération euro-méditerranéenne, paralysées au cours des années précédentes d'une part par le refus des électeurs français et néerlandais d'adopter la Constitution pour l'Europe, d'autre part par les guerres du Moyen-Orient. Chacun de ces processus de relance comporte de claires implications sécuritaires.

Pour ce qui est de l'intégration européenne, le traité « simplifié » signé à Lisbonne en 2007 qui reprend nombre de mesures issues de la Constitution rejetée en 2005 innove en matière de politique de sécurité et de défense commune (la PSDC, qui remplace la PESD) : tandis que les « missions de Petersberg » sont élargies, une clause de défense collective inspirée de celle du traité de Bruxelles de 1948 vient renforcer la solidarité entre Européens. Le terrorisme et les catastrophes naturelles sont alors nommément identifiés comme étant les principaux dangers susceptibles de déclencher la mobilisation de tous. Cela justifie la mise sur pied d'une Agence européenne de défense (en réalité déjà créée en 2004) et l'instauration d'une coopération structurée permanente entre ceux des États membres qui souhaiteraient approfondir la politique de défense commune. L'efficacité de cette nouvelle architecture est censée être facilitée par la création du poste de haut représentant pour les affaires étrangères et la politique de sécurité, qui donne plus d'écho à la voix de l'UE sur la scène internationale, même si le principe de l'unanimité entre les pays membres reste de mise au niveau de la prise de décision et que, de fait, la tâche qui consiste à rapprocher les points de vue des uns et des autres s'annonce d'emblée ardue. Le nouveau poste de président du Conseil européen vient compléter ce schéma, dans la mesure où ce dernier représente également l'UE pour la PESC.

En matière de coopération euro-méditerranéenne, l'Union pour la Méditerranée (UpM) voulue par Nicolas Sarkozy et inaugurée lors du sommet de Paris de juillet 2008 se veut une réponse à l'échec du processus de Barcelone, duquel chacun prend acte : le contrôle de l'immigration et le combat contre l'islam radical et le terrorisme se sont substitués aux ambitions démocratiques initiales, ce qui va dans le sens du programme sécuritaire affiché par Sarkozy durant la campagne présidentielle de 2007. De fait, l'UpM, élargie à l'ensemble des pays de la Ligue arabe, se fonde sur six initiatives destinées à renforcer l'intégration régionale et abandonne l'objectif de démocratisation. Le principe qui guide le nouveau processus multilatéral est que la coopération dans certains domaines stratégiques favorisera la coresponsabilité Nord-Sud et, partant, la sécurité de tous. Sont privilégiés le commerce, l'assainissement de l'eau de mer, l'essor de nouvelles routes maritimes et terrestres, le développement de la coopération en matière de sécurité civile, la production et l'usage des énergies renouvelables, la recherche scientifique. Si l'ambition semble au départ réaliste, la dégradation de la situation au Proche-Orient, avec notamment la crise de Gaza qui oppose le Hamas aux troupes israéliennes, provoque le refus des dirigeants arabes de siéger aux côtés d'Israël, ce d'autant plus que les Européens ne réagissent guère à la forte pression exercée sur Gaza par l'État hébreu. L'échec de l'UpM et le discrédit de l'UE dans le monde arabe sont confortés par l'arrivée au pouvoir de Barack Obama. Prenant le contrepied de la « guerre contre le terrorisme » commencée par son prédécesseur, le président démocrate entend promouvoir la démocratie et les droits humains pour lutter contre la prolifération du réseau Al-Qaïda et assurer la stabilité et la sécurité du Moyen-Orient, de la Méditerranée et, par conséquent, de l'Occident. Les révolutions arabes qui secouent la région à partir de 2010-2011 semblent alors valider le discours américain, toujours au détriment de l'UE : de la Tunisie à la Syrie, en passant par le Yémen et l'Égypte, les sociétés civiles en appellent au renversement des pouvoirs en place et à l'instauration de régimes démocratiques qui ne soient pas seulement de façade.

Ce printemps arabe paraît sonner le glas de la coopération euro-méditerranéenne. La plupart des dirigeants européens, dans un premier temps désemparés face à l'ampleur des événements et ce alors que la crise des dettes souveraines n'en finit pas de secouer l'Europe, acceptent difficilement les bouleversements à l'œuvre et le départ de leurs interlocuteurs habituels, tels que le Tunisien Zine el-Abidine Ben Ali ou l'Égyptien Hosni Moubarak, sur lequel la France s'était appuyée pour forger l'UpM. Leur crainte est alors que l'arrivée au pouvoir des partis islamistes d'opposition – Ennahdha en Tunisie, les Frères musulmans en Égypte – ne déstabilise l'espace méditerranéen. Pour éviter cela, certains leaders de l'UE, à l'instar d'Angela Merkel ou de la haute représentante pour les affaires étrangères et la politique de sécurité Catherine Ashton, tendent la main aux nouveaux dirigeants, d'une part pour tenter une conciliation entre les islamistes et les militaires chassés du pouvoir, d'autre part pour les enjoindre à la modération. En outre, afin d'essayer de faire oublier leurs tergiversations initiales, la France de Sarkozy et le Royaume-Uni du Premier ministre David Cameron prennent la tête d'une intervention militaire, autorisée par le Conseil de sécurité des Nations unies (17 mars 2011), et destinée à empêcher le dirigeant libyen Mouammar Kadhafi d'écraser dans le sang la révolte de ses opposants à Benghazi. Succès militaire incontestable – Kadhafi est renversé en août puis tué en octobre –, l'opération correspond à une inflexion de doctrine de la part de la France, réticente jusqu'alors à imposer un changement de régime de l'extérieur. Au contraire, en dépit d'un soutien logistique déterminant, les États-Unis apparaissent désormais militairement en retrait dans la région, les dernières troupes américaines quittant l'Irak en décembre 2011.

Reste que l'insuffisante préparation de l'après-guerre en Libye conduit ce pays au chaos et à la guerre civile ; elle met à jour les limites de l'interventionnisme franco-britannique et contribue à mettre le feu à toute la région saharienne et sahélienne en raison de l'effacement de toute autorité étatique dans les périphéries désertiques libyennes, de la prolifération des groupes islamistes, de l'éparpillement des arsenaux de Kadhafi et du retour des mercenaires touaregs recrutés par le « guide » libyen au Niger et au Mali. Dès janvier 2012, les Touaregs indépendantistes et djihadistes du nord du Mali ravivent la rébellion et provoquent un coup d'État à Bamako en mars 2012, suscitant le début de l'opération française Serval le 11 janvier 2013. Conjuguée à l'instabilité provoquée par la chute de Saddam Hussein en Irak, l'opération en Libye crée une nouvelle situation dangereuse sur le flanc méridional de l'OTAN, à l'heure où le terrorisme islamiste connaît un puissant renouveau avec Daech. La guerre civile qui déchire la Syrie à partir du moment où Bachar el-Assad décide de réprimer les mouvements populaires issus du printemps arabe laisse un peu plus apparaître la Méditerranée comme la principale zone à risque pour les Européens.

Le terrorisme des années 2010 : la France et l'UE en première ligne

À l'été 2013, le refus de Barack Obama d'intervenir en Syrie, alors qu'il avait affirmé quelques mois auparavant que l'utilisation d'armes chimiques par le régime de Damas constituerait une « ligne rouge » à ne pas franchir, confirme la mise en retrait américaine. La France, dirigée par François Hollande à partir de mai 2012, se montre au contraire déterminée à réagir, s'inscrivant dans la droite ligne de celle adoptée à l'égard de la Libye. Contrainte de renoncer à l'intervention en Syrie, elle se sent obligée de contribuer au fardeau de la défense occidentale si elle veut compenser le recul des États-Unis tout en leur permettant de continuer à s'investir un minimum dans la sécurité de l'Europe. À Washington, on se félicite de l'attitude de la France, qui en fait le meilleur allié de l'Amérique en matière de lutte antiterroriste, dix ans après la crise irakienne. Cela n'empêche pas Paris d'apparaître de plus en plus isolé dans son engagement en faveur de la sécurité euro-méditerranéenne : alors que l'opération Serval est étendue le 1er août 2014 à toute la « bande sahélo-saharienne » (Mauritanie, Mali, Burkina Faso, Niger et Tchad) et devient l'opération Barkhane (cinq mille soldats mobilisés), elle met en exergue, une fois de plus, l'incapacité des pays de l'UE à s'entendre pour mettre en œuvre la PSDC, si ce n'est quand il s'agit de contrôler ses frontières, à travers le système Frontex.

L'activisme de la France dans le combat antiterroriste redouble de vigueur à partir du moment où le pays subit une vague d'attaques d'une intensité sans précédent : le 7 janvier 2015, une attaque, revendiquée au nom d'Al-Qaïda dans la péninsule arabique (AQPA), vise les locaux de l'hebdomadaire satirique *Charlie Hebdo* à Paris, tuant douze personnes ; le 8 janvier, un autre terroriste, agissant au nom de l'État islamique, tue une policière municipale à Montrouge et, le lendemain, prend en otage un supermarché casher, assassinant quatre personnes ; le 13 novembre 2015, une série coordonnée d'attaques perpétrées par des terroristes affiliés à Daech, dont certains sont originaires de Belgique, cible la salle de concert parisienne du Bataclan, les abords du Stade de France et plusieurs restaurants, faisant cent trente morts et quatre cent treize blessés ; le 14 juillet 2016, un homme propulse un camion dans la foule venue célébrer la fête nationale sur la promenade des Anglais, à Nice, tuant quatre-vingt-six personnes et blessant quatre cent cinquante-huit autres. Ces attentats suscitent une émotion considérable en France, en Europe et dans le monde, d'autant que d'autres pays européens sont frappés au cours des mois et années qui suivent (Allemagne, Belgique, Danemark, Espagne, Finlande, Royaume-Uni, Suède). François Hollande déclare alors une véritable guerre contre le terrorisme, adoptant une rhétorique largement critiquée par les dirigeants français dans les années 2000 lorsqu'elle était employée par les Américains. Pour la première fois, l'article 42.7 du traité sur l'Union européenne, à savoir la clause de défense mutuelle, est invoqué : la France reçoit l'appui unanime de ses partenaires européens, appui qui se traduit notamment par l'implication militaire de l'Allemagne aux côtés des Français au Mali et en Syrie.

Daech devient la principale cible à abattre. Organisation hybride dont les responsables sont disséminés à différents points de la planète, l'État islamique est plus puissant que les autres groupes terroristes du début du XXIe siècle en ce qu'il bénéficie d'importants moyens financiers, humains et militaires. Ces derniers sont d'une part saisis sur les ruines de l'Irak et de la Syrie, territoires desquels démarre son expansion géographique à partir de décembre 2013, d'autre part nourris par l'efficacité de sa propagande djihadiste qui, via le *dark web* notamment, sait recruter des combattants venus de tout le monde musulman et d'Europe. Regroupant soixante-dix États, la coalition internationale qui intervient contre Daech en Syrie et en Irak agit par conséquent à de multiples niveaux : lutte contre la cybercriminalité du groupe et contre son financement, formation de l'armée régulière irakienne, appui aux forces kurdes d'Irak et, surtout, frappes aériennes contre les positions militaires de l'organisation. Si, malgré les réticences d'Obama à impliquer de nouveau les États-Unis dans une guerre au Moyen-Orient, Washington contribue à près de 90 % à la coalition (vingt-trois milliards de dollars entre 2014 et 2020 pour l'effort militaire), la France est le deuxième pays contributeur, via l'opération Chammal et la réalisation de 5 % des frappes aériennes menées par la coalition. Entre 2015 et 2017, Daech est largement vaincu sur le plan militaire, ce qui conforte l'idée selon laquelle seule une convergence internationale permet une lutte efficace contre le terrorisme, à condition, une fois encore, que les Américains acceptent de participer.

L'UE, quant à elle, est loin de demeurer passive. Son rôle dans le combat antiterroriste s'accroît à la suite des attentats de 2015, avec la déclaration de Paris du 11 janvier 2015, le programme européen en matière de sécurité, adopté par la Commission en avril suivant, puis la nomination d'un commissaire chargé de l'Union de la sécurité en octobre 2016– le Britannique Julian King. Au niveau législatif, le Parlement européen adopte dès avril 2016 le *Passenger Name Record* européen (PNR), fondé sur l'idée que les terroristes ne relèvent plus d'une logique nationale, et qu'ils peuvent venir de n'importe où et frapper où ils veulent. Il s'agit donc, pour mieux repérer les personnes jugées dangereuses, de collecter les données relatives aux passagers qui arrivent dans l'UE ou quittent son territoire (les terroristes de Paris étaient entrés en UE par la Grèce). Dans le même esprit, les contrôles aux frontières de l'espace Schengen sont renforcés ; ils concernent, à partir d'avril 2017, toutes les personnes qui entrent ou sortent de cet espace, y compris les citoyens européens, ce qui n'était pas le cas jusqu'alors et pouvait favoriser les terroristes possédant une double nationalité. En septembre 2017, une directive envisage de punir toute personne qui voyage vers une zone de combat ou qui finance le terrorisme, tout comme elle renforce l'aide aux victimes. Le contrôle de la provenance des armes à feu est également accru. Au total, ces mesures permettent d'harmoniser les législations à l'œuvre et d'éviter que les terroristes ne jouent des différences législatives entre États membres. Elles sont complétées par l'instauration en janvier 2015, sous l'égide d'Europol, d'un Centre européen sur la lutte contre le terrorisme, chargé d'appuyer les enquêtes policières en facilitant l'analyse des informations récoltées et de dégager les logiques transnationales du terrorisme. À cela s'ajoute la mise sur pied d'un centre de référencement des contenus terroristes sur Internet (*Internet Referral Unit*) destiné à identifier ce qui peut relever du terrorisme et à faire en sorte que les opérateurs retirent ce type de contenu[5]. On le voit, ces mesures visent principalement à favoriser et à simplifier la coopération entre les États membres, dont les compétences en matière de police, de justice et de renseignement demeurent prééminentes. Elles reflètent le fait que, dans la plupart des pays de l'UE, la lutte contre le terrorisme va de pair avec le contrôle de l'immigration, un parallèle qui avait été officialisé par la Commission européenne dès 2003 avec le concept d'« approche globale », selon lequel « migration et mobilité s'intègrent dans l'ample contexte politique, économique et social de la sécurité ».

5. Wernert Séverine, « L'Union européenne et la lutte contre le terrorisme », *Politique étrangère*, 2018/2, pp. 133-144.

La crise migratoire qui frappe le bassin méditerranéen dans les années 2010, particulièrement en 2015, dans le contexte de guerres et de persécutions en Afghanistan, en Afrique subsaharienne, au Sahel et en Syrie porte cette approche sécuritaire des migrations à son paroxysme. L'UE se montre toutefois incapable d'apporter une réponse concertée, si ce n'est via la transformation de Frontex en une agence européenne de gardes-frontières et de garde-côtes qui emploie dix mille personnes. Face aux centaines de milliers de migrants qui tentent de pénétrer dans l'espace Schengen – par l'Italie et la Grèce principalement –, la Commission européenne dirigée par le Luxembourgeois Jean-Claude Juncker cherche à établir un système de répartition par quotas, une idée soutenue par François Hollande et Angela Merkel. La chancelière allemande est alors l'unique dirigeante en Europe à prôner l'ouverture des frontières – l'Allemagne accueille un million de migrants durant la seule année 2015 –, même si elle est contrainte de renoncer à cette politique dès la fin de l'année, sous la pression de son opinion publique, mais aussi de la limitation des capacités d'accueil allemandes. À l'inverse, les quatre pays du groupe de Visegrád – Hongrie, Pologne, République tchèque, Slovaquie – s'opposent immédiatement à l'accueil de migrants, avançant l'argument que ces flux migratoires pourraient détruire la cohésion des sociétés européennes. Leurs dirigeants, à l'instar du très conservateur Premier ministre hongrois Viktor Orbán, défendent le principe de centres de « tri » installés sur les côtes africaines, en Turquie et en Jordanie, qui permettraient de repérer en amont les réfugiés légaux. L'arrivée au pouvoir des coalitions conservatrice autrichienne en 2017 (gouvernement Kurz) et « antisystème » italienne en 2018 (gouvernement Conte) renforce les options d'une fermeture des frontières européennes et de l'instauration de « centres de protection dans les pays d'origine ». L'Italie, en première ligne face à l'arrivée massive de migrants, ne cesse dès lors de durcir son attitude sur cette question, pointant du doigt, avec la Grèce, le manque de soutien de ses partenaires européens.

C'est finalement le pacte migratoire UE-Turquie de 2016, renouvelé en 2021, qui s'avère le moyen le plus efficace de réguler les entrées sur le territoire européen : il prévoit le renvoi vers la Turquie des migrants ayant vu leur demande d'asile rejetée en Grèce ; en échange, Ankara reçoit une aide de l'UE – deux tranches de trois milliards d'euros – pour gérer les migrants restés sur le sol turc. L'accord fait par conséquent du président Recep Tayyip Erdoğan l'un des principaux arbitres de la question migratoire européenne, ce qui lui confère un levier inespéré à l'heure où le pouvoir turc s'engage un peu plus sur la voie d'un néo-ottomanisme teinté d'islamisme qui n'est pas sans rappeler la rhétorique impérialiste et « illibérale » de la Chine et de la Russie. En Europe, la Grèce est la première à en faire les frais, Erdoğan remettant en cause la souveraineté grecque sur certaines îles de la mer Egée au nom du concept de la Patrie bleue, défini par les amiraux turcs dans les années 2000 et destiné à empiéter sur les zones économiques exclusives des voisins grec et chypriote.

Du Brexit à Donald Trump : les apparentes déchirures de l'OTAN

La tension gréco-turque n'est que l'une des diverses déchirures politico-militaires qui traversent l'Alliance atlantique au tournant des décennies 2010 et 2020. Favorisée par l'accumulation des périls sécuritaires et par le discrédit que les échecs américains au Moyen-Orient et la crise financière ont jeté sur le modèle de mondialisation qui privilégiait la démocratie, le marché et les regroupements régionaux, la montée des idées dites « populistes » remet en question les équilibres mêmes de l'UE et de l'OTAN. Le vote des électeurs britanniques en faveur d'une sortie de l'UE, lors du référendum du 23 juin 2016, porte un sérieux coup à la construction européenne. Présenté par ses partisans comme un moyen pour la Grande-Bretagne de recouvrer sa puissance et sa marge de manœuvre d'antan – le souvenir de la grandeur impériale n'épargne pas les démocraties –, le Brexit (effectif au 31 janvier 2020) affaiblit à court et moyen termes le principe même d'Europe de la défense, dans la mesure où le Royaume-Uni demeure l'une des principales puissances militaires du continent. Londres repousse ainsi toute institutionnalisation d'un partenariat politique et de sécurité avec l'UE, si ce n'est en matière de lutte contre la criminalité et le terrorisme. Si ce choix renforce un peu plus la primauté de l'OTAN pour la sécurité européenne, le maintien d'un fort engagement atlantique de la Grande-Bretagne est cependant rapidement contrarié par l'élection de Donald Trump à l'élection présidentielle américaine de novembre 2016.

Après avoir jugé l'OTAN « obsolète » pendant sa campagne, Trump s'en prend directement à l'organisation lors du sommet atlantique de Bruxelles des 11 et 12 juillet 2018, en affirmant que les États-Unis ne peuvent plus continuer à assumer plus de 70 % du budget de l'Alliance et que, par conséquent, les Européens doivent davantage dépenser pour leur sécurité. Il exige que ces derniers consacrent 4 % de leur PIB à la défense, au lieu des 1,4 %, voire moins, prévus par une quinzaine d'États membres, dont l'Allemagne, la Belgique, l'Espagne et l'Italie. Ce discours renouvelé sur le « partage du fardeau » va de pair avec les virulentes critiques du président américain à l'encontre de l'intégration européenne et de l'Allemagne – qu'il estime « contrôlée » par la Russie en raison du projet de doublement du gazoduc Nord Stream – et avec les mesures protectionnistes que le dirigeant républicain décide d'instaurer sur certains produits, tel l'acier, à destination des États-Unis. En adoptant pareille rhétorique, non seulement Trump éclaire de façon assez crue l'une des réalités persistantes de la sécurité en Europe, à savoir le fait qu'elle soit en très grande partie dépendante de l'effort budgétaire américain, mais, aux yeux de bon nombre d'observateurs, il remet en cause les fondements de la sécurité et de la coopération européennes tels qu'ils avaient été pensés et soutenus par ses lointains prédécesseurs Harry Truman et Dwight Eisenhower. Trump serait l'homme de la rupture d'avec la tradition euro-américaine de solidarité née pendant et après la Seconde Guerre mondiale : en enterrant le multilatéralisme, les États-Unis reviendraient à une logique isolationniste digne de cet « esprit de Washington » défini à la fin du XVIIIe siècle pour empêcher l'Amérique de se fourvoyer dans les conflits européens.

La réalité mérite cependant d'être nuancée. Certes, aucun président américain n'avait jusqu'alors attaqué de manière aussi nette le système de sécurité transatlantique et européen ; néanmoins, on a vu que, depuis les années 1960, les différents locataires de la Maison-Blanche ont régulièrement émis des critiques à l'égard du fonctionnement de l'Alliance atlantique, de son déséquilibre en termes de « partage du fardeau » et de la concurrence commerciale de la CEE/UE vis-à-vis des États-Unis. De même, la mise en retrait opérée par Barack Obama au Moyen-Orient et dans le voisinage méridional de l'OTAN a déjà fait comprendre aux Européens qu'ils ne devaient plus systématiquement compter sur leur grand allié, en dépit de l'engagement massif des Américains dans la coalition contre Daech. La France, notamment, avait déjà tiré les leçons du refus de Washington d'intervenir en Syrie en 2013 et le prouvait au Sahel. Ainsi, Trump se situe, dans une certaine mesure, dans le prolongement de son prédécesseur ; seulement, les mots employés n'avaient jamais atteint un tel degré de violence de la part de l'exécutif américain. Dans les faits, l'administration Trump continue de coopérer pleinement avec ses alliés, par exemple en partageant des renseignements et en coordonnant des opérations antiterroristes, en donnant son accord au principe de rotation de groupements tactiques visant à garantir la présence continue de l'OTAN en Europe du Nord-Est, ou encore en considérant d'un bon œil les projets de nouvelles bases américaines en Grèce, en Pologne et en Roumanie[6].

L'un des principaux points d'achoppement entre les États-Unis et les Européens en matière de sécurité concerne finalement la gestion du dossier iranien. Tandis que l'Allemagne, la France, le Royaume-Uni, et l'UE avaient participé, aux côtés des États-Unis, à l'élaboration de l'accord de Vienne qui, en 2015, limitait les capacités nucléaires de l'Iran et permettait d'apaiser les relations entre Téhéran et l'Occident, Trump retire son pays de l'accord. Dans la droite ligne de sa politique de remise en cause de l'*arms control*, il considère que le texte, en ne portant que sur les têtes nucléaires et pas sur les missiles fabriqués par l'Iran, ne fait que repousser le problème ; il reproche également à l'accord de permettre le dégel des avoirs iraniens en Occident et, de fait, de

6. JOHNSTON Seth A., « Trump, l'Europe et l'OTAN : retour vers le futur », *Politique étrangère*, 2019/4, pp. 141-152.

faciliter le financement d'organisations chiites tel que le Hezbollah libanais. Mais l'attitude trumpienne, encouragée par la proximité du président avec l'Arabie saoudite, contribue surtout à renvoyer Téhéran dans une position de défiance vis-à-vis des Occidentaux, à tendre un peu plus les relations internationales au Moyen-Orient et à révéler l'impuissance des Européens face au danger de la prolifération nucléaire.

Les inquiétudes quant à la pérennité de l'engagement américain en Europe amènent certains pays (nordiques, baltes, polonais) à envisager de renforcer leurs capacités de défense et de sécurité indépendamment de Washington. En outre, parvenu au pouvoir au printemps 2017, le nouveau président français Emmanuel Macron considère que les Européens doivent profiter de l'occasion offerte par Trump pour dynamiser leur coopération en matière de défense. Lancée le 25 juin 2018 pour compléter la Coopération structurée permanente, l'Initiative européenne d'intervention (IEI) a pour but de faire émerger, parmi les États qui le souhaitent, une culture stratégique commune propice à favoriser des engagements militaires communs, en cas de crise notamment. Il s'agit, du point de vue de l'Élysée, de forger un noyau dur de pays prêts à s'engager militairement, comme la France a pu le faire au Mali, sans pour autant créer une nouvelle force d'intervention rapide. L'initiative se situant hors du cadre institutionnel de l'UE, elle permet au Royaume-Uni d'y participer. D'abord approuvée par neuf États – Allemagne, Belgique, Danemark, Espagne, Estonie, France, Pays-Bas, Portugal, Royaume-Uni –, l'IEI s'enrichit de la participation de quatre pays supplémentaires entre l'été 2018 et la fin de l'année 2019 (Finlande, Italie, Norvège, Suède). Une première opération commune de sécurité maritime est organisée en février 2020 dans le golfe arabo-persique, dans le contexte de la crise irano-américaine. En 2021 sont créés un Fonds européen de défense dévolu à la recherche et à l'achat d'armements en commun, de même qu'une facilité européenne pour la paix orientée vers les actions extérieures à l'UE. Ces dispositions donnent un tour concret à la « boussole stratégique » lancée en 2020 et précisée en 2022 : les Européens abordent la sécurité dans sa conception la plus large, au-delà des seules questions de défense, et consentent au développement d'une « autonomie stratégique » chère à la France.

La pandémie de Covid-19 qui frappe l'Europe à partir du printemps 2020, faisant du Vieux Continent l'une des zones les plus meurtries par le virus et nourrissant l'impression générale de vulnérabilité face aux risques toujours plus variés d'un monde globalisé, n'est pas pour rien dans l'affirmation de cette approche. Le besoin de culture stratégique commune suppose cependant que les pays européens disposent d'une industrie de défense capable de pourvoir aux besoins des États membres lorsqu'ils se sentent directement menacés, un impératif que l'intervention russe en Ukraine à partir de février 2022 vient plus que jamais souligner.

L'invasion de l'Ukraine ou le retour de la guerre de haute intensité en Europe

L'historiographie retiendra-t-elle la date du 24 février 2022 comme un tournant dans l'histoire de l'Europe ? C'est dans tous les cas la stupéfaction et la sidération qui dominent à travers le Vieux Continent et, plus largement, dans le monde lorsque Vladimir Poutine décide d'envoyer l'armée russe envahir le territoire ukrainien au-delà de la région du Donbass. Certes, dès le mois de novembre 2021, Américains et Européens s'inquiètent de la concentration des troupes russes aux frontières de l'Ukraine, et l'OTAN place des forces en alerte, mais, jusqu'au bout, chacun veut croire que le Kremlin ne franchira pas le Rubicon... Pourtant, en quelques heures, les conditions de la sécurité européenne semblent connaître un spectaculaire bond en arrière : la Russie s'en prend militairement à l'un des plus vastes pays d'Europe, violant tous les principes de l'Acte final d'Helsinki et faisant renaître la peur d'un conflit nucléaire dans cette partie de la planète. Le soutien massif que reçoit l'Ukraine de la part des Occidentaux, et en particulier des États-Unis, fait désormais d'elle le symbole de la résistance des démocraties face aux remises en question de l'ordre international par les puissances autocratiques. En raison de ses considérables implications internationales, la guerre en Ukraine replace la question de l'équilibre européen au cœur des enjeux globaux.

L'« opération spéciale » russe

Quand il lance son « opération spéciale » le 24 février 2022, Poutine pense pouvoir faire tomber rapidement le régime ukrainien en s'attaquant à sa capitale, Kiev. Mais la résistance du peuple ukrainien, galvanisée par l'omniprésence médiatique du président Volodymyr Zelensky, et la succession d'échecs que connaît une armée russe mal préparée à affronter pareille résilience contredisent aussitôt les plans du Kremlin. Russes et Ukrainiens s'enfoncent dès lors dans une guerre d'une violence extrême. Cette radicalisation du conflit provoque une onde de choc au sein d'opinions européennes qui n'étaient plus habituées à ce que leur continent soit le théâtre de crimes de guerre. D'après le Haut-Commissariat des Nations unies aux droits de l'homme, plus de six mille huit cents Ukrainiens sont tués entre février et décembre 2022, et plus de dix mille sept cents sont blessés. Les troupes russes visent délibérément les non-combattants, bombardant aussi bien des hôpitaux et des lieux de culture (à l'instar de l'hôpital pédiatrique et du théâtre municipal de Marioupol) que des crèches, des écoles ou des jardins d'enfants. À Boutcha, près de Kiev, les soldats russes massacrent des dizaines de civils, dont les corps emplissent les rues après que les occupants ont quitté la ville fin mars[7]. Huit millions de personnes fuient le pays, principalement vers la Pologne (deux millions), la Roumanie (cinq cent quatre-vingt-sept mille), la Moldavie

7. Cabanes Bruno, « Depuis quand la guerre est-elle un crime ? », *L'Histoire*, février 2023, n° 504.

L'offensive russe sur l'Ukraine en 2022

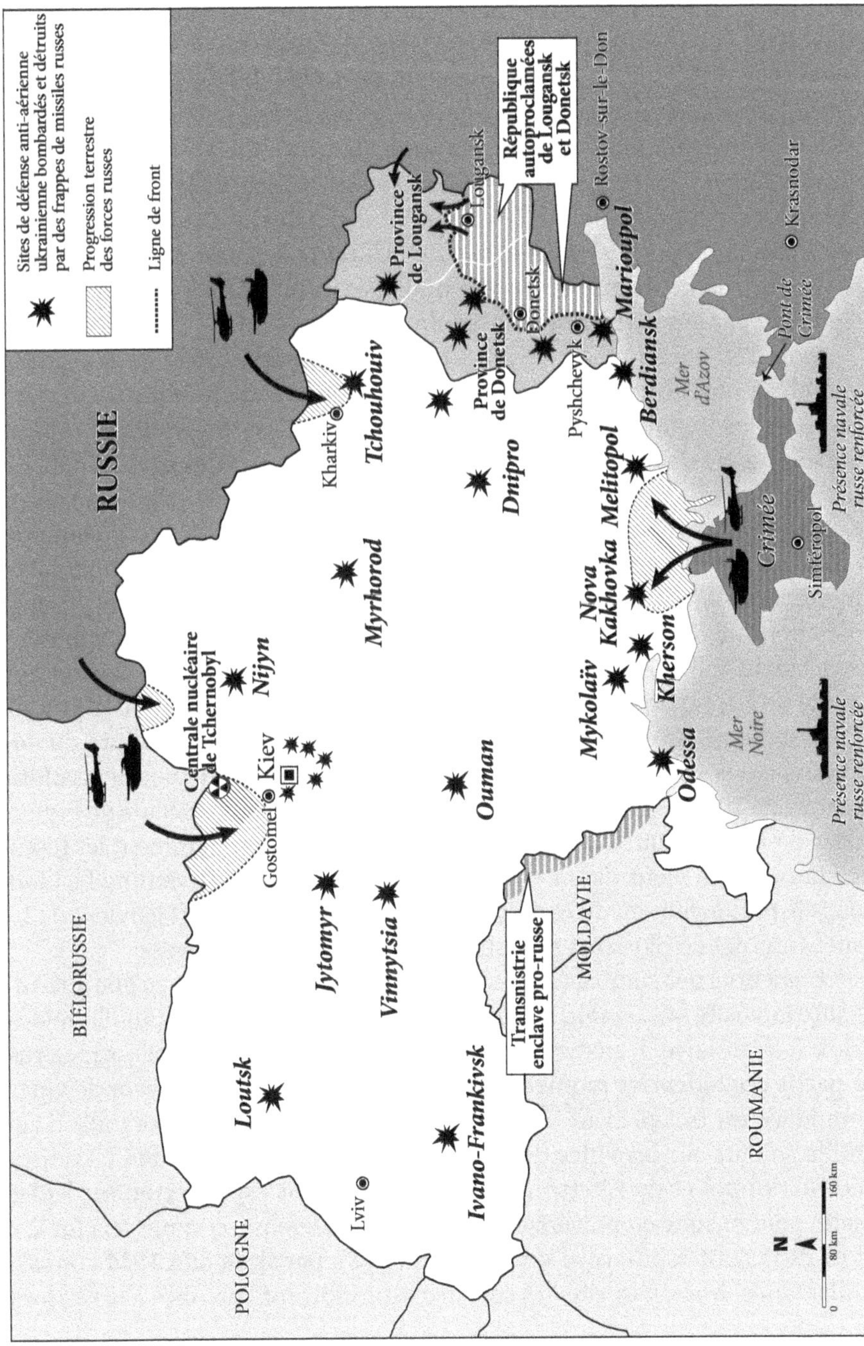

(trois cent quarante mille) et la République tchèque (trois cent mille), mais aussi vers les pays de l'ouest du continent, du Portugal aux Pays-Bas en passant par l'Allemagne, la France et l'Italie. L'exceptionnel élan de solidarité des Européens vis-à-vis des réfugiés ukrainiens, dont la forte présence transforme les sociétés d'Europe centrale et orientale, témoigne de leur abasourdissement face à l'agression russe, dont chacun se demande jusqu'où elle peut aller. La crainte d'un débordement du conflit sur le flanc oriental de l'UE saisit les opinions publiques, de même que celle d'un possible usage de la bombe atomique par Moscou, qui dévasterait le continent. L'occupation russe de la centrale nucléaire de Zaporijjia, dans le sud de l'Ukraine, à partir du 4 mars 2022 et les bombardements autour du site nourrissent une appréhension collective légitimée par le souvenir de Tchernobyl.

Mais c'est surtout le souvenir de la Seconde Guerre mondiale que Poutine cherche à mobiliser pour justifier l'intervention. Le but, indique-t-il, est de protéger les minorités russes des régions frontalières du Donbass « qui ont été soumises à des abus, à un génocide par le régime de Kiev depuis huit ans ». Il s'agit donc de « démilitariser » et de « dénazifier l'Ukraine », des termes censés renvoyer à la collaboration des Ukrainiens avec les nazis pendant la « Grande Guerre patriotique » de 1941-1945, mais dont l'historiographie a montré qu'elle n'avait concerné qu'une infime minorité de la population[8]. Le récit poutinien, élaboré peu à peu à partir des années 2000, tend à opposer un « Occident collectif » qui, pendant le second conflit mondial, se serait accommodé de l'occupation allemande, à une URSS qui en aurait payé le prix fort. En assimilant les dirigeants ukrainiens à des nazis, Poutine pointe du doigt l'influence occidentale à laquelle serait soumis ce pays depuis la révolution orange de 2004. Ces attaques constituent l'un des enjeux majeurs de la guerre de la désinformation à laquelle se livre le Kremlin, via notamment les réseaux sociaux, et qui vient s'ajouter aux cyberattaques dont est victime l'Ukraine, dans le prolongement du conflit du Donbass. Dès les 13 et 14 janvier 2022, les sites Internet de plusieurs ministères ukrainiens sont paralysés.

L'essentiel des combats se joue cependant sur le terrain, avec une guerre de haute intensité qui semblait exclue des schémas européens depuis l'implosion de la Yougoslavie. L'analyse de la stratégie mise en œuvre par l'armée russe à partir du 24 février montre que, là aussi, l'héritage de la Seconde Guerre mondiale est très présent. En envoyant neuf armées de quinze mille à vingt mille soldats sur les villes de Kiev et de Kharkiv, au nord de l'Ukraine, et de Marioupol et de Kherson, au sud, l'état-major espère tétaniser l'adversaire pour ensuite en pulvériser le dispositif de défense, comme cela fut le cas lors de la contre-offensive soviétique menée à partir de juin 1944 contre les Allemands. Mais, très vite, les soldats russes doivent faire face à la résistance

8. Voir la mise au point faite par Nicolas Werth sur cette question : « Le vrai et le faux : l'histoire comme arme », *L'Histoire*, février 2023, n° 504, pp. 28-35.

des Ukrainiens, concentrée dans les villes. Le fort besoin en munitions qu'implique le combat urbain et l'inadaptation des chars et de l'artillerie russes stoppent leur avancée initiale, inaugurant une guerre de position qui s'étale sur un front de mille kilomètres. Les échecs se multiplient pour les Russes, contraints d'évacuer le nord de l'Ukraine pour se replier difficilement sur le Donbass, tandis que les troupes ukrainiennes entament une contre-offensive le 6 septembre 2022.

La pluie de sanctions que les États-Unis, l'UE, le Canada, le Japon et d'autres pays – d'Europe et d'Asie principalement – inflige à la Russie affaiblit l'économie de cette dernière (qui entre en récession de 4 %) et réduit ses possibilités d'approvisionnement en munitions et en biens de consommations. Elle peut toutefois compter sur une armée de neuf cent mille hommes, à laquelle s'ajoute une armée de réserve de près de deux millions de personnes. Au contraire, l'Ukraine, dont la réserve en hommes est plus limitée, bénéficie d'un soutien occidental considérable, qui lui permet de tenir la distance. À l'origine de plus de 70 % de cet appui financier, les États-Unis se posent de nouveau en garants absolus de la sécurité européenne, rompant avec la logique de mise en retrait engendrée par les échecs moyen-orientaux et prenant le contre-pied de la rhétorique du « partage du fardeau » tant vantée par Trump. De fait, à partir de février 2022, l'OTAN retrouve une vigueur inespérée, qui conforte l'idée selon laquelle elle n'est jamais aussi forte que lorsqu'elle doit faire face à l'adversaire contre lequel elle a été créée.

L'indispensable cadre atlantique

Alors qu'en 2019 encore, Emmanuel Macron estimait que l'Alliance atlantique était en « état de mort cérébrale », la guerre en Ukraine redore son statut de pilier de la sécurité du Vieux Continent, et ce d'abord parce que les États-Unis de Joe Biden assument immédiatement leurs responsabilités à partir du moment où l'« opération spéciale » russe est déclenchée. Principaux contributeurs aux dépenses de l'Alliance – environ quarante milliards de dollars –, les Américains débloquent soixante-dix milliards de dollars d'aide à l'Ukraine entre février 2022 et l'automne 2023. Ce montant, alloué à l'achat de drones, de missiles, de chars et de munitions, mais aussi au soutien en matière de renseignement, de formation et de logistique, dépasse de très loin les contributions des autres pays occidentaux, bien qu'en pourcentage du PIB, la Norvège et les pays voisins de l'Ukraine soient ceux qui donnent le plus. Si Joe Biden ne renonce pas pour autant à la stratégie du pivot asiatique, son appui à l'Ukraine tend à prouver au reste du monde que l'Amérique demeure fidèle à ses valeurs libérales et démocratiques face aux remises en question de l'ordre international opérées par Moscou et par Pékin (voire par elle-même, comme la rhétorique trumpienne l'a démontré…).

Le flanc oriental de l'OTAN, déjà consolidé en 2017 avec le déploiement de quatre groupements tactiques multinationaux en Pologne et dans les pays baltes, est renforcé par la mise en place de quatre groupements supplémentaires en Bulgarie, en Hongrie, en Roumanie et en Slovaquie. De la Baltique à la mer Noire, le dispositif allié, fondé sur la multiplication des exercices en commun et la rotation des forces issues des pays contributeurs, vient rappeler aux Russes qu'une attaque contre un membre de l'OTAN équivaut à agresser toute l'Alliance. En juin 2022, au sommet atlantique de Madrid, les Alliés s'accordent sur le principe d'un nouveau modèle de forces navales, terrestres, aériennes et cybers destiné à répondre plus rapidement aux menaces et à permettre aux États membres d'affecter leurs forces à l'OTAN de façon plus réactive. L'idée est de pouvoir mobiliser trois cent mille hommes en deux semaines.

Surtout, la violence de l'agression russe et l'engagement américain en faveur de l'Ukraine provoquent un sursaut sécuritaire en Finlande et en Suède. Jusqu'alors majoritairement attachées à la neutralité de leur pays, de laquelle elles ne s'étaient pas départies durant la guerre froide, les opinions publiques finlandaise et suédoise basculent en faveur d'une adhésion à l'Alliance atlantique. Soucieux d'agir de concert pour donner plus de poids à la défense de l'espace nordique, les gouvernements d'Helsinki et de Stockholm déposent leur demande d'intégration le 18 mai 2022. Si l'adhésion de la Finlande ne suscite aucune opposition notable, celle de la Suède est contestée par Recep Tayyip Erdoğan, qui reproche au royaume scandinave d'accueillir des exilés proches du Parti des travailleurs du Kurdistan (PKK), considérés comme terroristes en Turquie. Il faut attendre le sommet de l'OTAN de Vilnius, le 10 juillet 2023, pour que le président turc finisse par donner son aval à l'intégration de la Suède, en échange, d'une part, de l'engagement de Stockholm de soutenir la relance du processus d'adhésion de la Turquie à l'UE, et d'autre part du durcissement de la législation antiterroriste suédoise. La promesse américaine de livrer des avions de combat F-16 à Ankara aurait également pesé dans la balance.

Ainsi, près de dix-huit mois après le début de l'intervention russe, Poutine obtient l'inverse du but qu'il recherchait : l'OTAN est consolidée et élargie. Avec l'adhésion de la Finlande notamment, la Russie partage mille trois cent quarante kilomètres de frontières supplémentaires avec l'organisation atlantique. Pire, l'opération du Kremlin convainc une très large majorité de la population ukrainienne de la nécessité d'une intégration à l'OTAN : formulée une première fois en 2008 et abandonnée deux ans plus tard, la demande d'une adhésion accélérée est faite par le président Zelensky le 30 septembre 2022. Si tout processus d'élargissement à l'Ukraine est impossible tant que dure le conflit – l'application de l'article 5 du traité de l'Atlantique Nord ferait *ipso facto* entrer en guerre les pays de l'Alliance contre la Russie –, l'initiative de Kiev ouvre le débat sur une future intégration ukrainienne, obligeant tous les pays de l'OTAN à prendre position et renforçant, quoi qu'il en soit, l'ancrage de l'Ukraine au monde occidental.

La guerre a aussi pour effet de renforcer l'Europe de la défense. En 2022, la facilité européenne pour la paix permet de fournir pour un milliard d'euros d'armements à l'Ukraine. Consciente du peu d'effort des Européens en la matière depuis des années, la Commission européenne envisage de réorienter une partie du budget de l'UE vers l'achat d'armes pour les pays de l'Union. L'Allemagne prévoit ainsi d'investir près de cent milliards d'euros dans son équipement militaire. Même la très atlantiste Pologne, pour qui tout approfondissement de l'Europe de la défense signifie forcément un affaiblissement de l'OTAN et de l'engagement américain sur le Vieux Continent, se rallie au principe d'une défense autonome. L'essor d'une culture stratégique européenne s'en trouve affermi, créant une forme de complémentarité avec la sécurité atlantique. Mais ce front occidental peut-il résister à une guerre d'usure qui semble s'installer dans la durée ?

L'automne 2023 vient rappeler aux Européens à quel point l'engagement massif des États-Unis dans la défense de l'Europe et en faveur des principes du droit international est loin de faire l'unanimité au sein de l'opinion américaine, notamment du côté du parti républicain, qui a totalement rompu avec la logique interventionniste de l'ère Bush. Si la volonté du président Biden de soutenir Kiev ne faiblit pas, le Congrès décide, le 30 septembre, de supprimer une tranche de six milliards de dollars d'aide qui devait permettre aux Ukrainiens de recevoir de nouvelles armes américaines. Candidat favori des républicains pour la présidentielle de novembre 2024, Donald Trump affiche son intention de « mettre fin à cette guerre en vingt-quatre heures », laissant présager une négociation avec Moscou qui ferait certainement les affaires du Kremlin. De fait, lors du sommet de la Communauté politique européenne réuni à Grenade le 5 octobre 2023, les dirigeants de l'UE ne cachent pas leur inquiétude : seront-ils en capacité de suppléer à l'aide américaine si celle-ci venait à faire défaut ? Pour Emmanuel Macron, les Européens doivent se saisir de cette opportunité pour aller toujours plus loin dans la construction d'une défense européenne autonome, qui puisse apprendre à se passer des États-Unis. Le président français continue ainsi de s'inscrire dans une posture « gaullo-mitterrando-chiraquienne » (Hubert Védrine) fondée sur le renforcement du pilier européen de la défense, et dont le principe même constitue un signe positif envoyé à Washington dans la mesure où le fardeau serait mieux partagé. Les Vingt-Sept envisagent en l'occurrence de mobiliser cinquante milliards d'euros pour permettre à l'Ukraine de maintenir son budget à flot, et vingt autres milliards pour la soutenir militairement.

Pareil approfondissement suppose néanmoins que les pays de l'UE continuent de regarder dans la même direction, ce qui est de moins en moins le cas : tandis que le pro-russe Robert Fico remporte les élections législatives slovaques de septembre 2023, la Hongrie de Viktor Orbán, proche de Moscou, n'est guère enthousiasmée par l'idée d'une poursuite de l'aide massive à l'Ukraine. S'ajoute à cela l'évolution notable des positions polonaises : pourtant jusqu'alors fortement engagé dans le soutien à sa voisine orientale, le gouvernement conservateur de Varsovie ferme ses frontières aux céréales ukrainiennes pour ne pas pénaliser ses agriculteurs. Les relations avec Kiev se tendent au point que les Polonais annoncent leur intention de ne plus livrer d'armes à l'Ukraine. À l'ouest du continent, l'arrivée de nouvelles vagues de migrants subsahariens aux Canaries ou sur l'île italienne de Lampedusa conduit les opinions publiques à se concentrer de nouveau sur la problématique du contrôle des flux migratoires et des frontières. La remise en cause de la présence militaire française en Afrique – Burkina Faso, Centrafrique, Mali – qui oblige Paris à interrompre l'opération Barkhane le 9 novembre 2022 nourrit également les questionnements sur la vulnérabilité du flanc méridional de l'Europe, à l'heure où la Russie et la Chine entretiennent le sentiment antifrançais au Sahel pour mieux s'y implanter. Dans ce contexte, la guerre en Ukraine tend à globaliser les enjeux de la sécurité européenne. Elle fait de Pékin et des pays du Sud des arbitres de la situation, sur lesquels le Kremlin semble pouvoir compter, dans une certaine mesure du moins, ne serait-ce que parce qu'il peut bénéficier de leur soutien ou de leur abstention aux Nations unies.

Le défi, pour les Européens, est donc de parvenir à élaborer une stratégie leur permettant de répondre à ce défi global qui, paradoxalement, rend à leur continent une certaine centralité dans les relations internationales. Alors que l'ère post-guerre froide des années 1990 et 2000 semblait avoir relégué le Vieux Continent au second plan des enjeux géopolitiques internationaux, le basculement dans la période « illibérale » des décennies 2010 et 2020 le replace au cœur d'un nouvel affrontement entre deux visions du monde, dans lequel les pays de l'UE et de l'OTAN sont encore loin de défendre des conceptions convergentes, comme la solidarité à l'égard de l'Ukraine aurait pu le laisser espérer.

Discours prononcé le 10 juillet 2023 par le président ukrainien Volodymyr Zelensky à la veille du sommet de l'OTAN à Vilnius

Bonne santé à vous, chers compatriotes ukrainiens !

L'Ukraine est donc à la veille de Vilnius, le sommet de l'OTAN qui pourrait être exactement ce dont notre pays, l'ensemble de l'Alliance et la sécurité mondiale ont besoin.

Nous travaillons d'arrache-pied ces jours-ci, plus activement que jamais. Et bien que ce travail se fasse presque à cent pour cent dans les coulisses, il n'est pas moins important que n'importe quel travail public.

Tout le monde a tout compris. Chaque dirigeant, chaque État. Même si des positions différentes sont exprimées, il est clair que l'Ukraine mérite de faire partie de l'Alliance. Pas maintenant – il y a une guerre – mais nous avons besoin d'un signal clair. Et nous avons besoin de ce signal tout de suite.

Je suis reconnaissant à tous les dirigeants, à tous les pays, qui le disent et qui ont adopté les déclarations conjointes avec l'Ukraine sur notre intégration. La majorité de l'Alliance nous soutient clairement.

Le courage des héros ukrainiens a effacé la poussière de l'histoire qui recouvrait toutes les valeurs pour lesquelles l'OTAN a été créée.

La frontière orientale de l'Ukraine, la frontière de notre État et les positions de nos guerriers constituent la ligne que la dictature russe – qui sous diverses formes a toujours essayé de conquérir les peuples d'Europe – ne franchira plus jamais.

La réalité de la sécurité sur le flanc oriental de l'OTAN dépend de l'Ukraine. Lorsque nous avons demandé à adhérer à l'OTAN, nous avons été francs : l'Ukraine fait *de facto* déjà partie de l'Alliance. Nos armes sont celles de l'Alliance. Nos valeurs sont celles de l'Alliance. Notre défense est l'élément qui participe d'une Europe unie, libre et pacifique.

Vilnius doit confirmer tout cela.

Nous travaillons encore sur la formulation, c'est-à-dire sur les termes spécifiques de cette confirmation, mais nous comprenons déjà que l'Ukraine fera partie de l'Alliance et nous nous efforçons de rendre l'algorithme d'adhésion aussi clair et rapide que possible. Notre travail à cet égard – le travail de toute l'équipe ukrainienne – se poursuivra à chaque minute de ces jours.

Il est également très important que des réunions bilatérales à différents niveaux soient prévues à Vilnius – pays européens, Amérique, Canada, Japon... Les priorités sont absolument claires : la défense aérienne pour nos villes, pour toutes les communautés à travers le pays ; nous travaillons à la création d'un véritable bouclier aérien. Nous discuterons également à Vilnius des armes destinées à la ligne de front. Bien entendu, nous aborderons également d'autres aspects de la protection de la vie et de notre sécurité commune.

Je suis sûr que nos guerriers auront de bonnes nouvelles de Vilnius en matière d'armement.

Par ailleurs, la ligne de front.

Demain, le jour de l'ouverture du sommet, qui est désormais inimaginable sans l'Ukraine, sera le 503e jour d'une guerre totale. Cela en dit long sur notre force – la force du peuple ukrainien qui, face à une telle guerre, après tant de batailles et de jours, possède la force sans laquelle la sécurité de l'Europe est tout simplement inimaginable.

Je vous remercie, guerriers ukrainiens, pour cette force ! Je remercie chaque soldat, marin, sergent, contremaître, officier et général ! Je remercie tous ceux qui forment nos guerriers ! Je remercie tous les volontaires ! Je remercie les médecins qui aident à soigner les blessures ! Je remercie tous ceux qui travaillent pour la force et la victoire de l'Ukraine !

C'est un honneur pour moi de représenter un tel peuple et une telle Ukraine !

Gloire à l'Ukraine ! ■

L'Europe stratégique en 2023

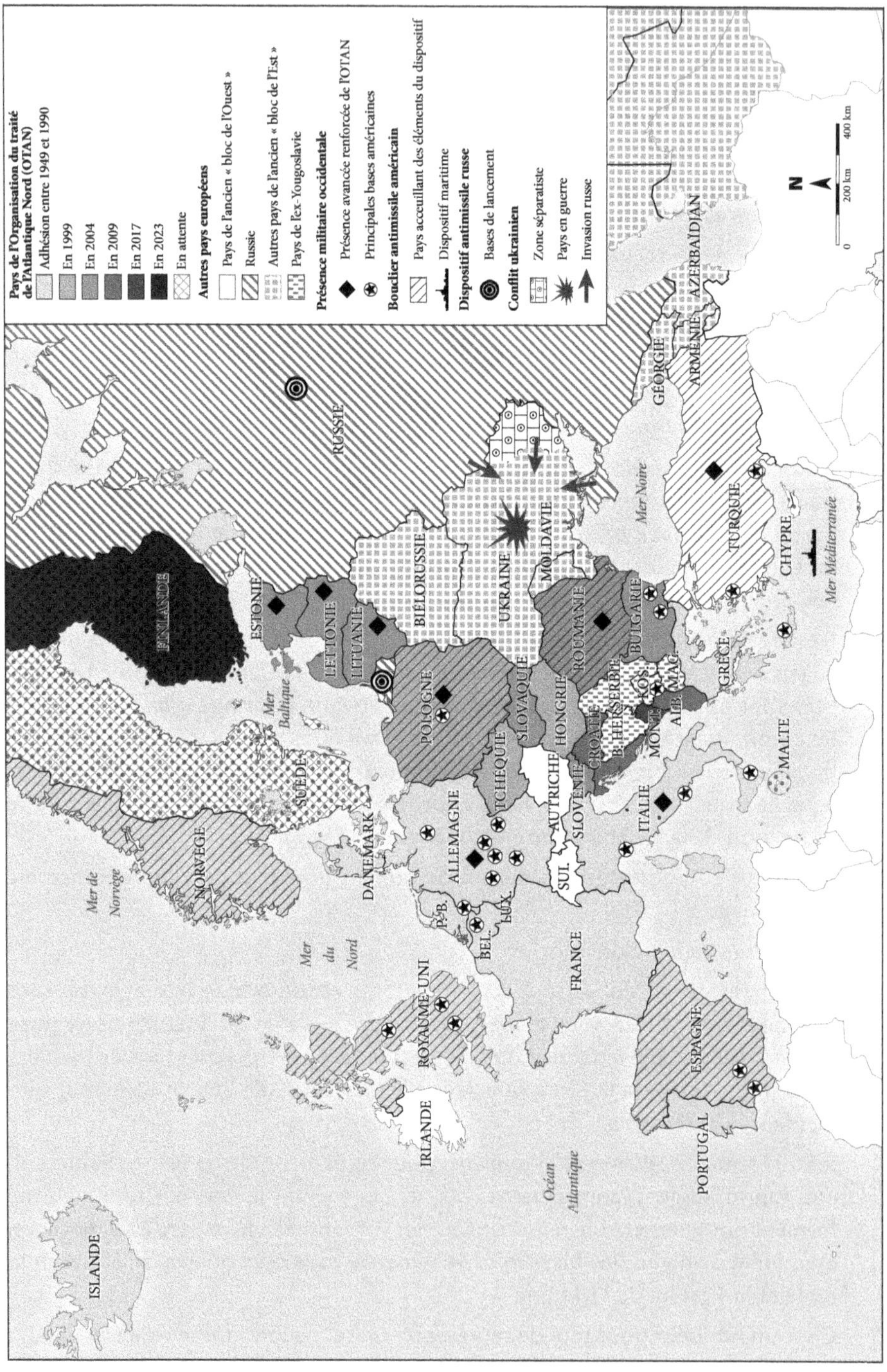

Conclusion

L'attaque d'Israël par le Hamas le 7 octobre 2023, à un moment où les Européens sont concentrés sur ce qui se passe en Ukraine, vient rappeler à ces derniers à quel point la sécurité de leur continent n'est pas seulement tributaire de leurs relations avec la Russie, mais qu'elle reste aussi inextricablement liée à la géopolitique de la Méditerranée. L'une et l'autre de ces situations de conflit nourrissent l'idée d'une Europe menacée par le poids et l'influence de puissances « illibérales » qui, à l'Est et au Sud (le Hamas trouve en l'Iran l'un de ses principaux soutiens), tendent à remettre en cause les principes et l'équilibre de l'ordre occidental. Alors que le président américain Joe Biden n'a jamais failli dans son soutien financier à l'Ukraine, il reprend le flambeau d'un appui clair à Israël, qui passe par le renforcement de la présence navale des États-Unis en Méditerranée orientale. Malgré les doutes de la période Trump et le maintien d'un fort courant isolationniste au sein du parti républicain, l'Amérique reste la principale garante de la sécurité de l'Europe et de son environnement immédiat, à tel point que la communauté d'intérêts euro-américaine demeure la composante majeure de « l'Occident ».

Ce triptyque entre garantie américaine, question russe et déstabilisation du flanc méridional apparaît comme le fil rouge de la période traitée dans cet ouvrage. Il témoigne de la forte dépendance de la sécurité européenne aux acteurs exogènes, tant en termes de menace que de protection. De l'URSS de Staline à la Russie de Vladimir Poutine, des chocs pétroliers au terrorisme islamiste, l'Europe du second vingtième siècle et du début du vingt et unième siècle est accaparée par les évolutions géopolitiques de ses marges, et ce alors que les menaces extérieures trouvent systématiquement des relais au sein même du continent européen. Les partis communistes du temps de la guerre froide ont ainsi fait place aux admirateurs non dissimulés de l'« illibéralisme » russe parmi les partis extrémistes du Vieux Continent. Nourrissant les discours essentialistes de ces courants, l'essor du salafisme et du djihadisme en Europe témoigne de l'influence d'un islam radical globalisé sur certaines franges de la population des quartiers défavorisés, comme en France, en Belgique ou au Royaume-Uni.

On a dès lors affaire à une panoplie de discours et d'acteurs qui ont pour point commun la critique de l'ordre libéral américain, preuve supplémentaire, s'il en est, de la domination des États-Unis sur la sécurité européenne, du moins sur sa sécurité militaire : l'OTAN, la dissuasion nucléaire, le système ABS, la répartition des bases militaires constituent autant de manifestations de cette omniprésence. Cette dépendance explique les crispations européennes dès lors que Washington exige un meilleur partage du fardeau ou agite la menace d'une diminution de ses troupes, révélant la faible autonomie d'une Europe de la défense qui a pourtant fait des progrès considérables depuis l'échec de la CED en 1954. La guerre en Ukraine constitue un puissant marqueur de cette double logique transatlantique et européenne : tandis que les pays de l'UE continuent de compter sur l'importante aide américaine à Kiev, à laquelle ils pourraient difficilement suppléer si elle devait s'arrêter, le conflit a accéléré les investissements communautaires, par exemple avec la création d'un Fonds européen de la défense doté de près de huit milliards d'euros pour la période 2021-2027.

Au-delà des questions militaires, l'Europe a su développer de manière autonome, avec l'intégration européenne et le processus d'Helsinki, une forme de sécurité humaine et sociétale qui en fait un modèle en la matière, comme le rappellent les élargissements successifs de la CEE puis de l'UE, l'absence de guerre entre leurs pays membres, ainsi que les candidatures à l'adhésion toujours en cours de traitement (Albanie, Bosnie-Herzégovine, Macédoine du Nord, Moldavie, Monténégro, Serbie, Turquie, Ukraine).

Le maintien de cette sécurité fondée sur le bien-être et l'épanouissement des êtres humains est néanmoins, lui aussi, soumis aux aléas globaux. Parmi ces derniers, le réchauffement climatique apparaît désormais comme un risque de premier plan pour la sécurité et la stabilité du continent. Plus qu'une menace, il est devenu une réalité incontournable qui ne va faire que s'amplifier à mesure de la hausse des températures. Ses conséquences se font déjà ressentir à travers la succession de sécheresses, d'incendies et d'inondations qui frappent de plus en plus régulièrement l'Europe sans se cantonner à la saison estivale et au bassin méditerranéen – à l'instar des crues qui ont touché l'Allemagne, la Belgique, la France, l'Italie, le Luxembourg, les Pays-Bas et la Suisse en juillet 2021 –, même si c'est en été et dans le Sud européen que les catastrophes sont les plus fréquentes. Outil par excellence de la sécurité européenne, l'OTAN paraît peu adaptée pour faire face à ce genre d'événements, qui relèvent davantage de la sécurité humaine et sociétale que du militaire. L'Europe a donc une véritable carte à jouer dans ce domaine, en plus de la politique de lutte contre le réchauffement. Sur ce dernier point en l'occurrence, les Européens, bien qu'ils ne soient pas toujours des modèles de vertu climatique, sont confrontés à la prédominance de puissances dont le poids dans les émissions de CO_2 ne permet guère de se faire d'illusions quant à la limitation de la hausse des températures : les fameuses « bombes climatiques » lui sont, pour l'essentiel, extérieures, provenant d'acteurs qui défendent une autre conception des relations internationales (Chine, Russie, pays du Golfe) ou des États-Unis, un pays où le climatoscepticisme et l'attachement à une économie carbonée demeurent vivaces. Dans ces conditions, le mécanisme de protection civile de l'UE est appelé à devenir un instrument central de la sécurité européenne, dans et hors de l'Union, ce qui pourra peut-être contribuer à un renforcement de la coopération avec les rives méridionales et orientales de la Méditerranée, elles aussi particulièrement touchées par les catastrophes naturelles, et à ainsi permettre l'instauration d'un régime plus efficace de sécurité sur le flanc sud du Vieux Continent.

Reste à savoir dans quelle mesure le développement de cette coopération pourra aller de pair avec la gestion d'un environnement immédiat toujours plus marqué par des conflits qui trouvent leurs origines dans les ruptures de l'histoire du second vingtième siècle – des guerres israélo-arabes à l'effondrement de l'URSS – et qui, à l'heure où ces lignes sont écrites, sont loin d'être sur la voie d'une résolution.

Aix-en-Provence, le 31 octobre 2023

Glossaire des sigles

ABM : *Anti-Ballistic Missile*
AELE : Association européenne de libre-échange
ALCM : *Air-launched Cruise Missile*
ANT : Arme nucléaire tactique
AQPA : Al-Qaïda dans la péninsule arabique
BIDH : Bureau des institutions démocratiques et des droits de l'homme
BRI : *Belt and Road Initiative*
CECA : Communauté européenne du charbon et de l'acier
CED : Communauté européenne de défense
CEE : Communauté économique européenne
CEI : Communauté des États indépendants
CDU : Union chrétienne-démocrate d'Allemagne
CMUE : Comité militaire de l'UE
COPS : Comité politique et de sécurité
CPE : Coopération politique européenne
CSCE : Conférence sur la sécurité et la coopération en Europe
DC : Démocratie chrétienne
ECA : *Economic Cooperation Administration*
EMUE : État-major de l'UE
EUFOR : Force de l'Union européenne
EURATOM : Communauté européenne de l'énergie atomique
FCE : Forces conventionnelles en Europe
FIAS : Force d'assistance et de sécurité
FMI : Fonds monétaire international
FORPRONU : Force de protection des Nations unies
GFIM : Groupes de forces interarmées multinationales
GMS : Groupement de missiles stratégiques
ICBM : *Intercontinental Ballistic Missile*
IDS : Initiative de défense stratégique
IEI : Initiative européenne d'intervention
IESD : Identité européenne de sécurité et de défense

IFOR : *Implementation Force*
INF : *Intermediate Nuclear Forces*
IRBM: *Intermediate Range Ballistic Missile*
KFOR : Force internationale de sécurité du Kosovo
MBFR : *Mutual and Balanced Forces Reductions*
MDC : Mesures de confiance
MDCS : Mesures de confiance et de sécurité
MINUK : Mission des Nations unies pour le Kosovo
MRP : Mouvement républicain populaire
MVK : Mission de vérification au Kosovo
OECE : Organisation européenne de coopération économique
OLP : Organisation de libération de la Palestine
OSCE : Organisation pour la sécurité et la coopération en Europe
OTAN : Organisation du traité de l'Atlantique Nord
PCE : Parti communiste espagnol
PCF : Parti communiste français
PCI : Parti communiste italien
PCUS : Parti communiste de l'Union soviétique
PESC : Politique étrangère et de sécurité commune
PESD : Politique européenne de sécurité et de défense
PSDC : Politique de sécurité et de défense commune
RDA : République démocratique allemande
RFA : République fédérale d'Allemagne
SACEUR : Commandant suprême des forces alliées en Europe
SALT : *Strategic Arms Limitation Talks*
SDN : Société des Nations
SED : Parti socialiste unifié d'Allemagne (RDA)
SFIO : Section française de l'Internationale ouvrière
SFOR : Force de stabilisation
SHAPE : Grand Quartier général des puissances alliées en Europe
SLCM : *Submarine-launched Cruise Missile*
SNLE : Sous-marin nucléaire lanceur d'engins
START : *Strategic Arms Reduction Treaty*
TNP : Traité de non-prolifération nucléaire
UCK : Armée de libération du Kosovo
UE : Union européenne
UEM : Union économique et monétaire
UEO : Union de l'Europe occidentale
UpM : Union pour la Méditerranée

Bibliographie sélective

Histoire des relations internationales depuis 1945

GIRAULT René, FRANK Robert, THOBIE Jacques, *Histoire des Relations internationales contemporaines, Tome III : La loi des géants*, Paris, Payot, 2005.

GROSSER Pierre, « La guerre froide », *La documentation photographique*, n° 8055, 2007.

GROSSER Pierre, *Les temps de la guerre froide*, Bruxelles, Complexe, 1995.

JEANNESSON Stanislas, *La guerre froide*, Paris, La Découverte, 2002.

JUDT Tony, *Après-guerre : une histoire de l'Europe depuis 1945*, Paris, Armand Colin, 2007.

LEFFLER, Melvyn P., *For the Soul of Mankind: The United States, the Soviet Union and the Cold War*, New York, Hill and Wang, 2007.

LEFFLER Melvyn P., WESTAD Odd Arne (dir.), *The Cambridge History of the Cold War, vol. I, Origins, 1945-1962; vol. II, Crises and Détente, 1962-1975; vol. III, Endings*, Cambridge, Cambridge University Press, 2010.

QUÉTEL Claude (dir.), *Dictionnaire de la Guerre froide*, Paris, Larousse, 2008.

SOUTOU Georges-Henri, *La guerre de cinquante ans. Les relations Est-Ouest. 1943-1990*, Paris, Fayard, 2001.

VAÏSSE Maurice, *Les relations internationales depuis 1945*, Paris, Armand Colin, 2021.

WESTAD Odd Arne, *Histoire mondiale de la guerre froide, 1890-1991*, Paris, Perrin, 2019.

OTAN, politique européenne des États-Unis

BELTRAN Jacques, BOZO Frédéric (dir.), *États-Unis - Europe : réinventer l'Alliance*, Paris, IFRI, 2001.

BOZO Frédéric, REY Marie-Pierre, LUDLOW N. Piers, NUTI Leopoldo (dir.), *Europe and the End of the Cold War: A Reappraisal*, Abingdon/New York, Routledge, 2008.

GROSSER Alfred, *Les Occidentaux. Les pays d'Europe et les États-Unis depuis la guerre*, Paris, Fayard, 1978.

HATZIVASSILIOU Evanthis, *NATO and Western Perceptions of the Soviet Bloc Alliance Analysis and Reporting, 1951-69*, Londres, Routledge, 2014.

ITZKOWITZ SHIFRINSON Joshua R., « Deal or No Deal? The End of the Cold War and the U.S. Offer to Limit NATO Expansion », *International Security*, vol. 40, n° 4, 2016, pp. 7-44.

JOHNSTON Seth A., « Trump, l'Europe et l'OTAN : retour vers le futur », *Politique étrangère*, 2019/4, pp. 141-152.

KASPI André, *Les Américains. 2. Les États-Unis de 1945 à nos jours*, Paris, Seuil, 2008.

LUNDESTAD Geir, *Europamérique.* États-*Unis et Europe de l'Ouest de 1945 à nos jours*, Paris, Eyrolles, 2013.

MELANDRI Pierre, « Le coup de génie du général Marshall ! », *Les Collections de L'Histoire*, n° 56, juillet 2012, pp. 42-47.

MELANDRI Pierre, *Histoire des États-Unis contemporains*, Bruxelles, André Versaille éditeur, 2008.

MELANDRI Pierre, VAÏSSE Justin, *L'Empire du milieu : les* États-*Unis et le monde depuis la fin de la guerre froide*, Paris, Odile Jacob, 2001.

MELANDRI Pierre, *Une incertaine Alliance. Les États-Unis et l'Europe 1973-1983*, Paris, Publications de la Sorbonne, 1988.

PASCALLON Pierre (dir.), *L'Alliance atlantique et l'OTAN, 1949-1999 : un demi-siècle de succès*, Bruxelles, Bruylant, 2000.

SAROTTE Mary Elise, *Not One Inch: America, Russia, and the Making of Post-Cold War Stalemate*, Yale University Press, 2021.

TRACHTENBERG Marc (dir.), *Between Empire and Alliance: America and Europe during the Cold War*, Lanham, MD: Rowman and Littlefield, 2003.

VAÏSSE Justin, *Barack Obama et sa politique étrangère*, Paris, Odile Jacob, 2012.

VAÏSSE Justin, *Histoire du néoconservatisme aux États-Unis*, Paris, Odile Jacob, 2008.

ZORGBIBE Charles, *Histoire de l'OTAN*, Bruxelles, Complexe, 2002.

Construction européenne, Europe de la Défense

BITSCH Marie-Thérèse, *Histoire de la construction européenne. De 1945 à nos jours*, Bruxelles, Complexe, rééd. 2008.

BOSSUAT Gérard, WILKENS Andreas (dir.), *Jean Monnet, l'Europe et les chemins de la paix*, Paris, Publications de la Sorbonne, 1999.

BOSSUAT Gérard, *L'Europe occidentale à l'heure américaine. Le plan Marshall et l'unité européenne 1945-1952*, Bruxelles, Complexe, 1992.

DEIGHTON Anne, BOSSUAT Gérard (dir.), *The EC/EU: A World Security Actor?*, Paris, Soleb, 2007.

DU RÉAU Elisabeth, FRANK Robert (dir.), *Dynamiques européennes : nouvel espace, nouveaux acteurs, 1969-1981*, Paris, Publications de la Sorbonne, 2002.

DU RÉAU Elisabeth, *L'Europe en mutation. De la guerre froide à nos jours*, Paris, Hachette, 2001.

DU RÉAU Elisabeth, *L'idée d'Europe au XXe siècle*, Bruxelles, Complexe, rééd. 2001.

GAILLARD Jean-Michel, *Les grands jours de l'Europe*, 1950-2004, Paris, Perrin, 2004.

GAINAR Maria, *Aux origines de la diplomatie européenne. Les Neuf et la Coopération politique européenne de 1973 à 1980*, Bruxelles, Peter Lang, 2012.

LAVALLÉE Chantal, « La PESD : les paramètres d'une politique atypique », *Les Champs de Mars*, 2008/1, pp. 9-22.

LEFEBVRE Maxime, *La politique étrangère européenne*, Paris, PUF, rééd. 2021.

LUDLOW N. Piers (dir.), *European integration and the Cold War: Ostpolitik-Westpolitik, 1965-1973*, Londres, Routledge, 2007.

MANIGAND Christine, DU RÉAU Elisabeth, SANDU Traian (dir.), *Frontières et sécurité de l'Europe. Territoires, identités et espaces européens*, Paris, L'Harmattan, 2008.

MAULNY Jean-Pierre, « L'initiative européenne d'intervention (IEI). Le désir d'une Europe plus autonome d'Emmanuel Macron », *L'Europe en formation*, 2019/2, pp. 51-66.

MÖCKLI Daniel, *European Foreign Policy during the Cold War. Heath, Brandt and Pompidou and the Dream of Political Unity*, Londres/New York, I.B. Tauris, 2008.

SOUTOU Georges-Henri, « Les accords de 1957 et 1958 : vers une communauté stratégique nucléaire entre la France, l'Allemagne et l'Italie ? », *Matériaux pour l'histoire de notre temps*, 1993, n° 31, pp. 1-12.

WERNERT Séverine, « L'Union européenne et la lutte contre le terrorisme », *Politique étrangère*, 2018/2, pp. 133-144.

URSS/Russie, Europe centrale et orientale

BEAUVOIS Daniel, *La Pologne. Des origines à nos jours*, Paris, Seuil, 2010.

CARRERE D'ENCAUSSE Hélène, *La Russie entre deux mondes*, Paris, Fayard, 2011.

DULLIN Sabine, *L'Ironie du destin. Une histoire des Russes et de leur empire, 1853-1991*, Paris, Payot, 2021.

DURANDIN Catherine, *Histoire des Roumains*, Paris, Fayard, 1995.

FACON Isabelle, « La menace militaire russe : une évaluation », *Les Champs de Mars*, 2017/1, pp. 31-57.

HOREL Catherine, *Histoire de la nation hongroise. Des premiers Magyars à Viktor Orbán*, Paris, Tallandier, 2021.

HOREL Catherine, *Cette Europe qu'on dit centrale. Des Habsbourg à l'intégration européenne (1815-2004)*, Paris, Beauchesne, 2009.

LEVESQUE Jacques, *1989 : la fin d'un empire. L'URSS et la libération de l'Europe de l'Est*, Paris, Presses de la FNSP, 1995.

MINK Georges, « La réconciliation polono-russe : vers un changement de paradigme ? », *Politique étrangère*, 2010/3, pp. 607-619.

MOMZIKOFF-MARKOFF Sophie, *Les hommes de Gorbatchev. Influences et réseaux (1956-1992)*, Paris, Éditions de la Sorbonne, 2020.

NATION R. Craig, *Black Earth, Red Star: A History of Soviet Security Policy, 1917-1991*, Ithaca, Cornell University Press, 1992.

REY Marie-Pierre, *Le dilemme russe, la Russie et l'Europe occidentale d'Ivan le Terrible à Boris Eltsine*, Paris, Flammarion, 2002.

REY Marie-Pierre, « L'URSS et la sécurité européenne », *Communisme*, 1997, n° 49-50, pp. 121-136.

ROBIN-HIVERT Emilia, SOUTOU Georges-Henri (dir.), *L'URSS et l'Europe de 1941 à 1957*, Paris, PUPS, 2008.

ROMER Jean-Christophe, *La pensée stratégique russe au XXe siècle*, Paris, Economica, 1997.

SANDU Traian, *Histoire de la Roumanie*, Paris, Perrin, 2008.

TINGUY Anne (de), *Le Géant empêtré : la Russie et le monde de la fin de l'URSS à l'invasion de l'Ukraine*, Paris, Perrin, 2022.

TINGUY Anne (de) (dir.), *L'effondrement de l'Empire soviétique*, Bruxelles, Bruylant, 1998.

ZUBOK Vladislav, *Collapse: The Fall of the USSR*, New Haven, Yale University Press, 2022.

ZUBOK Vladislav, *A Failed Empire : The Soviet Union in the Cold War from Stalin to Gorbachev*, Chapel Hill, University of North Carolina Press, 2007.

ZUBOK Vladislav, PLECHAKOV Constantin, *Inside the Kremlin's Cold War*, Cambridge, Harvard University Press, 1996.

Question allemande

BADALASSI Nicolas, GLORIANT Frédéric (dir.), *France, Germany and Nuclear Deterrence. Quarrels and Convergences during the Cold War and Beyond*, New York, Berghahn Books, 2021.

BOZO Frédéric, WENKEL Christian (dir.), *France and the German Question, 1945-1990*, New York, Berghahn Books, 2019.

BUFFET Cyril, *Mourir pour Berlin. La France et l'Allemagne, 1945-1949*, Paris, Armand Colin, 1991.

DREYFUS François-Georges, *L'Allemagne contemporaine, 1815-1990*, Paris, PUF, Collection Nouvelle Clio, 1991.

ELVERT Jürgen, SCHIRMANN Sylvain, *Les temps qui changent : l'Allemagne dans l'Europe du XXe siècle. Continuité, évolution et rupture*, Bruxelles, Peter Lang, 2008.

GARTON ASH Timothy, *Au nom de l'Europe : l'Allemagne dans un continent divisé*, Paris, Gallimard, 1995.

GUILLEN Pierre, *La question allemande. 1945-1995*, Paris, Imprimerie nationale, 1996.

MAELSTAF Geneviève, *Que faire de l'Allemagne ? Les responsables français, le statut international de l'Allemagne et le problème de l'unité allemande (1945-1955)*, Paris, ministère des Affaires étrangères, 1999.

PFEIL Ulrich (dir.) *La RDA et l'Occident. 1949-1990*, Paris, Publications de l'Institut d'Allemand d'Asnières, 2000.

SCHOENBORN Benedikt, *La mésentente apprivoisée. De Gaulle et les Allemands, 1963-1969*, Paris, PUF, 2007.

SOUTOU Georges-Henri, *L'alliance incertaine. Les rapports politico-stratégiques franco-allemands, 1954-1996*, Paris, Fayard, 1996.

Politique extérieure de la France

BADEL Laurence, *Diplomaties européennes, XIXe-XXe siècles*, Paris, Presses de Sciences Po, 2021.

BERSTEIN Serge, SIRINELLI Jean-François (dir.), *Valéry Giscard d'Estaing et l'Europe, 1974-1981*, Paris, Armand Colin, 2005.

BOUILLON Pierre, *Le prix de la détente ? La politique française en Hongrie et en Roumanie (1968-1977)*, Rennes, Presses universitaires de Rennes, 2016.

BOZO Frédéric, *La politique étrangère de la France depuis 1945*, Paris, Flammarion, 2019.

BOZO Frédéric, *Mitterrand, la fin de la guerre froide et l'unification allemande. De Yalta à Maastricht*, Paris, Odile Jacob, 2005.

BOZO Frédéric, *Deux stratégies pour l'Europe : de Gaulle, les États-Unis et l'Alliance atlantique (1958-1969)*, Paris, Plon, 1996.

DE LA SERRE Françoise, LERUEZ Jacques, WALLACE Helen, *Les politiques étrangères de la France et de la Grande-Bretagne depuis 1945. L'inévitable ajustement*, Presses de Science Po, 1990.

DOISE Jean, VAÏSSE Maurice, *Politique étrangère de la France : diplomatie et outil militaire, 1871-1991*, Paris, Seuil, 1992.

GLORIANT Frédéric, *Le schisme franco-britannique. De Suez au veto de 1963*, Rennes, PUR, 2023.

GOMART Thomas, *Double détente. Les relations franco-soviétiques de 1958 à 1964*, Paris, Publications de la Sorbonne, 2003.

HOWORTH Jolyon, « La France, l'OTAN et la sécurité européenne : statu quo ingérable, renouveau introuvable », *Politique étrangère*, 67/4, 2002, pp. 1001-1016.

RAFLIK-GRENOUILLEAU Jenny, *La IVe République et l'Alliance atlantique. Influence et dépendance (1945-1958)*, Rennes, Presses universitaires de Rennes, 2013.

REY Marie-Pierre, *La Tentation du rapprochement. France et URSS à l'heure de la détente (1964-1974)*, Paris, Publications de la Sorbonne, 1991.

SOUTOU Georges-Henri, *La guerre froide de la France, 1941-1990*, Paris, Tallandier, 2018.

VAÏSSE Maurice, *La puissance ou l'influence ? La France dans le monde depuis 1958*, Paris, Fayard, 2009.

VAÏSSE Maurice (dir.), *De Gaulle et la Russie*, Paris, CNRS éditions, 2006.

VAÏSSE Maurice, *La Grandeur. Politique étrangère du général de Gaulle*, Paris, Fayard, 1998.

VAÏSSE Maurice, MELANDRI Pierre, BOZO Frédéric (dir.), *La France et l'OTAN 1949-1996*, Bruxelles, Complexe, 1996.

Enjeux sud-européens, Balkans, Méditerranée

ARCIDIACONO Bruno, *Le « précédent italien » et les origines de la guerre froide : les alliés et l'occupation de l'Italie, 1943-1944*, Bruxelles, Bruylant, 1984.

BADALASSI Nicolas, *La France, la guerre froide et la Méditerranée. Des accords d'Evian à la Perestroïka*, Rennes, Presses universitaires de Rennes, à paraître en mars 2024.

BADALASSI Nicolas, BEN HAMOUDA Houda (dir.), *Les pays d'Europe orientale et la Méditerranée. Relations et regards croisés, 1967-1989*, Les cahiers Irice, n° 10, 2013.

BOZARSLAN Hamit, *Histoire de la Turquie contemporaine*, Paris, La Découverte, 2006.

CALANDRI Elena, CAVIGLIA Daniele, VARSORI Antonio (dir.), *Detente in Cold War Europe. Politics and Diplomacy in the Mediterranean and the Middle East*, Londres, I.B.Tauris, 2016.

DELANOË Igor, « Le retour de la Russie en Méditerranée », *Les Cahiers de la Méditerranée*, n° 89, 2014, pp. 23-35.

DELORME Olivier, *La Grèce et les Balkans*, vol. 3, Paris, Gallimard, 2013.

DREVET Jean-François, *Chypre entre l'Europe et la Turquie*, Paris, Karthala, 2011.

DÉRENS Jean-Arnault, *Le Piège du Kosovo*, Paris, Non Lieu, 2008.

DÉRENS Jean-Arnault, *Balkans : la crise*, Paris, Gallimard, 2000.

FALEG Giovanni, « L'Italie et les euromissiles : crise et relance de l'intérêt national », *Les Cahiers de la Méditerranée*, n° 88, 2014, pp. 135-155.

FRÉMEAUX Jacques, *Le monde arabe et la sécurité de la France depuis 1958*, Paris, PUF, 1995.

GARDE Paul, *Les Balkans. Héritages et évolutions*, Paris, Flammarion, 2010.

GILLESPIE Richard, VOLPI Frédéric (dir.), *Routledge Handbook of Mediterranean Politics*, Abingdon, Routledge, 2018.

GRIDAN Irina, « Le plan Stoica et les relations entre la Roumanie et la Grèce au tournant de la guerre froide (1957) », *Cahiers Balkaniques*, 44/2016.

HEURTEBIZE Frédéric, *Le Péril rouge. Washington face à l'eurocommunisme*, Paris, PUF, 2014.

LÉONARD Yves, *Histoire du Portugal contemporain de 1890 à nos jours*, Paris, Chandeigne, 2016.

LIMONIER Kévin, « La Russie et la mer Noire : entre récit géopolitique et mythe identitaire », *Questions internationales*, n° 72, mars-avril 2015, pp. 39-49.

NOUSCHI André, *La Méditerranée au XXe siècle*, Paris, Armand Colin, 2009.

ROMERO Federico, VARSORI Antonio (dir.), *Nazione, interdipendenza, integrazione. Le relazioni internazionali dell'Italia (1917-1989)*, Roma, Carocci, 2005.

TROUVÉ Matthieu, *L'Espagne et l'Europe. De la dictature de Franco à l'Union européenne*, Bruxelles, PIE-Peter Lang, 2008.

Enjeux stratégiques, désarmement, renseignement

AYACHE Georges, DEMANT Alain, *Armements et Désarmement depuis 1945*, Bruxelles, Complexe, 1991.

HATTENDORF John B. (dir.), *Naval Policy and Strategy in the Mediterranean. Past, Present and Future*, Londres/Portland, Frank Cass, 2000.

KLEIN Jean, *Sécurité et désarmement en Europe*, Paris, IFRI, 1987.

LAURENT Jean-Sébastien, *Conflits, crimes et régulations dans le cyberespace*, Londres, ISTE éditions, 2021.

LAURENT Jean-Sébastien, WARUSFEL Bertrand, *Transformations et réformes de la sécurité et du renseignement en Europe*, Bordeaux, Presses universitaires de Bordeaux, 2016.

MONGIN Dominique, *Histoire de la dissuasion nucléaire depuis la Seconde Guerre mondiale*, Paris, Archipoche, 2021.

NUTI Leopoldo, BOZO Frédéric, REY Marie-Pierre Rey, ROTHER Bernd (dir.), *The Euromissile Crisis and the End of the Cold War*, Washington, Woodrow Wilson Center Press, 2015.

NUTI Leopoldo (dir.), *The Crisis of Détente in Europe : From Helsinki to Gorbachev, 1975-1985*, New York, Routledge, 2009.

SHELDON-DUPLAIX Alexandre, HUCHTHAUSEN Peter, *Guerre froide et espionnage naval*, Paris, Nouveau Monde, 2011.

VAÏSSE Maurice (dir.), *L'Europe et la crise de Cuba*, Paris, Armand Colin, 1993.

CSCE/OSCE

ANDRÉANI Jacques, *Le Piège. Helsinki et la chute du communisme*, Paris, Odile Jacob, 2005.

BADALASSI Nicolas, DUMAS Jean-Philippe (dir.), *Reconstruire l'Europe, 45 ans après Yalta. La Charte de Paris (1990)*, Paris, ministère de l'Europe et des Affaires étrangères/CTHS, 2020.

BADALASSI Nicolas, SNYDER Sarah B. (dir.), *The CSCE and the End of the Cold War: Diplomacy, Societies and Human Rights, 1975-1990*, New York, Berghahn Books, 2018.

BADALASSI Nicolas, *En finir avec la guerre froide. La France, l'Europe et le processus d'Helsinki, 1965-1975*, Rennes, Presses Universitaires de Rennes, 2014.

BANGE Oliver, NIEDHART, Gottfried (dir.), *Helsinki 1975 and the Transformation of Europe*, New York, Berghahn Books, 2008.

DECAUX Emmanuel, *La conférence sur la sécurité et la coopération en Europe (CSCE)*, Paris, PUF, 1992.

DU RÉAU Elisabeth, MANIGAND Christine, *Vers la réunification de l'Europe : apports et limites du processus d'Helsinki de 1975 à nos jours*, Paris, L'Harmattan, 2005.

GHEBALI Victor-Yves, *La diplomatie de la détente : la CSCE*, Bruxelles, Bruylant, 1989.

GHEBALI Victor-Yves, *L'OSCE dans l'Europe post-communiste, 1991-1996. Vers une identité paneuropéenne de sécurité*, Bruxelles, Bruylant, 1996.

MORGAN Michael Cotey, *The Final Act. The Helsinki Accords and the Transformation of the Cold War*, Princeton, Princeton University Press, 2018.

ROMANO Angela, *From Detente in Europe to European Detente. How the West shaped the Helsinki CSCE*, Bruxelles, PIE-Peter Lang, 2009.

THOMAS Daniel C., *The Helsinki Effect. International Norms, Human Rights, and the Demise of Communism*, Princeton, Princeton University Press, 2001.

WENGER Andreas, MASTNY Vojtech, NUENLIST Christian (dir.) *Origins of the European Security System: The Helsinki Process Revisited. 1965-1975*, Londres, Routledge, 2008.

Neutralisme, neutralité

BLOTT Sandra, HANHIMÄKI Jussi, SCHAUFELBUEHL Janick, WYSS Marco (dir.), *Neutrality and Neutralism in the Global Cold War*, Londres, Routledge, 2016.

KRAMER Mark, MAKKO Aryo, RUGGENTHALER Peter (dir.), *The Soviet Union and Cold War Neutrality and Nonalignment in Europe*, Washington DC, Lexington Books within Harvard's Cold War Studies Book Series, 2021.

MAKKO Aryo, « S'éloigner ou rester ensemble : la Scandinavie dans la guerre froide », *Guerres mondiales et Conflits contemporains*, 2020, n° 279, pp. 81-95.

Terrorisme

BAUDOUI Rémi, *Géopolitique du terrorisme*, Paris, Armand Colin, 2009.

BLIN Arnaud (dir.), *Histoire du terrorisme. De l'Antiquité à Al Qaida*, Paris, Bayard, 2004.

CHARPIER Frédéric, *Islamisme. 60 ans de lutte antiterroriste*, Paris, Tallandier, 2017.

FERRAGU Gilles, *Histoire du terrorisme*, Paris, Perrin, 2014.

LYNN John A., *Une autre guerre. Histoire et nature du terrorisme*, Paris, Passés composés/Ministère des Armées, 2021.

RAFLIK Jenny, *Terrorisme et mondialisation. Approches historiques*, Paris, Gallimard, 2016.

Index

A
Acheson, Dean 37-39, 66
Adenauer, Konrad 29, 37-38, 43, 49, 54, 63, 66, 70, 72-73
Albright, Madeleine 174, 184
Alekseyeva, Loudmila 146
Alexandrov, Viktor 94
Alphand, Hervé 38
Amin, Hafizullah 121
Andreotti, Giulio 110, 153, 185
Andropov, Youri 74, 100, 121, 130
Annan, Kofi 175-176
Assad, Bachar (el-) 206, 213
Assad, Hafez (el-) 133
Attlee, Clement 10

B
Bahr, Egon 90, 94-96
Baker, James 154
Bech, Joseph 48
Ben Ali, Zine el-Abidine 212
Beneš, Edvard 15
Beria, Lavrenti 14, 47
Berlinguer, Enrico 108
Berlusconi, Silvio 187
Bevin, Ernest 25
Beyen, Johan 48
Bidault, Georges 25-26, 36
Biden, Joe 208, 223, 225, 229
Bierut, Boleslaw 48
Blair, Tony 182, 190
Boggs, Hale 23
Bourgès-Maunoury, Maurice 51
Brandt, Willy 65, 75-76, 81, 85, 90, 92-95, 106, 111, 128, 237
Brejnev, Leonid 74, 81, 89, 91, 94-95, 97, 115-119, 121, 130, 150
Briand, Aristide 17
Brzeziński, Zbigniew 118, 120
Bush, George H. 152
Bush, George W. 168, 179, 185, 188, 197
Byrnes, James 19, 20

C
Caetano, Marcello 108
Callaghan, James 107, 109, 118, 120
Cameron, David 212
Carrillo, Santiago 108
Carter, Jimmy 116, 118-123
Castro, Fidel 66
Ceauşescu, Nicolae 78
Cheney, Dick 190
Chevardnadze, Edouard 146, 147
Chirac, Jacques 110, 132, 172, 175, 180-182, 188, 190, 191, 193
Churchill, Winston 7, 9, 10, 15, 21
Clinton, ,Bill 172, 174-176, 178-179, 181
Colombo, Bill 105
Coudenhove-Kalergi, Richard 41
Craxi, Bettino 126

D
Davignon, Étienne 88
De Gaulle, Charles 25, 59, 63, 65-66, 68-75, 77-83, 85, 93, 96, 111, 191, 238-239
De Lattre de Tassigny, Jean 35
Douglas-Home, Alec 67
Dubček, Alexander 80
Dulles, John Foster 39, 65

E
Ecevit, Bülent 109
Eden, Anthony 40, 43
Eisenhower, Dwight 36, 38-39, 49, 51, 55, 64, 69, 87, 218
Eltsine, Boris 160, 163, 175, 179, 237
Erdoğan, Recep Tayyip 199, 216, 224
Erhard, Ludwig 49, 73, 75

F
Fico, Robert 225
Ford, Gerald 98, 109, 116, 132
Forrestal, James 18

Fouchet, Christian 70, 77
Franco, Francisco 28, 108, 240
Fulbright, William 23

G

Genscher, Hans-Dietrich 128
Gero, Ernst 48
Gierek, Edward 123
Giscard d'Estaing, Valéry 107, 109, 110, 118, 120-122, 238
Goldberg, Arthur J. 119
Gomulka, Wladyslaw 48, 74
González, Felipe 126, 143, 153, 185
Gorbatchev, Mikhaïl 6, 131-132, 134, 139-151, 153-156, 158-160, 163, 237
Gorchkov, Sergueï 67
Gottwald, Klement 15
Gramsci, Antonio 108

H

Harmel, Pierre 79-80, 82, 120
Harriman, William Averell 18
Havel, Vaclav 101, 152, 178
Heath, Edward 85, 237
Hirsch, Étienne 38
Hitler, Adolph 10, 12, 28, 54, 94-95
Hoffman, Paul 23, 208
Hollande, François 205, 213-214, 216
Honecker, Erich 145, 147
Hopkins, Harry 18
Horn, Gyula 151
Huntington, Samuel 187
Hussein, Saddam 132, 186, 190, 213

I

Iakovlev, Alexander 141
Ianoukovitch, Viktor 203-204
Iazov, Dmitri 141
Iouchtchenko, Viktor 201

J

Jaruzelski, Wojciech 123-124
Jdanov, Andreï 14
Jean-Paul II 123
Jervis, Robert 50
Jivkov, Todor 149
Johnson, Lyndon B. 67, 76-78, 80, 86, 128
Juncker, Jean-Claude 216

K

Kadhafi, Moouammar 104, 212-213
Kekkonen, Urho 97
Kennan, George 18-19, 22, 28, 34-35
Kennedy, John F. 64-67, 71-73, 88
Keynes, John M. 87
Khrouchtchev, Nikita 46-48, 53-55, 59, 62-64, 66, 67, 73-74
Kiesinger, Kurt Georg 75-77, 81, 112
King, Julian 215
Kissinger, Henry 86-87, 91-92, 106-109, 116
Kohl, Helmut 125-126, 128, 131, 144-145, 154-156, 161, 191
Kossyguine, Alexis 74
Kvitsinky, Juli 128

L

Lake, Anthony 178
Laniel, Joseph 41
Lavrov, Sergueï 207
Leffler, Melvyn P. 121
Le Pen, Jean-Marie 187
Ligatchev, Egor 141
Lubbers, Rudd 130
Lugar, Richard 178

M

Maclean, Donald 26
Macmillan, Harold 51, 63, 66, 69, 71-72
Macron, Emmanuel 219, 223, 225, 237
Major, John 161-162
Makarios III 67
Malinovski, Rodion 67
Mansfield, Mike 80
Mao Tsé-toung 30, 33, 63
Marchais, Georges 108
Marshall, George C. 14-15, 22-26, 30, 236
Martchenko, Anatoly 147
Mauroy, Pierre 126
McNamara, Robert 65
Medvedev, Dmitri 202-203, 208
Mendès France, Pierre 36, 42-43
Merkel, Angel 205, 212, 216
Méry, Guy 110
Milošević, Slobodan 170, 173-175
Mintoff, Duminku 104
Mitterrand, François 108, 110, 126-128, 131, 133, 143-144, 153, 155-156, 158-161, 172, 178, 185, 239
Mladic, Ratko 171

Mollet, Guy 49
Molotov, Viatcheslav 40-41, 46, 53, 76
Monnet, Jean 37-39, 48, 72, 236
Moro, Aldo 104
Moubarak, Hosni 212
Mussolini, Benito 28

N

Nagy, Imre 48
Nasser, Gamal Abdel 106
Németh, Miklós 151
Nitze, Paul 34, 35, 128
Nixon, Richard 86, 88-89, 91, 106, 109, 132

O

Obama, Barack 198, 206-208, 212-214, 218, 236
Orbán, Viktor 216, 225, 237
Orlov, Youri 101
Oustinov, Dmitri 116, 121

P

Paasikivi, Juho K. 13
Papandréou, Andréas 126
Pleven, René 35, 38
Podgorny, Nicolas 74
Pompidou, Georges 85, 90-92, 96, 106-107, 237
Porochenko, Petro 205
Poutine, Vladimir 160, 189, 199-205, 207, 209, 220, 222, 224, 229
Pozsgay, Imre 151
Prodi, Romano 192

R

Raab, Julius 46
Rabin, Yitzhak 187
Rapacki, Adam 53-54, 80, 90
Reagan, Ronald 116, 123, 125, 127-128, 130-132, 136, 143-145, 152, 162, 197
Reuter, Paul 38
Roosevelt, Franklin D. 10, 16-18, 22
Rühe, Volker 178
Rumsfeld, Donald 188, 190
Rusk, Dean 78

S

Sadate, Anouar (el-) 106
Sakharov, Andreï 100, 147
Sarkozy, Nicolas 206, 211-212
Schmidt, Helmut 109, 117-121, 128
Schröder, Gerhard 173, 191
Schuman, Robert 28, 37-38
Smirnov, Leonid 116
Sokolov, Sergueï 141
Solana, Javier 174, 184, 191
Soljenitsyne, Alexandre 99
Souslov, Mikhaïl 74
Spaak, Paul-Henri 7, 30-31, 48
Spinola, António (de) 108
Staline, Joseph 7, 9-15, 18-22, 25, 27-29, 33-34, 40, 42, 47-48, 53, 62, 150, 229
Stimson, Henry 18
Strauss, Franz Josef 51-52

T

Taraki, Mohammad 121
Tchernenko, Constantin 130
Tchernomyrdine, Viktor 175
Thatcher, Margaret 122, 125, 135, 137, 143, 153, 156, 159
Thomas, Elbert 23
Timochenko, Ioulia 201
Tito, Josip Broz 12, 81, 104, 119, 126, 168, 170
Truman, Harry 10, 13, 18-20, 22-23, 26-28, 35, 37, 64, 189, 218
Trump, Donald 198, 207-209, 217-219, 223, 225, 229, 236

U

Ulbricht, Walter 47, 62, 64, 95

V

Vance, Cyrus 119, 172
Védrine, Hubert 158, 181, 225
Vetrov, Vladimir 127
Vorontsov, Nikolaï 149

W

Wałęsa, Lech 123, 124, 178
Walker, William 174
Wallace, Henry 18
Washington, George 16
Wilson, Harold 107
Wilson, Woodrow 3

Z

Zapatero, José Luis Rodriguez 192
Zelensky, Volodymyr 220, 224, 226

Table des cartes, graphiques et encadrés

Cartes et graphiques

L'Europe en 1945 8
L'Europe divisée en 1955 45
Les enjeux nucléaires Ouest-Est dans les années 1960 61
La crise du flanc méridional 103
La crise des euromissiles 129
Les guerres en ex-Yougoslavie 169
L'Europe en l'an 2000 177
Le découpage institutionnel européen en 2008 196
La perception de la menace en 2015 210
L'offensive russe sur l'Ukraine en 2022 221
L'Europe stratégique en 2023 228

Encadrés

Déclaration du président Dwight Eisenhower sur la Communauté européenne de défense (CED), le 16 avril 1954 55
Conférence de presse du général de Gaulle (extrait), 21 février 1966 82
Discours de Willy Brandt devant le Bundestag, 28 octobre 1969 111
Discours de Margaret Thatcher à la conférence du parti conservateur, 14 octobre 1983, Winter Garden, Blackpool (Royaume-Uni) 135
Discours de Mikhaïl Gorbatchev au deuxième Sommet des chefs d'État et de gouvernement de la CSCE, Paris, 19-21 novembre 1990 163
Discours de Jacques Chirac, président de la République française, lors de la conférence annuelle de l'Association du Traité de l'Atlantique à Strasbourg, le 19 octobre 1999. 193
Discours prononcé le 10 juillet 2023 par le président ukrainien Volodymyr Zelensky à la veille du sommet de l'OTAN à Vilnius 226

Table des matières

Introduction 3

Une définition plurielle de la sécurité 3

Une historiographie renouvelée depuis les années 1990 5

Chapitre 1 L'Europe entre en guerre froide : la naissance de deux systèmes parallèles de sécurité, 1945-1949 7

La formation du « rideau de fer » (W. Churchill) 9

De Yalta à Potsdam : l'essor de la question allemande 9

L'emprise soviétique sur l'Europe centrale et orientale 11

L'offensive de Staline 14

Le tournant euro-américain de 1947-1948 16

Le poids du passé isolationniste des États-Unis 16

Le rapport Kennan ou la prise de conscience américaine 18

Les enjeux méditerranéens et l'affaiblissement britannique, vecteurs de la doctrine Truman 20

Le plan Marshall 22

La création du système de sécurité transatlantique 24

Les fondements politico-militaires du système euro-américain 24

La naissance de l'Alliance atlantique 27

Chapitre 2 L'Europe dans la nouvelle ère stratégique, 1949-1958 33

Les conséquences de la guerre de Corée pour l'Europe 34

La militarisation de l'Alliance atlantique 34

La construction européenne et la question du réarmement allemand 37

Les tournants de 1953-1954 39

Allemagne et coopération paneuropéenne : les nouvelles propositions soviétiques 39

L'échec de la CED et les accords de Paris 42

Statu quo européen et enjeux nucléaires 46

L'objectif soviétique : préserver les acquis 46

Répression à l'Est, construction européenne à l'Ouest : le renforcement de l'asymétrie du continent en 1956 47

L'essor des questions nucléaires stratégiques 49

Les premiers projets de dénucléarisation zonale 52

Chapitre 3 **Entre crises et détente : le *statu quo* européen en question, 1958-1969** 59

Berlin et Cuba : la sécurité de l'Europe au cœur des grandes crises de la guerre froide 60

La deuxième crise de Berlin 62

Les effets de la crise de Cuba sur la sécurité européenne 65

De Gaulle, l'OTAN et l'Allemagne : la crise transatlantique de la sécurité européenne 68

Le mémorandum de 1958 68

Le rééquilibrage franco-allemand au détriment du Royaume-Uni 70

Des conceptions divergentes de la détente : *statu quo* contre dépassement des blocs 73

Gel des frontières et non-recours à la force : l'offensive diplomatique de Moscou et la première Ostpolitik 73

Le retrait français du commandement intégré de l'OTAN et ses conséquences 77

La répression du printemps de Prague, aux origines de la sécurité coopérative européenne 80

Chapitre 4 **Détente Est-Ouest et menaces au Sud : les bouleversements du paradigme sécuritaire européen, 1969-1976** 85

Du « *linkage* » entre économie et sécurité au « *condominium* » soviéto-américain : le malentendu transatlantique 87

Le « partage du fardeau » 87

*ABM, SALT et MBFR : le temps de l'*arms control 89

« L'année de l'Europe » 91

L'apogée de la détente politique et l'essor de la sécurité coopérative 93

*L'*Ostpolitik 93

La CSCE, du projet soviétique au processus diplomatique 96

L'Acte final d'Helsinki, un modèle de sécurité coopérative 98

La déstabilisation du flanc méridional 101
Militarisation, neutralisme et terrorisme : la vulnérabilité accrue de l'Europe méditerranéenne 102
Le dialogue euro-arabe, ou les difficultés de la réponse politique européenne 105
De Chypre au Portugal : les crises du flanc sud 108

Chapitre 5 **L'Europe à l'heure de la « guerre fraîche », 1976-1985** 115
Les nouveaux enjeux de sécurité en Europe centrale 117
Le déploiement des SS-20 117
De la CSCE de Belgrade à la « double décision » de l'OTAN 119
L'intervention soviétique en Afghanistan et la crise polonaise 121
L'Europe entre dernier pic de tension Est-Ouest et vulnérabilité au terrorisme moyen-oriental 124
La réaffirmation occidentale 124
La crise des euromissiles et l'Initiative de Défense stratégique 128
La première vague de terrorisme proche-oriental 132

Chapitre 6 **La fin de la guerre froide : ruptures et continuités de l'ordre sécuritaire européen, 1985-1992** 139
La « nouvelle pensée » soviétique et ses conséquences 140
La crise de la Défense soviétique et les nouvelles conceptions du Kremlin 140
Le sommet de Reykjavik, le traité INF et la conférence MDCS de Stockholm 143
La CSCE de Vienne 146
La chute du rideau de fer 149
Le recentrage européen de Gorbatchev et la fin du communisme en Europe centrale et orientale 150
Vers la réunification de l'Allemagne 152
Les institutions de sécurité européenne au lendemain de la guerre froide : la domination de l'OTAN 156
La Charte de Paris et l'institutionnalisation de la CSCE 156
La réaffirmation de l'OTAN et la question de son élargissement vers l'Est 159
La Politique étrangère et de sécurité commune 161

Chapitre 7 **Les difficiles recompositions de l'ère post-guerre froide, 1992-2008** 167
Les guerres d'ex-Yougoslavie 168
L'implosion yougoslave 168

L'internationalisation du conflit 171
La guerre du Kosovo 173
Le renouveau de l'architecture occidentale de sécurité, entre élargissement atlantique et approfondissement européen 176
L'élargissement de l'OTAN 176
Le poids des évolutions françaises et britanniques 180
Le lancement de la Politique européenne de sécurité et de défense 182
Les enjeux méditerranéens et la « guerre contre le terrorisme » : une sécurité européenne tributaire des fractures Nord-Sud ?. 184
Le processus de Barcelone et l'obsession des questions de sécurité dans les relations euro-méditerranéennes 185
L'Alliance atlantique et le 11 septembre 188
La guerre d'Irak ou les lignes de fracture européennes des années 2000 189

Chapitre 8 L'Europe face à la remise en question de l'ordre post-guerre froide, 2008-2023 197
Le retour de la menace russe 199
De la conciliation au durcissement : l'évolution des positions russes 200
De l'offensive diplomatique à l'offensive militaire 202
*L'OTAN, le renouveau russe et l'affaiblissement de l'*arms control 205
Les secousses du voisinage méridional et la montée des « populismes » 209
Un voisinage méridional déstabilisé 211
Le terrorisme des années 2010 : la France et l'UE en première ligne 213
Du Brexit à Donald Trump : les apparentes déchirures de l'OTAN 217
L'invasion de l'Ukraine ou le retour de la guerre de haute intensité en Europe 220
L'« opération spéciale » russe 220
L'indispensable cadre atlantique 223

Conclusion 229

Glossaire des sigles 233

Bibliographie sélective 235

Index 243

Table des cartes, graphiques et encadrés 247